核対決と軍縮

■坂本義和集 5

核対決と軍縮

坂本義和集 5

岩波書店

編集協力

藤原帰一
大串和雄
遠藤誠治
石田　淳

まえがき

この本の題は、『核対決と軍縮の政治』とする方が正確かもしれない。というのは、私の関心の焦点は、兵器などのハードウェアの撤廃そのものにあるのではなく、暴力を手段とする国際的・国内的な政治権力と、それを市民の視点に立って変えていく道程とにあるからである。

それは、互いに銃口を向け合った国々が、世界のどこかに必ず存在しているという現実、また人間の歴史が、地球のどこかで戦争と殺戮が行われている時なしにすまなかったという現実を、どうすれば変えられるのかという課題にほかならない。

こうした戦争を防ぐ方法として、「軍縮(disarmament)」が多くの人々の熱い支持をえた時があった。国際連盟の時代である。すなわち、第一次世界大戦で、毒ガス、戦車、航空機、潜水艦などの「近代兵器」が空前の殺戮と破壊をもたらしたのに対し、この悲惨な体験を繰り返すまいという国際的な願いと努力が、「軍縮」を焦点にすえた外交として展開された。それは、一九二二年のワシントン海軍軍縮条約、毒ガスなどの化学兵器の使用を禁止した一九二五年のジュネーヴ議定書、一九三〇年のロンドン海軍軍縮条約などに結晶したのだった。

しかし、こうした軍縮への熱意と取決めにもかかわらず、世界は第二次大戦に突入してしまった。「軍縮が戦争を阻止する」という考え方への懐疑が生まれることは避けられない。そして国際連合は、その憲章で「軍備縮小」という言葉よりは「軍備規制(regulation of armaments)」に重きをおく半面で、基本的には五大国の軍備の共同使用、つまり五大国の共同武力行使の制度を「国際平和と安全」維持の手段とするという立場を採用した。「軍縮」という言葉は、輝きを失ったように見えた。

だが、一九四五年六月末に国連憲章が採択された約一カ月後に、広島・長崎に原爆が投下され、ここに、それまでになかった「核軍縮」という目標が、切実な課題として国際社会に意識されるようになった。「軍縮」が、人びとのこころを動かす力をもった言葉として、よみがえったのだ。一九四六年一月に開会した、初めての国連総会の最初の決議によって原子力委員会が設立されたことは、核兵器の出現が与えた衝撃がいかに強かったかを物語っている。その後とくに「唯一の被爆国」日本では、一九五四年のビキニ水爆実験と第五福竜丸被曝を契機に、核軍縮・核廃絶をめざす国民的な運動が、世界に先駆けて盛り上がった。

こうした「軍縮」という言葉の歴史と復権を思うとき、私には忘れられない人がある。英国のノエル・ベーカー(Philip Noel-Baker)である。彼は一九一九年のヴェルサイユ会議に英国代表の随員として出席し、ついで国際連盟事務局に勤務した時から軍縮に強い使命感をもち、のちに英国の下院議員となり、一九四五年の労働党政権では閣僚を歴任し、その後も軍縮問題に献身的に取り組んで、一九五九年にはノーベル平和賞を受賞した。

私が国際会議で彼としばしば会ったのは、一九七〇年代から八〇年代にかけてだが、情熱と確信に満ちた彼の演説や発言には、いつも心を打たれた。彼は「軍縮」という言葉が、疑う余地のない正統性をもっていた国際連盟時代のヴィジョンを持ち続けた人だった。そして、第二次大戦を防げなかった「軍縮」について懐疑的になるのではなく、まさに、その失敗の教訓をふまえて、自分の軍縮論を一層鍛え上げるという道を進んだ。彼は若い頃、陸上競技の選手としてオリンピックに出場したことがあると話してくれたが、彼には、政治家としての現実感覚をもちつつ「軍縮」という聖火を高くかかげる走者の風格があった。核兵器と在来兵器とを包括する軍縮を重視し、説得力のある雄弁で、聴く人を勇気づける人物だった。

それから三〇年近くたった今日、「核軍縮」「軍縮」という言葉は、かつての光を失い、風化したと思う人もいるかもしれない。なぜそうなったのか。

第一には、第二次大戦後の米ソを軸とする「軍縮」交渉は、戦争ではなく外交交渉が続いたという点で意味があったことは間違いないが、その多くが、時にはプロパガンダや、新型兵器開発のための時間稼ぎの域を出ない、不毛なものだったことがある。妥結した協定も、軍縮ではなく軍備管理(arms control)が主だった。多くの人々の期待が裏切られたのだった。

第二に、それでも冷戦期には、万一米ソ間の軍備競争が核戦争に転化すれば、世界の破滅につながるという危機感が広く共有されていたから、米ソ間の緊張を少しでも緩和するために軍縮が必要だという、切迫した認識があった。一九六二年の「キューバ危機」がその頂点だった。(Iの1「政治としての軍縮」)だが冷戦終結に伴って、二つの超大国間の軍備競争は終わり、米国の一極支配となったため、「軍縮交渉」の必要性と可能性が減ったという意識が広がることになった。

そして第三に、米国の一極支配の下では、全面核戦争回避のための核軍縮ではなく、米国の覇権を維持するための「核拡散防止」が「軍縮」の主要課題であるかのようなイメージが流布されることになった。とくに、九・一一以後の米国主導の「反テロ戦争」では、「テロリスト」は根絶すべきものとされるのだから、それとの軍縮交渉などありえないことになる。

　こうして「軍縮」のもつ優先順位は大きく後退したように見える。だが、これで「軍縮」の役割が終わったわけではない。

　というのは、こうして一極支配の頂点に立った米国は、皮肉にも、かえって不安を深め、安全感喪失の状態に陥った。米国は、唯一のグローバルな軍事超大国になった反面で、国境を超えて「グローバル」に姿を現わす「テロ」の脅威に直面し、かつては国の外部に向けられていた「国家安全保障」の課題が、米国民自身の日常生活の中に内部化されることになった。

　このように、一極軍事超大国であるために、グローバルな抵抗によって国民が不安に脅かされているとしたならば、その絶大な軍備が、かえって安全を阻害していることになる。だとすれば、そうした軍事的覇権の縮小によって、世界と米国自身の安全と共存を強化する道を探らなければならない。これも「軍縮」の課題なのだ。

　過去半世紀近く、私たちは「軍縮」というと、米ソのような大国間の対称的な軍拡や軍縮だけを念頭に置きがちだった。しかし、本書で私が強調しているように、もともと冷戦期の軍拡の政治構造には、国家間のヨコの対称的な軍備競争に加えて、「先進国」(とくに米ソ両超大国)の途上国に対する覇権や支配と、途上国内の支配と抑圧という、タテの軍事化が内包されていたのだ。(Ⅰの2「世界軍縮の政治構想」、Ⅱの1「軍拡の政治構造」)

　そして、ポスト冷戦、とくにポスト九・一一の世界では、米国を中心として、「反テロ戦争」や「核拡散防止」「ミサイル拡散防止」「大量破壊兵器拡散防止」などの方策によって、非対称的な覇権と格差の構造を強圧的に維持しようとする政策がとられているが、こうした政策自体が、覇権・格差構造に対する、テロリスト、ゲリラ、兵器拡散推進勢力による、非対称的な抵抗を生み出している。
九・一一以後、非対称的な「新しい戦争」が始まったとよく言われるが、これは先進国中心の見方である。すでに「冷戦期」に、植民地支配に抵抗する民族解放闘争のために、どれだけ多くの血が流されたことか。米国の中米支配やヴェトナム介入、またソ連のアフガニスタン侵攻に対するゲリラ闘争が、どれほどの人命を犠牲にしなければならなかったか。圧倒的な軍事力をもつイスラエルに対する、パレスチナ人の絶望的ともいうべき闘いは、一九四〇年代から今日まで続いている。政治目的の旅客機ハイジャックも少なくなかった。「九・一一以後、世界は変わった」などと言われるが、「変わった」のは本土にテロ攻撃を受けた米国側の世界イメージであり、非対称的な戦争という現実は、世界では以前から続いていたのだった。

また私は本書で、一九七〇年代に米ソのデタント型軍備競争とイデオロギー的インパクトの低下との反面として、こうした非対称的な闘いが、産油国の石油戦略、それに呼応する途上国の「新国際経済秩序」の要求、七九年のイラン革命に象徴されるイスラム勢力の政治的台頭などの形で表出したことを踏まえて、この時期を「第三期冷戦」あるいは「新冷戦」の始まりと呼んでいる。だがヨーロッパでは、八〇年代の中距離核ミサイル配備をめぐる危機を「新冷戦」と呼ぶのが普通である。もちろん、この危機が重要な意味をもっていたことは確かだが、しかしこれは先進国中心の見方であって、グローバルには「第三期冷戦」はすでに始まっていたのである。(IIの3「危機の世界史的構造」)

このように、時期区分そのものが、先進国中心の視点を暗黙の前提としていることが少なくない。そして、こうした先進国優位の格差・抑圧構造への抵抗の担い手が、かつては「自由の戦士《フリーダム・ファイター》」と呼ばれたこともあったが、今日では、とかく十把ひとからげに「テロリスト」と呼ばれがちになった。

もちろん無差別的なテロを防止する、国際的な警察機能の改善は必要である。しかし、それは対症療法でしかない。肝心なことは、軍事力・強制力の面で優位に立つ大国や各国支配層が、国際・国内のタテの支配と抑圧の構造を自己変革して公正な世界秩序を創り、それによって、テロなどの非対称的な暴力に、暴力ではなく平和的変革という非対称的な方法で勝つということである。

このように、世界の構造の変革を平和的な手段で推進するということ、それが、タテの垂直的軍縮の目的である。つまり、軍縮は、国家間のヨコの軍備縮小だけを目指すのではなく、単なる静態的な平和と現状維持の手段でもない。世界の構造の変革が、暴力や流血を伴わず、最大限に平和的に行われるために、軍備や兵器という暴力手段の削減や撤廃をめざすのが軍縮なのだ。構造的な非軍事化を、非軍事的な方法で追求する行動なのである。

そうした世界の構造の平和的変革の口火を切ることができるのは、その構造で優越した力をもつ勢力である。つまり、国際的な大国や、国内で優位に立つ支配勢力が、まず変革のイニシアティヴをとらなければならない。これが、この巻の諸論文で、私が「一方的イニシアティヴ」の重要性を、繰り返し強調している理由である。(I「課題の構図」およびII「軍縮の政治学」)

自分が相手に不信や恐怖をいだいている時には、相手もこちらに不信と恐怖をいだいていると考えなければならない。だが、とかく自分の側だけの不信感や恐怖心にとらわれて、まず相手の譲歩を要求し、それによって自分の確実な優位と安全を追求しようとする。しかし、それでは相手の不信や恐怖を、相手が自己正当化するのを助長し、相互不信を深める結果になる。そのことは、対称的な対立や軍備競争の場合にも、非対称的な抑圧と抵抗の場合にも、当てはまる。こうした悪循環を断ち切って双方の安全と利益を確保するのが、自分の側から一イニシアティヴ」をとるという、醒めたリアリズムに基づく決断である。

現に、一方の超大国であるソ連で、ゴルバチョフがこうした変革の「イニシアティヴ」を国際的(「新思考外交」)および国内的(「ペレストロイカ」)にとったことが、世界の冷戦構造を劇的に変えた。(IIの4「地球不戦時代を創るとき」)一九八九年にベルリンの壁が崩れ、米ソが公式に冷戦終結を宣言するとは、その数年前には、世界の誰も予想しなかったことだった。構造を変えるのは、結局は人間の主体的行動以外にない。

私が、核対決と軍備競争の政治構造や、それに代わる緊張緩和と軍縮の政策構想と、そうしたオールタナティヴを追求する市民運動について書いてきた冷戦の時代は、幸いにして終わった。しかし、暴力体系としての軍備の縮小や廃絶が実現したわけではない。世界で、血なまぐさい紛争が減ったわけでもない。また核兵器の恐怖が消えたわけでもない。それどころか、核兵器がテロリストの手に渡る危険への恐怖は増している。しかもこの核拡散は、核兵器を開発する国家の増加という問題だけではない。まさに米国が推進するグローバルな市場経済化の一環として、核兵器もまた商品として闇市場に流出することを恐れなければならなくなったのだ。このように、核時代、大量殺戮兵器の時代は、まったく終わっていない。なぜか。

私は、その点を解明するためには冷戦構造という枠組みを超え、冷戦とポスト冷戦とを、近代という時代の一環として相対化するような、より長期の歴史的視点が必要であると痛感するようになった。そして私は、中世的世界の価値の崩壊と破壊を通じて形成された、近代特有の「合理性」を構成する三つの自律性として、科学・技術の知的自律性、主権国家の政治的自律性、市場の経済的自律性に着目し、そのどれもが、倒錯した合理性へと転化した時代として、現代の核時代をとらえることを試みた。他面で、それを超える契機を、やはり近代に内在する、市民社会の自律性というヴィジョンに求めることができると考えている。（Ⅲの2「近代としての核時代」）

それは私が以前に、戦争と文明との屈折したかかわりについて提起した問題意識（Ⅲの1「文明と戦争」）を引き継ぐものであり、核時代という形で凝集した、近代文明のもつ反文明性を摘出する視点に立った試論である。

二〇〇四年一〇月

坂本義和

目次

目　次

I　課題の構図

1　政治としての軍縮

一　「軍縮交渉」の意味

一九四六年一月一〇日に始まった国際連合第一回総会は、同二四日に採択したその決議第一号によって、原子力委員会を設置した。同委員会は、原子力を平和目的にのみ用い、原子爆弾その他の大量破壊兵器を除去し、査察等の保障措置によって協定の違反や不履行を防止することを目的とする提言を、安全保障理事会に対して行う任務を負うものであった。このように発足早々の国連がまず軍縮に関する決議を行なったこと、とくに、前年六月の国連憲章採択当時には実験成功にいたっていなかった原子爆弾についての態度決定がまず行われたことは、核時代に入った国際社会で、核軍縮の緊要性についての認識が広く成立していたことを示している。

しかし、この時点から今日(一九八七年)にいたる四十余年の軍縮問題についての取組みには、一見奇妙な矛盾が見られる。すなわち、一方では、軍縮や軍備管理(あるいは国連憲章でいう軍備規制)(1)をめぐって、米ソ二国間あるいは他の諸国を含む多国間の交渉が、ほとんど絶えることなく続けられた。だが他方では、絶え間なく軍備競争が行われ、副次的な問題を除いて、軍縮はもとより軍備管理さえ容易に実現しないという状況が持続した。一体これは何を意味するのであろうか。

このような事態に対して下される一つの解釈は、軍縮は大問題であり、これを達成するにはもっと本格的な交渉を行う意思が必要であるという見方、つまり〝交渉不足〟という解釈である。第二の解釈は、仮に交渉を忍耐強く行なっていても、現代ではその間に新しい軍事的テクノロジーが次々と開発され、交渉は後手にまわらざるをえなくなるという見方、つまり〝交渉立ち遅れ〟という解釈である。だがこうした解釈は、当然に、ではなぜ本格的な軍縮交渉がタイムリーに行われなかったかという疑問に導くのであり、そこに第三の解釈が現われてくる。すなわち、米ソその他の交渉当事者は、もともと本格的に軍縮を目的とする交渉を行う意思はなく、ただ不断に進めている軍備増強という現実を糊塗隠蔽するためのプロパガンダ以上の意味を軍縮交渉に与えてこなかったのだという見方、つまり〝交渉宣伝〟観である。過去四十余年の軍縮交渉の不毛さを見れば、このシニカルな見方が最も現実に近いようにも思われる。

しかし、軍縮交渉が単なるプロパガンダであったかどうかは別にして、より正確には、それがプロパガンダであった場合も含めて、四十余年にわたり交渉が続けられたということは、当事国が交渉の持続に何らかの共通の利益を見出しているということなしには考えられないであろう。ではその共通の利益とは何であろうか。ここでは、少なくとも次の二つを挙げることができる。

第一は、米ソその他の当事国にとって、各国が全く無制約に独走するという形で軍備増強を行うよりは、軍縮交渉とセットにして軍備競争を行う方が望ましいということである。つまり、核時代においては、当事国は共滅の危険を共有しており、もし軍備競争が当事国にコントロール不能な状態に陥るならば、当事国に共通の危機が訪れることになる。したがって、そうした破局的事態を防止するのに必要な限度のコミュニケーションを軍事戦略や軍備体系に関して保つことは、対立する当事国にとって共通の利益にほかならない。国際連盟の時代と違って、冷戦の最悪の時期が、例えば朝鮮戦争という熱戦の形をとって訪れた際にも、米ソのいずれもが国際連合を脱退することがなかったが、これも同様な理由によるものと言えよう。その意味で、米ソの対立がきびしく、大きな危険性をはらんでいたからこそ、軍縮交渉が絶えなかったといってもよい。しかし他面で、米ソの利害の対立はきびしかったから、その交渉が〝他の手段による戦争〟という性格を帯びていたことは否めない。ただその〝戦争〟が交渉の形をとり、またとらざるをえなかったという点が重要なのである。

しかし第二に、軍縮交渉は、こうした相互のコミュニケーションのためだけに行われたわけではなく、そこには当然プロパガンダの機能が付与されていた。この点を、つとに明確な形で力説したのはスパニアとノジであった。この二人は一九六二年の共著を『軍縮のポリティクス』と題し、軍縮交渉を「ゲームズマンシップ」あるいは「心理戦争」としてとらえるべきことを強調した。彼らの立場からすれば、「およそ外交交渉には妥協が不可欠であるが……全体主義国家との妥協というのは本来ありえない」のであるから、ソ連との「交渉」は交渉ではありえない。[2] ここでは「交渉」は本質的に宣伝戦以上のものではありえないのである。

こうした解釈に対して、軍縮交渉をこのようにとらえる軍縮論自体、軍縮交渉を宣伝戦に化する一つの要因であると指摘することができるが、そのことも含めて、軍縮交渉は宣伝戦の場となった。こうして、交渉と妥協のためではなく、宣伝目的に多くの軍縮提案がなされることになった。そうした提案は「平和」「軍縮」といったコトバで装われた偽善的な性格をもつことが少なくない。このことを端的に示すのは、時として、相手が拒否することを想定して行なった軍縮提案が相手側によって受け入れられてしまったために困惑する、といった事例である。[3] しかし、こうした事例から、直ちに軍縮交渉についてシニカルな見方を下すのは、必ずしも妥当ではなかろう。というのは、ニーバーの言葉をかりていえば、偽善とは「不道徳が道徳に対していだく疚《やま》しさの見返り」にほかならないからである。(4) つまり、プロパガンダとは正当性をめぐる争奪戦であり、プロパガンダの必要性と有用性を認めるということは、正当化の必要と価値とを認めていることを意味するのである。その上、では誰に対して正当化を行うのかといえば、それは交渉の相手国政府ではなく第三者——つまり相手国と自国の国民ないし世論、および第三国の政府や国民——に向けて行われるのが普通である。したがってプロパガンダによる正当化が成功するか否かは、これらの国民がどのような反応を示すかにかかっているのであり、その意味で、プロパガンダを行う交渉当事国政府は、これらの国民の意思や世論に拘束される面をもたざるをえないことになる。

以上述べたことから明らかなように、軍備競争には、少なくとも二つの重要な制約が課せられている。一つは、共滅の回避という物理的な必要に基づく制約であり、もう一つは、正当性の確立という政治的な必要に基づく制約である。第一の必要を充たすためにはコミュニケーションが、また第二の必要を充たすためには正当化の行動が不可欠である。そして過去四十余年の軍縮交渉を見ると、そこで「交渉」と呼ばれている行動は、必ずしも妥協を目的とするものではなく、実はコミュニケーションと正当化の過程であることが少なくなかったといってよい。しかしそれは恣意的に選ばれた行動ではない。コミュニケーションの必要は核時代の科学技術的な条件に、また正当化行動の必要は現代の大衆政治という条件に根ざしたものであり、その意味で現代世界の構造的特質と不可分の関係に立っている。

ところで、このように第二次大戦後の軍縮交渉が、多くの場合必ずしも「交渉」を目的とせず、しかもコミュニケーションと正当化という行動はそれ固有の意味をもつのだとするならば、軍縮交渉は軍縮にとってどのような意味をもつのかという疑問が当然起こってこよう。というのは、軍縮とは交渉によって実現されるものであり、またそうであるべきだというのが、一般に広くいだかれている通念だからである。つまり、例えば第二次大戦直後の日本やドイツの非軍事化のように、戦勝国の戦敗国に対する強制によって行われる軍縮を除けば、軍縮は当事国間の合意によって達成されるべきであり、合意によるということは、交渉によることにほかならないというのが一般の常識である。この考え方に立てば、軍縮に対する最も合理的かつ現実的なアプローチは、交渉による軍縮をめざすこと以外にはない。しかし過去四十余年の経験が示している現実は、これとは異なっている。つまり、そこに見られるのは、「交渉」という名で交渉以外の行動がとられたか、あるいは、実際に交渉が真剣に行われた場合にも軍縮という成果を生まなかったか、そのいずれかの場合だからである。では、なぜこれまでの軍縮交渉は不毛であったのか。その点を明らかにするために、まず「交渉」による軍縮というアプローチの問題点を検討してみよう。

二　「軍縮交渉」のディレンマ

ところで軍縮とは合意・協定に立脚した軍縮であり、そしてそれは交渉による軍縮にほかならないという考えは、次の二つの前提の上に立っている。第一は、軍備ないし軍事力は交渉になじむ性質のものである、なぜならそれは計測可能であり比較可能な性質のものであるからだ、という前提である。第二の前提は、交渉当事国の少なくとも一方は、非膨張主義的で純防衛的な政策を実際に――つまり口先のプロパガンダとしてでなく――とっており、したがって軍縮を真剣に追求していること、そしてこの非攻撃的で純防衛的な政策と意図が、軍縮交渉を通じて相手側に伝達可能である、という想定である。一般的に、もし双方または一方が攻撃的・膨張主義的な立場をとっていることが明らかであれば軍縮は不可能であることは言うまでもない。これに対し、もし少なくとも一方Aが純防衛的な政策を現実にとっていることを相手側Bに伝達できるとすれば、そしてAが純防衛的であるかどうか不確かであったためにBが軍備の保持・増強をこれまで行なってきたという場合には、交渉を通じてAの政策意図が伝達されることによって軍縮の可能性が増すということは考えられる。たしかに一般論としてはそうである。しかし、こうした前提がとられる場合に、そこで現実に意味されているのは、純防衛的な政策をとっている「一方の側」とは自国であって相手側ではないという想定であり、したがって軍縮を真剣に追求しているのは自国であって、相手側の「誠意」は疑わしいという想定である。果たしてこうした想定をとることが、自国側の「純防衛的」な政策目的や意図を相手側に伝達することを可能にするかどうかは、別個に検討を必要とする。

ところで第一の前提、つまり軍事力の計測可能性と比較可能性という前提をよく示すのは「均衡」というシンボルであり、これは第二次大戦後の軍縮交渉においても、軍縮の基本的規準として広く受け容れられてきた。すなわち、もし軍縮協定によって、現存する「力の均衡」が一方の側に有利に変えられるというのであれば、他の側がそうした協定に合意するはずはないから、交渉と合意による軍縮にとって「均衡」の維持が決定的な重要性をもつ、という主張が広く行われてきたのである。例えば第二次大戦後の比較的初期の軍縮交渉では、「均衡がとれた段階的な軍縮(balanced and staged disarmament)」というシンボルが軍備削減のガイドラインとして引照されることが多かったが、この場合、前半の「均衡がとれた」というのは共時的な均衡を、後半の「段階的な」は通時的な均衡を想定しているといってよい。[5] また近年には「より低い軍備水準での均衡」という、「縮小均衡」的なシンボルが使われることが多い。(6) いずれにしろ、ここでの中核概念は「均衡」であり、それは軍事力の計測可能性と比較可能性を前提として成り立っている。

だが軍備や軍事力といった、一見したところ容易に計量可能であり、比較も可能であるように思われるものも、実はそうでないことは周知の通りである。例えば一九五〇年代半ば頃までの軍縮交渉で、ソ連は核兵器の禁止を優先課題として要求し、米国はソ連の通常兵力の削減を優先課題として主張するというスレ違いが見られたが、一体どれだけの核兵器がどれだけの通常兵力に相当するのかは終始不明であった。最近の欧州中距離および短距離核ミサイルについての「ダブル・ゼロオプション」に対しても、それは通常兵力数でまさるソ連に有利な結果をもたらすという反論が西側で出されたが、この場合も、ソ連の通常兵力の優位分に相当する中・短距離核ミサイルとはどれだけかについては、そもそも換算不能であることは明らかである。これは、軍事力の計測比較の困難を示す一例にすぎない。

こうした共時的「均衡」の曖昧さに加えて、通時的「均衡」の不確かさがある。それを端的に示すのは、将来に起こりうる科学技術の発達を予めどのように計測するかという問題である。例えば、一九七二年の第一次戦略兵器制限協定(SALT-I)は、米ソのICBM(大陸間弾道ミサイル)、SLBM(潜水艦発射弾道ミサイル)について、その発射台の数を制限した。これは、戦略核ミサイル制限の方法としてミサイル基数の制限が適当であるという、それまでの考え方を協定化したものであった。しかし一九六八年にすでに実験が始められていた多弾頭(MIRV)化のために、ミサイル基数の制限は大きく意味を失い、二年後の一九七四年のウラジオストック協定で多弾頭化したミサイル基数の上限を新たに設けたものの、実質的には軍備管理の空洞化が進んだ。この傾向は、次いで弾頭の命中精度の向上が行われることによっていっそう顕著になり、ミサイルの数量制限は、ミサイルの質的強化を抑制しないどころか、むしろそれを促進する結果になった。このように、ある時点での「均衡」が将来の技術突破によって意味を失う可能性があること、しかもその技術突破がいつ、どのように実現するかについては不確定性が伴うことが避けにくいとすれば、ある時点で存在すると思われる「均衡」だけを基準にして、協定で自分の手を縛ることを拒否する行動がとられることになる。レーガン大統領のＳＤＩ(戦略防衛構想)プログラムという、技術的に不確定性を帯びた構想がソ連側の強い拒否反応を招き、戦略ミサイル削減交渉を停滞させることになったのも、その一例である。こうした不確定で未知の要因を含んだままでの計測・比較可能性、またそれに立脚した「均衡」というのは、ほとんど形容矛盾に等しい。

このように、現在と未来とのいずれについても計測不能性、比較不能性という問題が残るとすれば、そうした不確定要因を内包したままで「均衡」を主張することは、とりもなおさず不確定性に対応した安全係数を読み込むことを意味し、したがって、まさに「均衡」を獲得・維持するために相手に対する優位を追求するという行動を生み出すことは周知の通りである。「均衡」の不確定性が、確定的な優位の追求へと導くのである[7]。この場合、当初から自覚的に優位を追求し、それを「均衡」というイデオロギーで正当化しようとするのであれば、問題は単純である。もっと複雑なのは、主観的には「均衡」を追求し、その意味で非攻撃的な現状維持を目的としながら、客観的には優位追求の機能をもつ行動をとる場合である。この場合、「均衡」は、虚偽意識であれ、誠実な善意の表現であれ、容易に道義的正当化と結びつきやすい。つまり、自分の側は純防衛的・非攻撃的であり、平和と軍縮を基本政策としており、軍縮協定を結びそれを実行する誠意をもっていると確信すればするほど、軍縮を困難にする唯一の根源は相手側にあるという発想に導きやすい。相手は軍縮を真意において望んでおらず、したがって仮に軍縮協定を結んでも、それはその協定によってこちら側の手を縛ることが目的であって、相手側は協定の裏をかいて秘密に軍拡を行う危険があると判断せざるをえない。もしそうだとすれば、軍縮を誠実に実行する意思をもっている国つまり自国側が、軍縮を誠実に実行しないおそれのある相手側に対して、万一相手側が軍縮協定を破って軍拡を行なった場合にもこちら側が絶対に不利にならないように優位を保つことは、単にこちら側の利益に合致するだけでなく、正義に合致する措置といわなければならないのである。こうして、ある国が、自国側の誠意について確信をもてばもつほど、そして軍縮協定を遵守する意思があると考えれば考えるほど、当然に優位に立つ権利があると信じることになる。ここに見られるモラリスティックな優越意識は、軍縮交渉において、ソ連に対する米国側の態度にしばしば現れたものである。その嚆矢《こうし》をなすのは一九四六年のバルーク案であり、一方で原子爆弾の開発・生産に関する情報の保有を米国に認めながら、他方核兵器のみならずおよそ核物質の生産も国際管理の下におき、もしソ連がそれに違反したときには、国連安保理事会——この場合ソ連は拒否権を認められない——が「相当の処罰」を行うというこの構想には、米国の力の優位が正義に合致するという意識が強烈に現れていた。[8] その後もさまざまな形で見られたこうした発想は、近年のレーガン大統領の、ソ連を「悪の帝国」と呼ぶ事例にいたるまで、枚挙にいとまがない。これらに一貫しているのは、米国の優位を「均衡」と等置するという態度であり、米国側がこうした態度をとる限り、ソ連にとって米国の提案はまさに「均衡」に反するが故に受け入れがたいものにならざるをえないのである。[9]

このように「均衡」の追求自体が、専ら安全保障上の理由づけによるか、さらにモラリスティックな理由づけによるかのいずれにせよ、現実には軍事的優位の追求という客観的機能をもつとすれば、軍縮についての合意が成り立つ可能性が失われても不思議ではない。なぜなら、一方の側の「均衡」と正義が、まさに他方にとっては「均衡」と正義とに反するからである。そうだとすれば、交渉と合意とが軍縮への道であるという命題の第二の前提、つまり一方の側の純防衛的で現状維持的な意図が交渉を通して相手側に伝達可能であるという前提も、容易に成立しがたいものとならざるをえない。

すなわち、いま仮に一方の側が、自分は純防衛的であり「均衡」の維持だけを目的としていると信じるが故に相手への優位を追求するとしても、相手側から見てそれは明らかに攻撃的性格をもった脅威と映じざるをえない。ここには基本的なコミュニケーション・ギャップが存在する。その場合、自分の側は誠心誠意、純防衛だけに専念しているとして、自分の側の意図や動機の純粋性をモラリスティックに謳えば謳うほど、それは攻撃性を隠蔽する悪質な欺瞞と相手側に受け取られることになり、しかもそうした受取り方にはそれなりに根拠があるということになろう。こうした状況の下で、本来は純防衛的で現実に平和と軍縮を政策目標としていた相手側も、まさに「均衡」を確保し現状を維持するために軍事的優位を追求しなければ、その安全も正義も擁護できないと判断せざるをえなくなる。こうして、周知のように「作用―反作用の力学」の悪循環が生まれる。

この悪循環の力学によって、古典的な、つまり一八―一九世紀のヨーロッパにおける「勢力均衡」政策は、軍備競争と、その帰結としての戦争とをしばしば生み出した。しかし現代では、全面的な戦争はすべての当事国に自殺的な効果をもたらすと考えられるところから、今日の「勢力均衡」政策は、軍備競争と軍縮交渉とをセットにして展開されることとなった。そして、古典的な軍備競争の目的は、自国の軍備増強によって相手国に対する軍事的な確証優位を達成することであったとすれば、現代の軍縮交渉の狙いは、自国の軍備を相手国より少ない程度に規制ないし削減することによって、相手国に対する確実な軍事的優位を達成することにあるといってよかろう。ここでは、軍備を絶対的に増やすか減らすかは二次的であり、肝心なことは、相手国に対して相対的優位を確立することである。したがって、軍備管理・軍縮交渉とは「他の手段による軍備競争」という性格を帯びざるをえない。そこで重要な問題は、軍縮交渉とは軍備競争の反映であるという事態から、軍縮交渉は軍備競争への解答であるという事態に、いかにして転換することができるかという点にあるといえよう。ではその転換の契機は、どこに求められるのか。

すでに前述したように、一方の側が相手に対する不信をいだき、起こりうる事態の中の「最悪事態」の発生に備えるという行動をとることは、相手の側でも同様な行動をとり、しかもそうした対抗行動は正当であると信じることを可能にするという関係を生じ、このような関係が持続する限り軍縮についての合意や協定は成立しにくいことになる。これだけが軍縮を妨げる要因ではないが、これがある限り軍縮は実現しえない。だとすれば、こうした悪循環を断ち、両者の関係を逆転させるためには、C・E・オズグッドのGRIT (graduated reciprocation of initiatives for tension-reduction) の観念に含まれている二つの行動様式がとられることが必要である[10]。このGRITは、国際的緊張緩和一般に適用可能な概念であるが、ここではそれをとくに軍縮に絞って検討してみよう。

まず、軍縮への転換に不可欠な行動様式の第一は、当事国の少なくとも一方が軍備削減について「段階的な一方的イニシアティヴ」をとることである。つまり、不信の悪循環を断つためには、一方の側が、自国の基本的安全を脅かさない限度内で、一方的に軍縮の第一歩に当たる措置をとるのである。もちろんその場合、こちらのとった軍縮措置に見合った軍縮を相手側が行うかどうか不確かである。しかし、相手がこちらに見合った軍縮措置をとるとは信じられないという理由でこちらも軍縮措置をとらないということになれば、それは現実には不信の悪循環に基づく軍備競争を続けるだけのことである。したがって、相手についての不確かさがあっても、あるいは不確かさがあるが故に、まずこちら側から、相手も見合った軍縮措置をとる可能性があるという想定に立脚して一定の軍縮措置をとり、それによって、相手が軍縮措置をとらない理由の中で、相手がこちら側に対していだいている不信という要因を軽減し、それによって、相手も軍縮措置をとる可能性を増す、という行動が必要なのである。これは通例相手側に対して、「まずそちらから、言葉ではなく行動によって軍縮への誠意を示せ。それ次第でこちらも軍縮措置を考慮してもよい」という形で向けられる命題を、逆転させたものにほかならない。そしてこちら側からの一方的イニシアティヴをとるに際して、「もし相手がそれに見合った措置をとれば、自分の側は次にさらに一歩踏み込んだ軍縮措置をとる用意がある」と予め約束することによって、相手が軍縮措置で応える可能性をいっそう増すことも有効である。

軍縮への転換に必要な行動様式の第二は、相手のとった一方的イニシアティヴに見合った軍縮措置をとって応えるということである。どちらか一方が、一方的イニシアティヴをとらない限り、軍縮への転換の動きが全く始まらない。だがこのイニシアティヴに対応する行動が相手側によってとられなければ、軍縮が多少とも成果を結ぶことはありえない。こうした応答的軍縮措置は、軍備競争の悪循環を軍縮へのイニシアティヴの循環へと転換して持続させるために、不可欠の要件である。

だがこのような一方的イニシアティヴや、それへの応答行動が、現実の国際政治でとられることがありうるのであろうか。この点を明らかにするために、一九六二年から六三年にかけて米ソ間で起こった事態の展開を検討してみよう。

一九四六年から始まった軍縮交渉は、政治的環境の変化、軍事技術の開発等、諸条件の変動する中で、様相を異にするいくつかのフェーズを経て行われてきたが、しかし、一九六二—六三年までは、軍縮はもとより軍備管理の面でも見るべき成果はなかった。これに対して、一九六二—六三年の時期には、軍備管理の二つの取決めが結ばれた。一つは一九六三年六月の米ソ間直通通信線《ホットライン》についての協定、第二は同年八月の部分的核実験停止条約である。この二つの取決めの背後には、一九六二年一〇月のキューバ・ミサイル危機があったことは周知の通りである。そしてキューバ危機の重大さに比べて、この二つの取決めは、いかにも小さな成果でしかなかった。とくに部分的核停条約については、当時それが画期的な成果として喧伝されただけに、やがてそれは地下核実験を禁止していないという欠陥が、きびしく批判されることになった[11]。たしかに部分核停は限られた意味しかもたない取決めであった。またホットラインのもつ意味も決して過大視することはできない性質のものであった。だが、この二つの軍備管理協定の意義は、その最終生産物そのものよりは、その協定が結ばれるにいたる過程にあると言うことができる。これら限られた成果しかもたらさない二つの取決めでさえ、一九六三年以前の時期には結ばれなかったのはなぜか。それがこの時点に結ばれたのは、いかなる過程を経てであるのか。軍備管理交渉に、この時点で一つの転換が起こったのは、どのようにしてであったのか。この点を考察してみる必要があろう。

三　ソ連のイニシアティヴ

まずホットラインの政治的意味について検討してみよう。これは何よりも意図せざる偶発的戦争の回避を目的とした措置であり、相手側の意図の誤読や兵器体系の事故によって核戦争が勃発する深刻な危険がある、という認識を前提としている。ということは、換言すれば、こちら側はもとより相手側も、意図的に核攻撃を行うことはありえないし、その意味で米ソ双方が基本的には非攻撃的な現状維持の立場をとっているという相互認識に立脚していることを意味する。こうした前提をとった場合にのみ、ホットラインは核戦争防止に寄与する装置という性格をもちうる。もしこうした前提をとらない場合、つまり相手側が核攻撃をしかけてくる可能性を排除しない場合には、ホットラインが両当事国の安全を高めるのに役立つという保証は全くない。なぜなら、相手側がホットラインを乱用し、偽りの情報を送ってくる危険が常にありうるからである。例えば相手側が、実際に核攻撃に着手していながら、それが計画的・意図的な攻撃では全くなく、偶発的事故にすぎないかのような情報を送ってくる結果、こちら側の対応が混乱・遅延し、手遅れになるという可能性を完全に無視することはできない。そこでもし米ソの少なくとも一方が、こうした「最悪事態」が起こりうるという想定に立ち、相手側によるホットライン乱用の危険を重視するという立場をとれば、ホットラインの設置についての合意は成り立たないであろう。

逆にいえば、こうした乱用の可能性が皆無であると確定はできないにもかかわらず米ソがホットラインの設置に合意したということは、相手側が奇襲攻撃や第一撃を実行するといった攻撃的な政策意図をもっていないという想定を選んだことを意味している。この点で、ホットラインは、直通コミュニケーション装置という技術的な面よりは、それの設置に合意したという事実の政治的含意という面で、重要な意味をもっている。

では米ソの政策決定者は、いかにしてこのような相互認識をもちうるようになったのであろうか。もちろんその背景には多くの要因があろう。とくに米ソ双方で、より安定した共存をめざしてさまざまの努力が行われたことの累積効果を無視することはできない。しかし、この時点でホットラインが設置されることになった直接的契機は、キューバ・ミサイル危機を終結に導くにあたってソ連側がとった行動であったと考えられる。つまり、キューバ危機のディエスカレーションの過程でソ連がとった対応には、緊張緩和のための一方的イニシアティヴに相当する行動様式が含まれていたのである。この経緯を辿ってみよう。

キューバ危機沈静化のための交渉の一環として、フルシチョフは一九六二年一〇月二六日、もし米国がキューバ周辺の海上封鎖を解き、キューバ不侵攻を約束するのであれば、ソ連はキューバにこれ以上武器を搬入せず、すでにキューバに持ち込んだ武器は撤去ないし破壊する旨述べた。同じ日、彼はもう一通の文書をケネディ宛に送り、その中で、米国がトルコにあるミサイルを撤去するのと引きかえにソ連はキューバにあるミサイルを撤去する旨の提案を行なった[12]。ケネディ政権にとって、第二の提案は第一のよりも受け入れにくいものと受け取られたため、事態をさらに悪化させる危険をはらむことになった。しかし客観的に見て、キューバのミサイルとトルコのミサイルを相殺するというのは、決して不当な提案ではなかった。

その点を明らかにするために歴史をふりかえってみるならば、一九四七年のトルーマン宣言により、米国はトルコとギリシャに米軍事顧問団を駐留させ、封じ込め政策を実行に移した。その際米国は、封じ込め政策はあくまでもソ連による侵略や膨張のもたらす抑圧に対抗するものであって、ソ連への攻撃を目的とするものではないと主張した。そしてこの封じ込めの一環として、その後トルコに中距離ミサイルが配備されたのであるが、これはソ連の政治、産業、農業の中枢部を射程内におさめうるものであった。だが米国によれば、これはあくまでも防衛的な措置であり、このミサイルは攻撃性をもたないものであった。だとすれば、ソ連が米国と同じ主張を行い、キューバへの中射程ミサイル配備は防衛目的だけのものであり、ソ連はこれを米本土攻撃のために使用する意図は毛頭ないと断言した場合、これを米国の封じ込め政策以上でも以下でもないと解釈することは、さして無理ではない。

フルシチョフはケネディに対してこう述べている。「貴下はキューバについて憂慮しておられる……。しかしトルコはわが国に隣接しているのである……。貴下は、自国の安全を要求し、貴下が攻撃的と見なす兵器ならばその除去を要求する、そういう権利をもつと信じておられながら、わが国が同じ権利をもつことは認めないということなのか?」[13]

つまり、トルコにある米国のミサイル基地はいいが、キューバのソ連ミサイル基地はいけないというのは、どう見ても公正さを欠く、というのがフルシチョフの主張であり、それはそれなりに正当な主張であった。現にロバート・ケネディはこう記している。「実のところ、ソ連の提案はそれなりに尤もなものであった……。」[14]だとすれば、フルシチョフは、トルコとキューバのミサイル基地相殺案に固執してもよかったわけであるし、またこの案には国際的にも米国内にも支持があった。にもかかわらず、ソ連はキューバからミサイルを撤去した。それは、一方的な譲歩と妥協であった。

これについて、それは要するにソ連の戦略核ミサイルは未だ少数であり、米国の核戦力が全体的に優位していたから、ソ連は退却せざるをえなかったのだという見方をとる人が多い。たしかに当時、米国の核戦力はソ連のそれを相当に凌いでいた(本稿末尾の**追記**参照)。しかしだからといって、もし米ソ全面核戦争になり、ソ連が少数のＩＣＢＭで米国攻撃をするだけでなく、本格的配備段階に入っていた中距離核ミサイルで西ヨーロッパをも全面攻撃した場合、米国およびＮＡＴＯ諸国が、その許容の限度をこえた破壊を受けずに「勝利」をおさめることができたとは到底考えられない。もしソ連がきわめて限定された取引に固執し、米国がトルコのミサイルさえ撤去すればソ連はキューバからミサイルを撤去すると言い張った場合、米国がトルコのミサイル基地を残すために全面核戦争を辞さないという選択肢をとることができたかどうかは、非常に疑わしい。現にウォルター・リップマンは、両ミサイル基地相殺案を支持するコラムを書いていたし、のちに明らかになったように、アドレイ・スティーヴンスン駐国連米大使も、同様な提言を大統領宛に行なっていた。その上、ケネディ大統領自身も、トルコの米ミサイル基地が、取引不能なほどの重要性をもつとは考えていなかった。ロバート・ケネディによれば、「……ソ連案は、米国やNATOの盟邦にとって痛手となるものではなかった。現に過去一年半の間、大統領が国務省に対して、トルコのジュピター・ミサイル撤去について同国の同意をえるように依頼したことが何回かあった。ジュピター・ミサイルは時代物になっており、地中海のポラリス潜水艦の方がトルコの防衛にははるかに有効なのである[15]」。

だがソ連は、キューバのミサイルがトルコのミサイルと同様に「防衛的」性格のものであることを米国が認めるよう主張し続けることを控え、キューバからミサイルを撤去した。これによってソ連は、ソ連の政策目的が現状維持であって攻撃的ではないことを、言葉だけではなく行動で示したことになる。キューバのミサイルは防衛的なものであるとどれほどソ連が言葉で繰り返そうと、米国側がそれを攻撃的な性格のものと見なす可能性はなくならない。しかしキューバのミサイルを解体撤去するという行動をとることによって、ソ連は米国側がそうした疑惑をもつ根拠そのものを除去してしまった。そして緊張緩和のためのこうした一方的イニシアティヴをとることによって、ソ連は、米国もまたソ連やキューバに対して攻撃的でないことを行動で示すよう促したわけである。

このソ連の行動が一方的なイニシアティヴであったかについて、疑問を呈する人があるかもしれない。というのは、次のような経緯があったからである。すなわち、前述のフルシチョフの二つの信書に対して、ケネディ大統領が返書を認めたが、それに加えて弟のロバート・ケネディを通じて駐米ソ連大使ドブルイニンに返書の趣旨を敷衍して伝達した。この返書の中で大統領は、キューバからソ連がミサイルを撤去すれば米国は海上封鎖を解き、キューバ不侵攻を約束するとは述べたものの、トルコの米ミサイルについては何も言及しなかった。そこでこの点についてロバート・ケネディは、同大使に次のように述べた。つまり、トルコの基地について「こうしたソ連の脅迫や威圧の下では、交換の取引や取決めなどありえようもない。……しかしケネディ大統領は、随分以前から、トルコとイタリアの米ミサイルを撤去する意向をもっていた。……われわれの判断では、この危機が終わったなら遠からずして、これらのミサイルは姿を消すであろう[16]」。

これは米国側の重要な意図の表明であった。しかしこれはあくまで非公式の発言であり、大統領の返書にはこの点は全く触れられていなかった。大統領の弟が口頭で註釈をつけた以上のものではなかった。だとすればフルシチョフが「最悪事態主義」をとって、このロバート・ケネディの発言は信用せず、引き続いて危機解決の条件としてトルコの米ミサイル撤去を公式に約束するよう主張し続けることもありうる選択であった(本稿末尾の**追記**参照)。

このように見てくると、ソ連によるミサイル撤去は、二つの点でそれに見合った米国側の公式の応答行動のないままとられた一方的イニシアティヴであった。第一に、トルコの米ミサイル撤去について明確な事前の約束があってとられた行動ではなかった。第二に、米国のキューバ不侵攻という点についても、必ずしも明確な事前の確約があったわけではない。というのは、フルシチョフへの返書の中でケネディ大統領は、たしかに海上封鎖の解除とキューバ不侵攻を保証したが、それはソ連がミサイルをキューバから撤去しキューバに持ち込まないという約束の「実施と継続を保証するために国際連合を通じて適切な取決めが実現された場合」という留保つきのものであった[17]。これに対して一〇月二八日、フルシチョフがミサイル撤去をもって応じた時には、こうした国連を通じての取決めは存在していなかったのであり、したがって米国側の約束の前提条件はまだ充たされてはいなかったのである。こうして、米国側の明確な保証が必ずしもないままでフルシチョフは一方的な譲歩を行い、ケネディ大統領のキューバ不侵攻の約束の言葉を「尊敬と信頼をもって」考慮する旨述べた[18]。これは緊張緩和のための一方的イニシアティヴの一例であり、これによってソ連は米国側の応答行動を促したといってよい。

そして事実その三カ月後、米国は、ソ連との明示的で公式の取決めが存在しないにもかかわらず、トルコ配備の中距離ミサイルを撤去することによって、ソ連の行動に見合った応答行動をとったのである。もちろんこの撤去が、同ミサイルが旧式化したという技術的な理由によって容易になったことは確かである。にもかかわらず、この撤去は二つの点で、ソ連にとってプラスの政治的意味をもつものであった。第一に、仮に旧式化したにしろ、このミサイルはソ連の心臓部に近接して配備されているという点で、ソ連にとっての脅威であることに変わりはなかった。第二に、トルコに配備されたジュピター・ミサイルは、ソ連に近接しているだけにソ連の第一撃によって破壊される弱点をもっており、したがってそれが有効性を発揮するのは米国側からの第一撃の道具として用いられる場合である。したがって、もし米国がこのミサイルの配備を続けるならば、それは米国が第一撃の態勢を持続しており、攻撃的な政策目的をいだいているとソ連側に映じることは避けがたい。もちろんジュピターに代わりつつあるポラリス潜水艦も第一撃の能力をもつが、第二撃用とソ連側にも判断されうる機能をもつものであるのに対して、ジュピターはもはや第一撃用としてしかソ連側に見なされない性質のものであった。以上二つの点で、トルコの米ミサイルの撤去は、ソ連側に、米国は攻撃的な第一撃を基本政策としているのではないと判断されるという信頼感をもつことを可能にしたといってよい。ミサイル撤去という行動が象徴する政治的意味が重要なのである。

またキューバ不侵攻の約束についていえば、その後米国は、「国際連合を通じての適切な取決め」がないままで、事実上この約束を履行した。

以上二つの米国側の行動は、公式の国際協定の水も洩らさぬ規定の所産ではなく、逆に、一方的な事実上の措置以上のものではなかった。しかしこれによって米国は、自国の政策が非攻撃的で現状維持的であることを、言葉ではなく行動で示したことになる。その結果、米ソの双方が、相手方の政策が非攻撃的であることを確認し、相手が現状維持指向であることを、これまで以上の確かさ――あるいはこれまで以下の不確かさ――で認めるようになった。相手の政策意図の非攻撃性についてのこうした相互認識があってこそ、ホットラインは、米ソそれぞれによって、自国の安全にプラスの意味を付与されるようになったのである。そしてこの場合、この双方での信頼醸成の過程が始動する上で、ソ連側の一方的イニシアティヴが重要な意味をもったことは忘れられてはならない。

四　米国のイニシアティヴ

以上に述べたソ連側の一方的イニシアティヴと米国側の応答行動に加えて、今度は、米国側で一方的イニシアティヴがとられ、部分的核停条約が生まれたといってよい。

すなわち一九六三年六月一〇日、ケネディ大統領はアメリカン大学での有名な演説の中で、米国がいくつかのイニシアティヴをとることを明らかにした。その一つとして彼は次のように宣明した。「他の国が大気圏内で核実験を行わない限り、米国はこの種の核実験の実施を考慮しないこととする。また米国側から核実験を再開はしない。こうした宣言は拘束力のある公式の条約に代わりうるものではないが、この宣言によって公式条約の実現が促進されることを願う[19]。」

当時の大統領特別顧問シオドア・ソレンセンの表現によれば、「これは一方的にとった大胆な措置であり、核停問題にかんする『われわれの誠意と厳粛な信念を明示するために』大統領はこれに踏み切ったのである[20]」。この言明がソレンセンのいうほど「大胆な」措置であったかは別にしても、この行動が、少なくとも米国の政策決定者の意識において「一方的な」措置であったこと、つまり「一方的」措置と意識して行われたものであったことは注意されてよい。

だがこの演説の中で宣明された、これ以上に重要なイニシアティヴがあった。それは、個々の政策や措置をこえた、より基本的な思考様式にかかわるものであった。ケネディ大統領はこのように述べている。

「ソ連の指導者がもっと開明的な態度をとるようにならない限り、世界平和、世界法、世界軍縮について語るのは無益であるし、今後ともそうであろう、という人がいる。私もソ連の指導者の態度が変わることを望んでいる。またわれわれは、彼らが態度を変えるのを側面援助することもできると思う。しかし私は、われわれがわれわれ自身の態度——個人として、また国家としての態度——を再検討することも不可欠だと考える。なぜなら、われわれの態度の如何は、彼らの態度の如何と同様の重要性をもつからである。」

「……〔『侵略的米帝国主義』といった〕ソ連側の発言を読むと暗い気持になる。……しかし、これはわれわれへの戒めでもある。つまり、米国民がソ連人と同じ轍を踏まないように、また相手について度しがたい存在といった歪曲されたイメージだけをもたないように、そして相手との対立を不可避と思いこまないようにという、米国民自身への戒めなのである……。」「したがって、われわれは米ソの相違点を正視しなければならない。しかし同時にわれわれは、米ソの共通の利益に着目し、米ソの相違点を克服する道に眼を向けなければならない。[21]」

米国に根強く存続しているソ連観によれば、ソ連はその本質において、世界革命をめざす膨張主義的国家である。換言すれば、ソ連が現実に膨張主義であるか否かは不確定的であるにもかかわらず、米国は、ソ連が膨張主義的である場合という「最悪事態」の想定に基づいて政策を立ててきた。これに対してケネディ大統領が力説したのは、米国民が、あるいはソ連が膨張主義的でないかもしれない可能性の側に傾斜をつけて、そのソ連観を検討し直してみることなしには、米ソ間のこれ以上の緊張緩和は期待できない、という点であった。ケネディ大統領は、ソ連が百パーセント非膨張主義であるという確約も確証もないまま、米国民に対して、米国民のソ連観を一方的に修正する必要を説いたのである。要するにこれは、米ソ間に一段と外交上の妥協を進めるためには、米国側の一方的イニシアティヴが必要であることを訴えたものであった。そしてもしケネディ大統領がこの一方的イニシアティヴをとらなかったならば、多くの限界をもち、不十分な措置でしかない部分的核停条約さえ締結されることはなかったであろう。この場合、米国側のイニシアティヴに対して、ソ連は核実験の停止、同条約の締結と遵守という形で、米国の行動に見合った応答行動をとったのである。

以上に述べたホットラインと部分核停の例は、限られた軍備管理であるにしろ、軍備競争の持続という流れに一つの転換を惹き起こす上で、一方的イニシアティヴと、それに見合った応答行動とがきわめて重要な機能をもつことを示している。軍縮交渉の歴史上、この例に優るとも劣らぬ明確さで一方的イニシアティヴを示したのは、ゴルバチョフ書記長が一九八五年七月二九日に行なった声明である。この中で同書記長は、広島被爆四〇周年に当たる同年八月六日から翌八六年初めまで、すべての核実験を停止すること、またもし米国がこの期間に核実験を停止するなら、ソ連は停止期間をさらに延長する用意があることを宣明した。しかし米国はこれに見合う応答行動をとらず、地下核実験を続行した。そこでゴルバチョフは、停止期間を一方的にさらに一九八六年三月末まで延長して、米国の応答行動を呼びかけた。しかし米国は何の応答行動も示さなかった。ゴルバチョフは、米国が核実験を継続しているのに、ソ連が無期限に実験を停止することはできないと警告を発したが、なお一九八六年末まで停止期間を一方的に延長した。しかし遂に米国側が応答行動をとらなかったため、翌八七年二月には、ソ連も地下核実験を再開するにいたった。この経緯は、一方的イニシアティヴとともに、それに見合う応答行動がいかに重要であるかを物語っている。

こうした事例を含め軍縮交渉の歴史をかえりみた場合、そこに当然一つの疑問が起こってこよう。それは、なぜある場面では、不確定性やリスクを承知の上で一方的イニシアティヴがとられ、なぜ他の場面ではそうでなかったのか、またなぜある場面では相手のイニシアティヴに見合った応答行動がとられ、なぜ他の場面ではそうでなかったのか、という問題である。これに対して、イニシアティヴや応答行動の存否は、政策決定者のリーダーシップの存否によるという考え方もあろう。つまり政策決定者が、自国だけの個別利益追求の枠を超え、自国と相手との集合利益を追求する行動様式の持主であるか否かから説明するという方法である。たしかに政治的リーダーシップを一つの独立変数と考えることは可能である。しかし、イニシアティヴをとったのはリーダーシップがあったからであり、とらなかったのはリーダーシップが欠けていたからであり、応答行動をとったのはリーダーシップがあったからで、とらなかったのはそれが欠けていたからであるというのは、やや同語反復の難がある。それに、軍縮交渉の歴史で、より決定的であったのは、後述するように、イニシアティヴをとろうとするリーダーシップが優位・貫徹しえない場面であり、換言すれば、行動の面での制約よりは構造の面での拘束であった。つまり、個別利益にしろ集合利益にしろ、それを「ナショナル・インタレスト」として定義し正当化するのが通例であるが、その際、誰が何を「利益」と規定しそれが支配的となるかというのは、そこでの利益構造に深くかかわっていることは多言するまでもない。

五　構造的阻害要因

軍備の削減は、当事国各国の国民の利益に合致するし、Aがとった一方的イニシアティヴに対して応答行動をとることによってBの安全や利益が減殺されるおそれはないと考えられる以上、一方的イニシアティヴとは関係当事国の共通利益を析出・実現する努力であるといってよい。だとすれば、一方的イニシアティヴあるいはそれへの応答行動という選択に反対する政治的・社会的勢力というのは、イニシアティヴをとった国の相手側の政策決定者の利害に相反し、また相手側の国民の利害に相反するだけではなく、実は自国の国民の利害にも相反する立場に立っているということになる。この点を明らかにするために、まず先進軍事大国とくに米ソ両超大国と、発展途上国とを取りあげ、次に両者の関係を見ることにしよう。

(1)　国家権力複合体

国内政治勢力が軍縮交渉を阻害する例は少なくないが、それが最も顕著な形をとって現われたのは、一九五五年から五七年にかけての出来事であった。それ以前から、国連軍縮委員会小委員会では延々と交渉が行われていたが、一九五五年五月一〇日、ソ連は、西側提案の基本線、とくにすべての当事国の領土内に査察管理所を設置するという西側案も含めて、それを受諾する趣旨の詳細な案を提示した。これがノエル・ベーカーが「希望の瞬間」[22]と呼んだ時点である。このソ連案に対して英仏は直ちに歓迎の意を表明したが、それまで西側提案を支持していた米国は、ここにいたってにわかに態度を一変した。その結果、英仏米という西側諸国自身が西側提案を撤回するという、まことに奇異な事態を生じたのである。なぜこのようなことになったのか、未だ必ずしも米国側の実情が明らかになっていない点もあるが、アルヴァ・ミュルダールによれば、西側提案を支持していたアイゼンハワー大統領や軍縮代表ハロルド・スタッセンが「議会、ペンタゴン、国務省および米国原子力委員会」の強力な反対に直面して、後退を余儀なくされたということである。[23]

さらに一九五七年、ソ連のＩＣＢＭ実験やスプートニク衛星打上げの成功と並行して、米国では大統領諮問機関の一つゲイサー委員会(Gaither Committee)が大統領宛に秘密報告書を提出し、その中で、のちに米国の議会や軍部が主張するようになる「ミサイル・ギャップ」論を展開し、「ロシアのＩＣＢＭによる攻撃」は「一九五九年末には起こりうる脅威」とまで述べ、米国のミサイル開発計画を大幅に増強・促進するよう提言した。[24]のちに明らかにされたように、この「ミサイル・ギャップ」論は、米国の軍部とくに空軍の予算・権益獲得の口実という性格が強かった。[25]それもあってアイゼンハワー大統領も、この提言の実行には積極的ではなかった。しかし彼はそれを無視することもできなかった。同大統領のそうした拘束条件を率直に表明したのが、一九六〇年の彼の有名な離任演説であった。その中で彼は「軍産複合体による、意図的な、あるいは意図せざる、不当な影響力」や「本来あるまじき権力の台頭によって災いがもたらされる危険性」について、米国民に対し警鐘を鳴らしたのであった。[26]「ミサイル・ギャップ」論の台頭、その半面での軍縮交渉への妨害、これらが軍備増強、軍備競争に既得権益をもつ強固な国内諸勢力が優位する政治・経済構造の形成と結びついて進行した時代であった。

一九五〇年代末の「ミサイル・ギャップ」論の第一波に続いて、第二波は一九六〇年代中葉に「ABM(弾道弾迎撃ミサイル)ギャップ」論という形で現れ、ソ連のABMに将来とも対抗するという理由で、多弾頭ミサイル(MIRV)開発を合理化する根拠を提供した。「ミサイル・ギャップ」騒ぎの第三波は一九六九年に起こり、ソ連のSS9ミサイルは米国のICBMを第一撃で破壊する能力を備えているという——根拠の不確かな——主張を掲げて、米国は対抗兵器セーフガードABMを開発すべきだと煽り立てた。[27] こうした一連の「ギャップ」論に共通に見られるのは、それを主張する勢力が、その主張の根拠の不確かなままで「ソ連への立ち遅れ」という不安を世論の中にかき立て、軍縮交渉を阻害し茶番化するという動きである。その結果、この時期に進行した戦略兵器制限交渉SALT-I、SALT-IIも「米ソ間で合意ずみの、規制され制度化された軍備競争の持続」[28]という性格をもたざるをえなくなったのである。そして、それに続く一九八三年以降のSDIにいたっては、もはやソ連との「ギャップ」さえ主要な論拠とはせず、米国の優位を当然の前提とする。そして、この優位を象徴し保証するSDIは、およそ軍縮交渉の対象になりえない、という立場が打ち出されることになった。

米ソの政治関係の良否、政治的デタントの進展などと一応別個にこのように推移する軍備の開発増強の基礎に、軍備競争・軍備増強に既得権益をもつ諸勢力が形成する国内的政治・経済構造があることは明らかである。こうした構造を構成する勢力としては、軍部、軍産複合体、軍産官複合体、軍事的R&D組織等があり、また官の内部に官僚部局間政治があることも周知の通りである。[29] どのような勢力がいかにかかわるかは状況によって異なるが、一つの共通点をもっている。それは、国民一般にとって軍縮の方が有利な場合でも、これらの勢力にとっては軍備増強や軍備競争が有利だという点である。このことは、これらの勢力が、物質的私利を目的として動いているということを必ずしも意味しない。彼らの主観における目標は、権力、社会的地位、研究の機会や便宜、国家の栄光、イデオロギーの普遍化、あるいは「世界平和」そのものでさえありうる。しかし、もちろん問題の核心は主観的な目標や意図、あるいはイデオロギー的合理化にあるのではなく、彼らが軍備増強や軍備競争から利益を得るような客観的位置に構造上立っていることにある。

米国の場合と同じ密度で実証することは至難であるが、ソ連にも同様な諸勢力が――もちろん資本主義とは異なった社会主義体制の枠組みにおいてではあるが――存在し、さまざまの官僚的既得権益をもって軍縮交渉を阻害してきた。例えばフルシチョフは、ほぼその信憑性が認められている彼の回想録でこう述べている。「それでは、わが国で〔軍備制限や軍備撤廃の政策を指導する〕指導部に威嚇を加えることのできる『他の者』とは一体だれのことか？　それは軍部である。……しかし指導者は、軍部という眼鏡をかけて世界を見ないように留意しなければならない。さもなければ……政府は軍備のためにすべての金と、人民の最高のエネルギーを使いはじめることになろうが――その結果は、間もなくその国は軍備競争のためにパンツまで失うことになろう。……わが国には〔西側と同じような〕軍国主義的階級はない。……しかも軍人はやはり軍人である。彼らは……常に最新の武器と、そして敵に優る質はもちろん数量も備えることを主張する。……したがって政府は、いつも軍部の独裁を向うに回して抵抗しなければならない。」(30)

国民一般の犠牲において軍備競争の受益者となる諸勢力は、対外的に軍縮に相反する役割を演じるだけでなく、対内的には民主主義的意思決定と相容れない機能を営むことになる。核兵器体系というものは、二つの点で民主主義を空洞化する危険を帯びている。第一に、民主主義国の国民が、選挙という古典的な民主的政治参加のチャネルを通じて選ぶ大統領に、全国民を抹殺・絶滅できる力を委ねるというのは、現代民主主義の、まことにグロテスクな逆説といわなければならない。リチャード・フォークが「世俗的絶対主義[31]」と呼んだこの絶大な権力の集中は、人民主権の恐るべき戯画にほかならない。

第二に、総じて先進核保有国は高度の生産性と効率性を達成しており、その結果、巨大な破壊力と、高い生活水準を支える巨大な生産力とを同時に備えることになった。一九四五年以前であれば、全世界を数回も破壊するほどの軍事力をもつためには厖大な経済力の投入が必要であり、そのために、国家財政は破産状態に陥り、国民経済は崩壊し、国民は大規模な飢餓と貧困とに苦しまねばならなかったであろう。しかし今日では、巨大な破壊力と巨大な生産力とが一応矛盾なく同時に存在している――もちろん近年、軍事負担の経済的限界は以前よりは顕在化しているが。こうして先進国の国民の場合、軍備増強がすぐ経済生活に響くとは限らないところから、この問題について無関心でいられる経済的余裕をもっており、そのために軍事政策、外交政策に対する民主的コントロールが弱体化する傾向が見られる。

以上二つの点で、核軍備体制は民主主義の基礎を蝕んでいる。そして核時代でのこうした民主主義の空洞化について国民ないし世論が敏感でないこと自体が、民主主義の空洞化の深刻さを示しているといってよい。したがって先進国における国家権力複合体の肥大化を阻止するためには、民主主義的な政治過程と市民参加との活性化が不可欠であり、この活性化なしには、軍縮に対する国内構造上の障害を除去することは不可能であろう。

(2)　覇権的優位の構造

上述したように先進国、とくに米ソの内部に、国家権力複合体と一般国民との間に一種のタテの価値配分構造が見られるが、価値配分のこのハイアラーキーの構造を、他の中小国との関係に延長・投映するときに、国際的覇権構造が成立する。これら中小国の中で、米ソ両超大国が特殊なかかわりをもつものとして、一つには同盟国、第二には開発途上国がある。そして超大国間の軍縮を妨げてきた米ソそれぞれの軍備増強は、必ずしも直接に相手に向けられたものとは限らず、超大国のヘゲモニーを維持するためにこれら二つのカテゴリーの国々に向けられたものという性格をも持っている。

もともと第二次大戦が「民主主義諸国」の勝利で終わった時点でも、大国の覇権的優位の原則そのものが廃絶されたわけではなかった。むしろ事態は逆であり、覇権的優位の原則は、国連安全保障理事会常任理事国の地位として公式に制度化されたのであった。五大国は権力《マイト》と正義《ライト》とを兼備しているかのような想定の上に、この制度は成立したのである。もちろんこれは、権力を伴わない権利《ライト》が支配したために国際連盟は失敗に帰したという認識の一つの帰結でもあった[32]。しかし権力に力点をおいて国際関係を権力政治としてとらえるアプローチは、現実の国際的権力関係の変動の影響をも受けやすくならざるをえない。米ソ間の直接的な権力関係の変動はおくとして、ここで着目すべきものは、東西各ブロックの内部に起こった権力関係の配図の変動である。その最も劇的な事例は、一九五六年秋に起こった二つの事件である。

すなわち、同年一〇月に勃発したスエズ動乱は、米国の主要同盟国である英仏二国が、米国の覇権的優位のシステムから逸脱し、米国の政策に反してエジプトへの武力侵攻に踏みきったことを示した。他方同じ一〇月にハンガリーでは、ソ連の覇権的優位のシステムから逸脱し、東の同盟体制からの中立化を指向する動乱が発生した。一九五〇年代中葉には、スターリンの死、朝鮮およびインドシナでの休戦、オーストリアの占領終結をめぐる東西の合意、戦後初の東西四国首脳会談の開催など一連の「雪どけ」

現象が見られ、戦後で初めての東西デタントが実現した。そうした中で、前述した軍縮交渉での「希望の瞬間」も訪れたのであった。にもかかわらず、ここから実質的な軍縮の成果が何一つ生まれなかったのは、米国内の構造的拘束とともに、もう一つ、米ソともにその覇権的優位が自国の同盟国の挑戦にさらされたため、軍縮を不利と判断したことが挙げられる(33)。この時期のデタントは、両超大国の同盟国に対するコントロール能力を弱め、東西両ブロックそれぞれの内部で「多中心化」が進行した。したがって、米ソ間のデタントにもかかわらずというより、デタントの故に、米ソとも軍縮に拒否反応を示すことになった。これは、覇権的優位という国際政治構造が、軍縮に対する一つの構造的拘束条件をなしていることを端的に物語っている。

一九六〇年代後半から七〇年代前半にかけての第二次デタントもまた、東西双方の同盟の弛緩や流動化を生じた。西のブロックでは、ＥＣと日本とが国際競争力を高め、米国の経済的ヘゲモニーへの挑戦を開始した。東のブロックでは、一九六八年のチェコスロヴァキアにおける「プラハの春」、一九七〇年のポーランドにおけるゴムルカ政権の崩壊などがあったが、東欧でのソ連の覇権は強権的に持続した半面、アジアでは毛沢東下の中国での核兵器開発と「修正主義」「社会帝国主義」批判とにより、同盟は空洞化し、ソ連の覇権はきびしい挑戦に当面した。

こうした変動に対抗して覇権的優位を維持する点で利害を共にするところから、米ソの共同行動がとられることになった。その一つは一九六八年の核兵器拡散防止条約体制であった。ここで注意すべきことは、これが軍縮の措置ではなく、米ソの核へゲモニーの補強の方策であったことである。第二の共同行動は、多角的な軍縮交渉を軽視ないし無視し、米ソ二国の直接交渉に軍縮交渉を絞るという方式の公然たる顕在化である。その結果、一九六九年から七九年にかけ、軍縮交渉が米ソ間の戦略兵器制限交渉

ＳＡＬＴに等置され、それ以外の多角的交渉は周辺的な地位におしやられることになった。そしてここでも注意すべきことは、ＳＡＬＴには米ソ超大国の覇権的優位を安定化させるという機能が常に付随しており、その意味で「制度化された軍備競争」、つまり米ソの共同行動としての軍備増強という性格を帯びているという点である。したがって、これも軍縮の措置ではなかった。このように、超大国が同盟国を含む相対的中小国に対する覇権的優位の維持をはかるという構造的な拘束が、軍縮の阻害要因になってきたことは明らかである。

次に、超大国の開発途上国に対する覇権的支配の手段として、近代兵器や軍事技術が使われていることについては周知の通りである。一九七〇年代初めまでは、米ソから途上国への兵器移転は軍事援助の形をとった旧式兵器が多かったが、とくに「石油戦略」の成功以後の産油国が大口の買手となってからは、新型兵器の輸出が大きな比重を占めるようになった。こうして途上国への兵器輸出は、一九七〇年の二九億ドルから一九七九年の九六億ドルへと急増した。[34]この兵器輸出の目的は、輸入国のエリート層への兵器供与を通じて途上国に対する影響力を確保すること、途上国に軍事・諜報・通信の基地を確保すること、兵器輸出により収益をあげるとともに途上国から資源の供給を確保することにあると通常言われている。[35]換言すれば、兵器輸出の目的は二つある。一つは途上国に対する覇権的支配を獲得ないし確保することであり、第二は、もう一方の超大国との対抗関係において、自国の勢力圏を獲得ないし確保することである。

米国の（そしてより低い程度ではあるがソ連の）途上国に対する政策は、先進国からなる同盟国に対する米ソの政策に比べて、第一より第二の目的に力点がおかれる傾向が強い。それは、途上国における政治的・経済的諸条件は流動的であり、例えば米国のある途上国への影響力が弱まることは、その途上国の対米自立性が強まるだけでなく、対ソ依存性が強まる可能性が高いと米国側には映じるからである。その結果、超大国が用いる手段は軍事援助や兵器輸出に限られず、軍事介入という方法をとる可能性が高まることになる。米国によるキューバ侵攻、ヴェトナム戦争、ドミニカ介入、グレナダ侵攻、ニカラグア介入、またソ連によるアフガニスタン侵攻などがその例である。

こうした覇権的な支配と抗争の手段として近代兵器の輸出や使用が欠かせないということになれば、覇権の構造が軍縮と両立しないのは当然である。軍縮の議論が盛んであった一九二〇年代、実際に発効にはいたらなかったものの、一九二五年に兵器貿易を規制——削減ではない——するジュネーヴ条約案が作成されたことがあったが[36]、これも兵器貿易が軍縮の阻害要因であるという認識を反映していた。しかし第二次大戦後には、これに相当する兵器貿易に関する軍縮の取決めは全く行われていない。国連でこの点について議論がなされたことは少なくないが、多くの場合、兵器買入国である途上国の強い反対で議論が行き詰まっている。この際の途上国の論理は、近代兵器の途上国への移転を妨げることは、南北間の軍事技術の格差を固定化し、北の優位を維持しようとするものにほかならない、ということであった[37]。しかし南の国々は軍縮措置そのものに反対したのではなく、兵器貿易規制という形をとった南北の不平等や格差に反対したのだとすれば、格差への反対の故に兵器貿易の削減そのものに反対する南の立場に問題があると同様に、兵器貿易規制だけでなく、より根本的に先進国の軍縮による格差縮小を実行しない北の立場に、兵器貿易削減を難しくする原因があると言わなければならない。一九八〇—八四年には、途上国への兵器移転量は減少傾向にあるが、それには産油国の兵器輸入量が減ったことと同時に、途上国による自前の兵器生産が増えていることがある。そのことは、先進国が軍縮のイニシアティヴをとらずに武器移転の規制だけをいう限り、南北格差への南の抵抗は、南の自力による軍備増強を誘発し、軍縮とは正反対の世界大の軍拡へと導く危険が少なくないことを示している。

現に先進大国の覇権的支配に対抗して、途上国や被支配民族が「自立」と「解放」を主張する時、それが直ちに「強い国家」の樹立と等置されることが多い。「強い国家」の意味は必ずしも明らかでないが、一般的に社会からの自立度の高い強力な国家機構、したがって強権的な国家官僚機構を含むのが普通であるから、[38] 多くの途上国の場合、それは強力な軍事機構を支柱とすることになる。その意味では、本来は民族や国民の解放を意味するはずの国家形成が、体制の軍事化という陥穽を伴うのであり、この点でも覇権的支配が、まさにそれの否定の過程で途上国の軍事化をもたらす事例は決して少なくない。[39]

そうなれば、先進大国の側では、その覇権的支配を維持するために、一方で途上国の軍事化を容認しつつ、他方で、途上国では生産できない先端技術型の近代兵器の輸出への傾斜を強めて優位を保持し、開発途上地域を含むグローバルな軍備増強を質的にも亢進させることになる。いずれにしろ、ここに覇権的支配の国際構造と軍縮との相反関係が明らかに示されている。

(3)　開発指向の軍事化体制

上述のような途上国の先進国との対等性の要求を端的に示すのは、主権国家形成への強い願望である。たしかに途上国にとって、国家形成は最優先の課題とされる理由があるが、そこには同時に大きな陥穽がひそんでいる。それを示すのが、開発途上地域における戦争の多発である。

この地域では、一九四五年から八〇年初めにかけて約一四〇の戦争が行われたことはよく知られている。イストヴァン・ケンデによれば、その七五%強は「国内反体制戦争」であり、約二〇%は「国内部族間等戦争」であった。また全体の七〇%近くは「外国の介入」を伴う戦争であった。[40] ここには二つの顕著な特徴が見られる。第一は、途上国における軍備増強が、必ずしも独立の主権国家形成の手段ないし象徴ではなく、逆に外国――多くの場合覇権国――の介入や干渉の道具であるということである。これは前述の覇権的優位の国際構造の半面であるが、悲劇的なのは、こうした介入が途上国のエリート層によって、しばしば「国家形成」の名において正当化されるという事実である。第二の特徴は、開発途上地域の軍備と戦争とが、国内体制の正統性をめぐる争いと緊密に結びついており、そしてこの争いは、開発に伴う国内格差の増大や体制の不安定化と不可分であるという点にある。

　国内格差の増大、体制の不安定化という条件の下で、支配エリートは「法と秩序」を維持するための強権的手段に依拠し、それを「国家の安全」という象徴によって正当化しようとする。「国家の安全(seguridad nacional)」がとくにラテン・アメリカにおいて、対外的ではなく対内的秩序の強権的維持の象徴として用いられてきたことは周知の通りである。こうして一九八〇年代初めには、ルス・シヴァードの指標に従えば、一一四の「開発途上」国のうち五六が軍事政権下におかれるにいたった[41]。北の軍事大国の場合と違って、途上国の場合の問題点は、必ずしも兵器の量が多く、その質が高度に近代化されていることではなく、むしろ、政治体制が軍事化し、あるいは内戦などで政治社会全体が軍事化するところにあるといってよい。したがってこの場合の基本的問題は、軍事的ハードウェアではなく政治・経済体制にあり、「軍縮」とは、ここでは軍備削減よりは体制の非軍事化を意味する。

　そして途上国での不公正な開発、増大する格差が続く限り、国内対立が軍事化する危険があり、北の軍事大国による軍事的介入の素地となり、したがって北の超大国自身の軍縮を阻害することにつながる。その意味で南の諸国における軍事化した開発体制は、超大国の軍備増強や軍備競争と深く関連している。にもかかわらず、米ソの軍縮交渉は、途上国の軍事化、とくに開発過程の軍事化に根ざした軍備競争、武力抗争、軍事的緊張などをその課題として取りあげることはなかったといってよい。事実はむしろ逆であって、米ソ間の軍縮交渉を、いわゆる「地域紛争」——中東、アフリカ、中米、アジア等での紛争——から意図的に切り離すことによって、米ソの直接的軍備競争だけに論点を絞ろうとすることが試みられた。つまり、「リンケージ」は軍縮交渉を困難にするという論理である。(42) この発想は、軍縮を交渉行動のレヴェルに限定し、軍縮に必要な構造的条件の変革に目を注がないアプローチの一例である。

もちろん「リンケージ」のあり方によっては、「地域紛争」を理由に軍縮交渉を阻害する行動をとり、もしそうでなければ成立しうる軍縮の合意を不成立に追い込むこともありうる。カーター政権の末期に、「ソ連のアフリカへの進出」を理由に、米ソのSALT-IIに対して米国の政府や議会に起こった反対論はその例である。しかし、これだけが「リンケージ」のあり方ではない。もし「地域紛争」の解決と軍縮交渉とが相乗効果をあげるように関連づけられるならば、「リンケージ」は軍縮を促進する要因となりうる。いわば「マイナスのリンケージ」と「プラスのリンケージ」とを明確に区別する必要がある。これまでの軍縮交渉に欠如していたのはこの「プラスのリンケージ」であり、このことが第二次大戦後の軍縮交渉を不毛なものにした一つの理由であった。

不公正な開発に伴う軍事化が、いかに当事国の国内体制と構造的に結びついているかは、そこでの軍事力のもつ政治的機能によってもよく示されている。すなわち、上述した第一の超大国の国家権力複合体の場合には、それと結合した軍事力はほとんど専ら対外的性格のものであり、また第二の覇権的優位の場合には、覇権国が中小国へ、またそのエリート層を通じて中小国の内部へ、つまり対外的と対内的とが複合したものであるのに対して、開発の軍事化体制の場合には、ほとんど専ら対内的性格のものであり、軍事力の対象は自国の民衆そのものである。したがってその軍事力は一般国民にとって、きわめて具体的にまたは日常的に可視的な存在であって、第一の場合の核兵器体系のように、一般国民には抽象的・非日常的で不可視の存在であるのとは、大きく性格を異にしている。つまりこの第三の場合の軍事力は可視的な抑圧機構として構造化されている。ここに途上国で、かつては覇権的支配に対抗する「独立」「民族解放」「非植民地化」が最も強力な動員力をもつ象徴であったのに比して、一九七〇年代後半以降、多くの途上国で「民主化」が中核的な象徴となっていることの一つの理由がある。それほどここでの「軍縮」は、体制の「非軍事化」あるいは「民主化」としての体制変革と同意語に近い。

六　むすび

以上述べたことを次のように要約することができよう。

第一に軍備増強・軍備競争の力学と軍縮の力学とは、いずれも世界秩序の構造に根ざしている。そのことは、一方的イニシアティヴとか、それに見合った応答行動といった選択行動が、一つの独立変数の意味をもちうることを否定するものではない。ケネディ大統領とフルシチョフ首相がとった行動は、基本的な構造的拘束の下でも、意味のある一方的および応答的な行動選択の幅が存在することを示している。その意味では、しばしば言われるように、軍縮とは「政治的意思次第」で決まるという面をもっている。と同時に、軍縮の条件のうち、政策決定者の選択行動や、あるいはその行動様式の変革によって充たされる部分は限られており、構造の変革のためには、一般国民や世論の圧力という要因が加わらなければならない。

第二に、こうした構造的変革への圧力は、既存の体制の受益者から生まれにくいことは言うまでもない。例えば、軍産官複合体や軍事的R＆Dエリート層が軍備増強のシステムを自ら変革する可能性はきわめて小さい。覇権的優位の構造を超大国自身が進んで切り崩すことはありえまい。途上国の支配エリート層が、不公正な開発や体制の軍事化から利益をえながら、その構造を自発的に変革することも考えられない。こうした軍備増強・軍備競争の構造の変革の担い手は、その構造の下で価値剝奪を経験している集団や社会層に第一次的には求められなければならない。この点で、従来各国の政府レヴェル、つまりエリート層レヴェルの外交交渉に軍縮のカギを求めてきた国連が、一九七八年および八二年の軍縮特別総会という政府間会議で、「世論」動員の重要性を指摘したことは注目に値する。[43] 軍縮と非軍事化とを実現するには、政策決定者の責任あるリーダーシップと、市民による構造変革の行動ないし運動とが、相乗効果をあげることが不可欠なのである。

第三に、経済発展という近代史の基本的原動力が公正に展開されること、また民主化という近代史のもう一つの基本的原動力が普遍的に展開されること、そしてこの二つの変動が国内と国際双方のレヴェルで貫徹されること、これは軍縮にとって、十分条件ではないにしろ、不可欠の条件である。公正な価値配分に立脚した民主的な社会が公正な国際秩序を形成するとき、それら社会間に軍縮実現の条件が成熟することは、第二次大戦後の西ヨーロッパの例に照らしても明らかであろう。数世紀にわたり「不倶戴天の敵」として周期的に戦争を繰り返してきたドイツとフランスの間に、今日軍備競争や戦争を予想する人はまずいないであろう。この両国の間に形成された「不戦共同体」は、単に対ソ共同行動のための便宜的同盟の域をこえており、仮に「ソ連の脅威」がなくなっても、軍備競争や戦争を再開するとは考えられない。つまり両国間には、その意味で軍縮の条件が成立している。その理由は単純ではないが、両国ともに基本的に公正な民主的国内体制をもち、両国間に公正な国家間秩序が形成されているという、国内・国際両面での構造的条件なしには、こうした軍縮・不戦共同体の成立は至難であると考えられる。

このような意味で、軍縮は、行動と構造という二つのレヴェルでの変革という、優れて政治的な課題にほかならない。

(1) 軍備管理、軍備規制といった概念は軍備の削減・縮小(究極的には廃絶)を意味する「軍縮」と異なるし、第二次大戦後の交渉も厳密な意味で「軍縮」を目的としないものが大部分であるが、この小論では、とくに区別を明確にする必要がある場合を除き、一括して便宜的に「軍縮交渉」と呼ぶことにする。その一つの理由は、実際には軍備管理交渉を行なっている場合でも、軍備管理を軍縮へのステップと意味づける(あるいはそうした印象づけを行う)ことで正当化することが少なくなく、「軍備管理・軍縮交渉」と、二つをセットにして用いることが多いからである。また、一九七〇年代に続いた「戦略兵器制限交渉SALT」という、「軍縮」シンボルを含まない交渉の行き詰まりの後、レーガン大統領が、その真意は何であれ「戦略兵器削減交渉START」というスローガンを打ち出したことも、正当化のシンボルという意味で興味深い。

(2) Spanier, John W. and Joseph L. Nogee : *The Politics of Disarmament* (New York : Praeger), 1962, p. 34.

(3) Frye, William R., "The quest for disarmament since World War II", in Henkin, Louis (ed.) : *Arms Control* (Englewood Cliffs, N. J.: Prentice-Hall), 1961, p. 30.

(4) Niebuhr, Reinhold : *Moral Man and Immoral Society* (New York : Scribner's), 1949, p. 95.

(5) "balanced" というシンボルはかなり早くから軍縮交渉に現われている。例えば一九五二年一月の国連総会決議には「すべての軍隊とすべての兵器との均衡のとれた削減」(U. N. Doc. A/C. 1/698 (Jan, 12, 1952))という表現が見られ、その後もこの言葉がしばしば用いられている。そして長期目標として「全面完全軍縮」の原則についての米ソの合意を示す「マクロイ＝ゾーリン」共同声明(U. N. Doc. A/RES/1722

(XVI)20 Dec., 1961)には「均衡のとれた」という表現に加えて「段階を追った」という言葉が見える。この頃から、この二つをセットにして用いる例が多くなったといってよい。Cf. United Nations : *The United Nations and Disarmament, 1945–1970*, 1970, p. 91.

(6)「軍縮の方策がとられる際、それは公正で均衡のとれた仕方でなされ、どの段階でも、いずれの国ないし国々も他の国ないし国々に対し有利な地位に立たないよう、各国が安全維持の権利を保障されなければならない。どの段階でも、可能な最も低い水準まで兵器と軍隊を減らし、かつ安全が失われることがないという状態を目標とすべきである。」United Nations : *Final Document of Assembly Session on Disarmament*, 1978, para. 29.

(7) ジョージ・ケナンは次のように述べている。「繰り返していえば、私はSALT型の交渉に何の幻想もいだいていない。この種の交渉では、各当事国が相手に対する相対的優位という幻影にとりつかれており、自分の手には最大限に武器を残し、相手を最大限に不利な地位におとすことだけに力を傾注する。私はこうした交渉が、われわれをこの落とし穴から救出する目的に適った方法だなどと全く信じていない。この種の交渉は、軍備競争から脱却する道ではなく、軍備競争そのものの一要素なのだ。」Kennan, George F., "A Modest Proposal", reprinted in Weston, Burns H. (ed.): *Toward Nuclear Disarmament and Global Security* (Boulder : Westview Press), 1984, p. 393. それにもかかわらず「均衡」の追求が国連の合意文書にも登場してくるということは、概念の混乱か、事態の問題性か、そのいずれか、ないし双方の根深さを物語っている。

(8) Herken, Gregg : *The Winning Weapon* (New York : Alfred Knopf), 1980, pp. 172-3.

(9)「一九七二年以後一〇年(のSALTの時期)にも攻撃用戦略ミサイルの競争は停止することはなかった。そして米ソとも公式には対等性《パリティ》の原則を受け入れたものの、相手からは優位を追求しているという非難を受ける状態が続いた。」この状態は米国側がレーガン政権になってから、とくに顕著になった。Holloway,

David : *The Soviet Union and the Arms Race* (New Haven : Yale U. P.), 1983, p. 48.

(10)　Osgood, Charles E.: *An Alternative to War or Surrender* (Urbana, Il.: U. of Illinois Press), 1962, Ch. 5. アイゼンハワー時代に大統領直属の科学諮問委員会のメンバーを務めたヨークは、逆の一方的イニシアティヴについてこう記している。「米国の一方的決定が、戦略兵器競争の進行の足どりについて、その速さと規模とをほぼ一貫して決める役を演じた。多くの場合、ソ連に先んじて米国が兵器開発を行い、新兵器の配備の点でも、米国側が先を行き、ソ連がしばらくは追いつけないほどの差をつけたのである。具体的には、水爆そのもの、大陸間戦略爆撃機、潜水艦積載弾道ミサイル、MIRVなどがその例である。」York, Herbert : *Race to Oblivion* (New York : Simon and Schuster), 1970, pp. 230-1.

(11)　Myrdal, Alva : *The Game of Disarmament* (New York : Pantheon Book), 1976, pp. 94-5.（豊田・高榎訳『正気への道』I、岩波書店、一九七八年）

(12)　Allison, Graham T.: *Essence of Decision* (Boston : Little, Brown), 1971, p. 223.（宮里訳『決定の本質』中央公論社、一九七七年）

(13)　*Ibid.*, pp. 223-4.

(14)　Kennedy, Robert F.: *Thirteen Days* (New York : W. W. Norton), 1969, p. 94.（毎日新聞社外信部訳『13日間』毎日新聞社、一九六八年）

(15)　*Ibid.*, p. 94. なお当時のソ連の中距離核ミサイルの開発・配備が相当の域に達していたことについては、ソ連のＩＣＢＭの劣勢を指摘する人も認めている。例えばDinerstein, Herbert S.: *The Making of a Missile Crisis : October 1962* (Baltimore : Johns Hopkins U. P.), 1976, pp. 154-5.

(16)　Kennedy : *op. cit.*, pp. 108-9.

(17)　Allison : *op, cit.*, p. 228.

(18)　Kennedy : *op, cit.*, p. 207.

(19) *Public Papers of President John F. Kennedy 1963* (Washington : U. S. Government Printing Office), pp. 463-4.

(20) Sorensen, Theodore C.: *Kennedy* (New York : Harper & Row), 1965, p. 730.（大前訳『ケネディの道』弘文堂、一九六六年）

(21) *Public Papers of President John F. Kennedy*, pp. 460, 461 and 462. なお、一方的イニシアティヴが現実の世界で機能することを、このキューバ危機以後の米国のイニシアティヴに即して検証した好論文として Etzioni, A., "The Kennedy Experiment", *Western Political Quarterly*, vol. 20, no. 2, June 1967 がある。エツィオーニの分析と筆者のそれとは一致点が多いが、ただエツィオーニは主としてケネディ大統領の一方的イニシアティヴに着目しているのに対し、筆者はフルシチョフの行動におけるそれをも重視する点で違いがある。また、一方的イニシアティヴの緊要性が広く国際的に認められたことを示すものとして、The Report of the United Nations Secretary-General : *Unilateral Nuclear Disarmament Measures* (A/39/516), 1985 がある。

(22) Noel-Baker, Philip : *The Arms Race* (London : John Calder), 1958, pp. 12 ff.（前芝・山手訳『軍備競争』岩波書店、一九六三年）

(23) Myrdal : *op. cit.*, p. 83.

(24) Gold, David, Christopher Paine and Gail Shields : *Misguided Expenditure* (New York : Council on Economic Priorities), 1981, p. 25.

(25) York : *op. cit.*, pp. 125 ff.

(26) *Public Papers of the United States, Dwight D. Eisenhower* (Washington : U. S. Government Printing Office), 1961, p. 1938.

(27) York : *op. cit.*, pp. 125 ff. and 173 ff.

(28) Myrdal : *op. cit.*, p. 106.

(29) 軍拡競争を惹き起こす構造的諸要因について、作用・反作用の力学、勢力圏をめぐる紛争、国内諸勢力などを挙げて目配りよく簡潔に論じたものとして Russett, Bruce M.: *The Prisoners of Insecurity* (New York : W. H. Freeman), 1983, ch. 4(鴨訳『安全保障のジレンマ』有斐閣、一九八四年)がある。ただし、本論文で指摘している「開発指向の軍事化体制」は看過されている。また米国内の権力複合体についての多くの実証的研究の中では、Adams, Gordon : *The Iron Triangle* (New York : Council on Economic Priorities), 1981 がとくに参考になる。

(30) Khrushchev, Nikita S.: *Khrushchev Remembers*, tr. and ed. by Strobe Talbott (Boston : Little, Brown), 1974, Epilogue. 佐藤訳『フルシチョフ最後の遺言』下、河出書房新社、一九七五年、二六二―三ページ。

なお、ハロウェイは、ソ連の軍および軍需産業セクターが党のコントロールの下におかれてきたことを彼らしい注意深さで裏付けているが、同時に彼は、軍および軍需産業がソ連社会の経済革命や経済発展といった正当な要求を犠牲にしてきたことも認めている。Halloway : *op. cit.*, pp. 159, 171-2. 一般に米国の軍産複合体の役割を重視する人の場合でも、これが例えば大統領をコントロールする強い力をもつと必ずしも言っているわけではない。問題の核心は、しばしばこの複合体が、政策決定過程に不当に大きな、そして隠微な影響力を行使している点にある。

(31) Falk, Richard A., "Political Anatomy of Nuclearism", in *Indefensible Weapons*, Lifton, Robert J. and Richard Falk (New York : Simon & Schuster), 1982, p. 260.

(32) Luard, Evan : *A History of the United Nations*, vol. 1 (London : Macmillan), 1982, p. 86.

(33) Myrdal : *op. cit.*, p. 83.

(34) Stockholm International Peace Research Institute : *World Armaments and Disarmament : SIPRI*

Yearbook 1985 (London : Taylor & Francis), pp. 370-1.

(35) Pierre, Andrew J.: *The Global Politics of Arms Sales* (Princeton : Princeton U. P.), 1982, pp. 14-38.

(36) Oppenheim, L.: *International Law*, vol II, 7th ed. (London : Longman), 1952, p. 123, note 2. 一九二五年六月に調印された「兵器、軍需品、戦争資材の通商監察に関する協約」は英仏米を含む多くの国に批准されたが、批准に伴う留保条項等の影響で発効にはいたらなかった。

(37) 国連がこの問題について、正式の勧告を採択するにいたったのは、一九七八年の軍縮総会においてであった。その微妙な表現によれば「主要な兵器供給国と受取国との間で、通常兵器のあらゆる形の国際移転の制限について協議がなされなければならない……〔その際〕すべての国がもつ自国の安全を護る必要、植民地支配または外国支配の下にある民族の自決と独立に関する不可譲の権利、また諸国がその権利を尊重する義務……を考慮に入れなければならない」。United Nations : *Final Document*, para. 85.

(38) Wallerstein, Immanuel : *The capitalist world economy* (Cambridge : Cambridge U. P.), 1979, p. 274.

(39) そして、途上国の軍事化は、やがて途上国間関係の軍事化にも導き、それがさらに世界的軍事化を亢進させる。イラン・イラク戦争はその一例である。

(40) Kende, Istvan, "Local Wars 1945-76", in *Problems of Contemporary Militalism*, ed. Eide, Asbjørn and Marek Thee (London : Croom Helm), 1980, pp. 269 ff.

(41) Sivard, Ruth L.: *World Military and Social Expenditures* (Washington : World Priorities), 1983, p. 11.

(42) 例えば軍縮について建設的な提言を行なった、通称パルメ委員会もこう述べている。「外交の課題は、紛争を限局し、分離し、細分することであって、それを一般化したり集積・結合したりしてはならない……本委員会は、政治的リンケージという考えは正道ではないので、放棄すべきものと判断する。」Independent Commission on Disarmament and Security Issues : *Common Security* (New York : Simon & Schuster), 1982, p. 140. しかしこの報告書としてはやや一貫性を欠くが、次のような適切な表現も見える。「しかし同時に、広範な政治的協調という背景がなければ、軍縮への実のある一歩を踏み出すことが至難であることも認識する必要がある。この二つは相互に関連しつつ同時進行すべきものである。」*Ibid*., p. 10. もちろんこうした議論をする場合、「リンケージ」の意味を明確にしておく必要がある。もともとこれがキッシンジャーによって提唱された時には、「地域紛争」をその内在的な論理や力学に即して解決することと軍縮交渉とを結びつけるというのではなく、「具体的にいえば、ヴェトナム戦争が可能になる上でソ連が果たした役割を軽視しない」といった超大国中心の表現に見られるように、米国の覇権的利害と軍縮交渉を結びつけるということに力点があったのである。Kissinger, Henry : *White House Years* (Boston : Little, Brown), 1979, p. 133.

(43) United Nations : *Final Document*, 1978, para. 99.

追記

本稿執筆後、キューバ・ミサイル危機当時の米国務長官ディーン・ラスクが次のような経緯を公表している。すなわち、本稿第三節「ソ連のイニシアティヴ」に記したように、ロバート・ケネディが大統領の信書を持って駐米ソ連大使ドブルイニンに会いにおもむいたあとの一〇月二七日夜のことである。もしフルシチョフがトルコの米ミサイル基地とキューバのソ連ミサイル基地との並行撤去という条件に依然固執した場合、米国は核戦争に突入するのかについて、大統領とラスクとが話し合った際、「ケネディ大統領は自分(ラスク)に次のように指示した」。すなわちその場合には、ウ・タント国連事務総長が両ミサイル基地の撤去を提案してくれるよう、同事務総長の側近に提案の案文をラスクが示すという指示であった。しかし翌二八日、フルシチョフが一方的にキューバのミサイル基地撤去に応じたためこの計画は陽の目を見ずに終わった。「大統領にとって、ソ連側の譲歩は予想外の驚きだった」とラスクは述べている。このラスクの文書は、米国の立場がそれほど強いものでなかったこと、したがってフルシチョフのキューバ基地撤去が単なる「降伏」といったものでなくて選択的な「一方的イニシアティヴ」であったことをさらに裏付けているといってよい。*The New York Times*, Aug. 28, 1987, and also, Lukas, J. A., "Class Reunion : Kennedy's Men Relive the Cuban Missile Crisis", *The New York Times Magazine*, Aug. 30, 1987, p. 58. なおこのルカスの論文の中でマクナマラ(当時の国防長官)は、キューバ危機の時点での核弾頭総数は、米国五〇〇〇、ソ連三〇〇と述べている。

また一九八七年九月一八日には、中距離核戦力(INF)全廃についての米ソの原則的合意が発表された。この軍縮の背景には、とくにソ連のゴルバチョフ書記長による一連の一方的イニシアティヴと、ソ連社会の構造改革という、本稿で「行動と構造という二つのレヴェルでの変革」と呼んだ条件の充足があった。その詳細の分析は後日に譲りたい。

(国家学会百年記念論文集『国家と市民(2) 政治・国際関係』有斐閣、一九八七年)

2　世界軍縮の政治構想

これは、湯川秀樹、朝永振一郎両氏を日本のホスト代表として、一九七五年八月に京都で開かれた、パグウォッシュ・シンポジウムに提出した論文である。

心せよ、もし互いに咬み食らわば相共に滅ぼされん

——ガラテヤ書

広島・長崎から三〇年、国際政治の面では「緊張緩和」が曲がりなりにも進行してきたにもかかわらず、核軍備競争はやむことなく続き、世界の軍事費は増大の一途をたどっている。米国の一議員が明らかにしたところによると、米国だけで現在、広島型原爆の六一万倍強の威力をもつ核弾頭を貯蔵しているという(『朝日新聞』一九七五年六月一六日)。ソ連の核貯蔵量も、これと大差はあるまい。すでにこのこと自体、正気の沙汰ではないが、さらに加えて、核兵器開発競争が続行されている。それはなぜか。

その一つの理由は、軍事的テクノロジーの開発・進展にあり、それがいわゆる垂直的核軍拡と水平的核拡散とを触発してきた。垂直的核軍拡の端的な例は、一九七四年一月のシュレジンジャー米国防長官の言明である。彼はこの中で、過去二〇年間採ってきた「対都市核戦略」——ソ連の核攻撃への報復的第二撃としてソ連の都市を破壊する戦略——に代えて、ソ連のミサイル基地等の軍事施設を破壊する「対兵力核戦略」へ移行することを明らかにしたが、この背景にあるのは、米ソ双方における技術開発

の結果、ミサイルの命中精度が高まったという事実である(『ニューヨーク・タイムズ』一九七四年一月一一日)。「対兵力核戦略」が相互にとられれば、相手への先制攻撃的第一撃の誘因が増し、したがって相手による先制攻撃への恐怖が増し、きわめて危険な状況が発生しうることは周知の通りである。

また水平的核拡散についていえば、これも、一つには核開発の技術が普及したこと、二つには後発の核開発国は先発のそれに比べて、より効率的に開発する技術をもちうること、という二つの条件に結びついており、その意味で、テクノロジーの進展に支えられている。

このようにして、際限のない軍備競争は、技術の開発・進展の必然的な所産のように見える。事実、技術開発の過程で、例えば米国は、自分の側が新たに開発した兵器に対して、ソ連が現実に対抗兵器の開発を開始するのを待たずに、つまりそれとは無関係に、自国が開発した兵器への対抗兵器の開発にみずからとりかかることも少なくない、とさえいわれる。ここには、軍事的テクノロジーの自己運動とも見える開発の連鎖が現われている。

では、軍事的技術の進展が必然的に今日の軍備競争を生み出したのだろうか。もちろんそうではない。技術を開発利用するのは人間であり組織であり社会であって、技術が自己発展するわけはない。

ミサイル精度の向上という条件から、対兵力戦略への転換という帰結も生じうるが、まさにミサイル精度の向上がきわめて不安定な軍事的対抗関係を生み出す危険があればこそ、軍拡でなく軍縮へと方向を転換するという可能性もありうる。そのどちらに進むかは政治的な選択の問題であって、技術が決めることではない。核拡散についても同様である。核拡散の技術的可能性があるが故に、米ソがいっそう核独占を図ろうとするか、それとも米ソが世界的な核軍縮のイニシアティヴをとるかは、これまた政治的な選択の問題であって、技術が決めることではない。

したがって軍備競争の問題は、その政治的文脈において捉えられなければならない。いかなる政治的条件が今日の軍備競争を支えているのか。いかなる政治的条件が軍縮を妨げているのか。そして、軍縮を促進し可能にするどのような政治的条件が存在しているのか。問題をこのように政治的選択のレヴェルに置きなおすことによって、われわれの主体的なかかわり方をも明らかにすることが可能になろう。そこで以下に、右のような意味での政治的文脈の解明を試みてみよう。

一　「軍事成長」の類型

ところで軍縮は、達成すべき課題であると同時に、達成しうる目標でなければならない。達成可能というのは、単に現存の国際システムを固定したままで実現可能であるという意味ではなく、したがっていわゆる「現実主義」的な立場での可能性を指すのではない。つまり軍縮は、現存の国際政治システムの変革を要求する面を持つと同時に、その変革の萌芽や動因が現在の国際政治システムに内在しているという面をも持つ課題だということである。そこで、軍縮のそうした意味での可能性を展望するための予備作業として、まず現在の時点で見られる変化の方向性を確認しておきたい。

そのような作業の第一歩として、便宜的に「軍事成長」という枠組みを用いて、現代における軍備状況を捉えてみよう。ここで私がいう「軍事成長」とは、ある国の軍事費の大きさとその増加率(ないし減少率)とを指標とする。それを基準にした場合、世界の国を一応四つの類型に分けることができる。

第一の型を仮に「第一世界」と呼ぶとすると、これは軍事費が巨大であるが、その増加率は小さい。一九七二年の軍事費が一〇〇億ドルを超える——しかもはるかに超えている——のは米ソ両国だけであり、この二国で世界の軍事支出総額の三分の二を占める。他面、一九六三―七二年の一〇年間の年平均増加率は、米国が一％弱、ソ連が三％にとどまっている。

総額の点では米ソに次ぐのが中国で、約九五億ドルと推定されている。しかし他面、増加率が年平均一〇％強と大きい点で、中国は後述の「第三世界」に似ている。

第二の型を「第二世界」と名づけるとすると、これの特徴は、第一の型に比べれば軍事費が中位であり、その増加率も小さい点にある。一九七二年の軍事費が五〇億ドルを少し超える英、仏、西ドイツがその主要な例である。他面、増加率は三国とも年平均一％前後と低い。

第三の型を「第三世界」と呼ぶとすると、これの特徴は、軍事費が比較的に少ないが、それの増加率が大きい点にある。この代表的な例が、エジプト、イラン、パキスタン、インド、ブラジルといった主要国をはじめとする大部分の新興諸国である。これに準ずるものとして、大半の東欧圏諸国があり、さらに日本とオーストラリアなど若干の西側の国が加わる(また同じ型としてイスラエルがある)。このうちとくに新興諸国(およびイスラエル)の増加率が高い。例えばエジプト、イラン、イスラエルは年平均五〇％増となっている。これは一九七二年まで一〇年間の値であるが、一九七三年以降、サウジアラビアその他の産油国での軍事費増加率がさらに増大したことはいうまでもない。

最後にここで「第四世界」と呼ぶのは、軍事費もその増加率も小さい国であり、アフガニスタン、ネパール、ビルマなどがその代表的な例である。(以上のドル換算値については *SIPRI Yearbook 1974* を参照。)

以上の「軍事成長」を基準とする四つの世界への分類は、経済発展や資源自給度などを指標として通例行われている四つの世界への分類と、相当程度に一致する。他面、中国が一方で超大国に続く水準にあって、他方で第三世界に似た型をもっていること、あるいは日本が軍事成長の点では新興国型に近いことなど、経済的指標による類型化からの興味あるズレも見られるが、その点にここで立ち入る必要はない。

ここでは次の二点に注意しておきたい。第一に、第一世界を構成する米ソの軍事費は、前述のように両国合わせて世界の軍事費の三分の二を占めるほど巨大である。中国がそれに次ぐとはいっても、米ソそれぞれ中国の六―七倍の額であって、中国との格差もきわめて大きい。したがって、米ソの軍事費増加率は小さいとはいえ、ここ当分、軍縮の主たる対象が米ソにしぼられるというパターンに変化はないと考えてよい。

第二に、軍事成長を指標とする四つの型には、ごく大ざっぱにいって、四つの対外行動様式が対応する。すなわち「第一世界」の主軸をなす米ソには、いわゆる「大国主義」の色彩が濃い。ここで大国主義とは、単に「大国」であるだけでなく、「勢力圏」の存在が端的に示すように、他の国々に対する支配的地位を保持する路線をとっていることを指す。これに比して「第二世界」の対外行動様式は「国際主義」を特徴とする。ここで国際主義といっても、この型の国々が、格別に国際協調の精神に富んでいるというわけではない。現代の諸条件のもとでは、自国の利益を達成するためにも、もはや単独ではなく、他の特定国と対等で水平的な分業体系を制度化し、その限りで主権の実質的制限を行う以外にないことを基本的に受け入れたという意味での「国際主義」である。英、仏、西ドイツなどが、いずれも欧州「共同体」の構成員であることがこれを示している。

一般的に言って「第三世界」の特徴は、その「民族主義」にある。日本や東欧の一部のように、やや例外をなす国もあるが、この世界の支配的な基調がナショナリズムであることは多言するまでもない。

この世界で途上国の地域的協力の制度化もある程度進んではいるが、それはむしろ主権の確立のための国際的共同行動という性格が強い。「資源に対する恒久主権」を国連という国際機構の決議を通じて確立するといった行動様式が、その一例である。これに比して「第四世界」は、事実上の「孤立」、あるいは選択された政策としての「鎖国」等を特徴とすることが多い。

要するに、こうした対外行動様式の点から見た場合にも、「勢力圏」の存在と結びついた「第一世界」の米ソの軍事力が、当面問題の焦点とならざるをえない。それは、「第二世界」や、とくに変動の激しい「第三世界」の問題を軽視する趣旨ではないが、「第一世界」の「大国主義」から問題を解いていかない限り、他に及ぶことは困難である。

では、こうした特徴をもつ米ソの軍事力の縮小は、いかにして可能であろうか。これに答えるためには、そもそも米ソの軍備競争を支え推進している条件は何か、という点を明らかにする必要があろう。次にこの点を考えてみたい。

二　デタント型軍拡の構造

米ソの軍備競争は、一九四〇年代末からほぼ三〇年、今日にいたるまで一貫して続いている。だが現象としての軍備競争は変わっていなくても、それの政治的文脈は大きく変化してきた。

大体一九六〇年初頭までの軍備競争を「冷戦型軍拡」と呼ぶとすると、それの最大の動因は、米ソ間の相互不信、相互恐怖であった。本来、不信の体系という側面をもつ国家間政治にイデオロギー対立が重なって「冷戦」状況を生み出し「囚人のディレンマ」や「リチャードソン・モデル」といった枠組みで的確に捉えられるような軍拡の悪循環が持続した。要するにそれは、相手側の意図についての情報の不在や不足という条件のもとで、起こりうる事態のうちの最悪事態に賭けて対応するという行動の悪循環の問題であった。

もちろん軍拡競争の動因は米ソ間の不信だけではないし、事実、他の動因の指摘も行われた。一つには、米国側で一九六一年、アイゼンハワー大統領が行なった有名な「軍産複合体」についての警告があった。他方ソ連側では、軍拡の基礎を資本主義体制に求める古典的な解釈があった。しかし、当時の西側においては、軍産複合体に二次的な意義しか与えられなかったし、また一九六二年に東西の専門家の共同作業として刊行された『軍縮の経済的・社会的影響』という国連の報告書が、軍縮と資本主義体制とは両立しうるという公式見解を打ち出したことは、軍拡についてのマルクス主義的な古典的解釈が、ソ連側によっても、もはや一次的な意味を与えられなくなったことを示していた。

このようにして、冷戦型軍拡の主要な動因は米ソ間の政治的不信にあり、またそのように考えられたのであった。したがってまた、冷戦から緊張緩和への転換の方策として、政治的コミュニケーションの増大と改善に努力が集中された。一九六二年のキューバ危機や、そこでの文字通りの軍事的緊張の緩和の過程がそうしたコミュニケーションの一つの劇的な始点であり、それはその後の一連の首脳会談からキッシンジャー流の「忍者外交」にいたる。そしてここに「緊張緩和《デタント》」が形成された。

だがそれにもかかわらず軍拡は終わっていない。それどころか、米ソの軍備競争は、とくに核兵器体系のレヴェルで、いっそうきびしい質的競争の様相をさえ呈している。つまり、ここには「冷戦型軍拡」とは違って、政治的緊張緩和の下での軍拡という、「デタント型軍拡」とでも呼ぶべき新しい型が発生した。だが、もし国家間の政治的不信が軍備競争の主要な動因であるのなら、なぜデタントは軍備競争の終焉につながらないのか。一体「デタント型軍拡」の動因は何なのか。

これに対しては、三つの解釈ないし解答が与えられてきた。第一は、「緊張緩和」といっても、なお依然として米ソ間の不信や対立が残っている、という見方である。基本的には冷戦が終結していない、というわけである。事実、米国の保守派には依然として対ソ不信が根強く続いているし、ソ連の保守派の対米不信についても同様であろう。他面、これと奇妙に一致する見方が中国によってもとられており、米ソの「緊張緩和」はニセ物であり、「両超大国の世界覇権をめぐるすさまじい争奪戦がくりひろげられており」(一九七五年六月一四日、『中国通信』)、米ソ戦争の危険は大きいと主張されている。これほど強いトーンではないにしても、米ソの不信や対立はなお未解決であり、政治的緊張緩和が若干はあったにしろ、それは軍拡の停止や軍縮をもたらすほどのものではないという見方は、かなりの人々にいだかれている。

第二の解釈は、これとはむしろ反対に、米ソの軍拡は超大国の優位を確立・維持するための方策であり、その意味で米ソの利害の一致に根ざしている、という見方である。こうした見解を早くから公式に表明していたのはフランスであった。例えばド・ゴール政権の首相ドブレは、一九五九年に「二つの超大国間の合意によってフランスが手玉にとられるのを避ける」ことを理由に、フランスの核武装を正当化した。ド・ゴール自身、米ソに共通する「覇権主義的傾向」への反対を公然と示すことを辞さなかったことは周知の通りである(例えば Young, E.: *A Farewell to Arms Control*, 1972, pp. 49 ff 参照)。この場合、米ソの「覇権主義」の間の合意や共謀の側面を重視する点で、中国とは異なっている。

米ソは両国による世界の「共同支配」を目指しているという視点に立つならば、米ソ間のデタントと軍拡とが同時進行することは、少しも驚くに当たらない。米ソの軍事力は、相互に対してよりは、米ソ自身の同盟国や第三国に対して向けられたものだからである。

第三の解釈は、米ソの軍拡の主要な動因は国家間関係にはなく、国内政治構造、とくに、軍・産・官複合体制にある、という見方である。これによれば、国家間での緊張が緩和しても軍拡が続くのは不思議ではない。

前述のように、軍産複合体の指摘そのものは新しいものではないが、しかし今日それが語られる場合、次の二つの点で、それらの意味づけに注意すべき変化が見られる。一つは、デタントの進行にもかかわらず軍拡が続くという背景において、冷戦期とは違って、国内構造にむしろ第一次的な重要性を与える考え方が浮彫りにされてきたことである。G・アリソンやM・ハルペリンらの「官僚ポリティクス」、R・バーネットの「官僚レヴォリューション」といった概念が示すように、官僚体系を対外政策との文脈において独立変数として強調する考え方が米国で広く流通するようになったことは、一つの新しい変化といってよい。

もう一つの変化は、冷戦期とは違って、軍拡と国内構造との関連を、単に米国ないし資本主義についてだけでなく、ソ連についても指摘する考え方が常識化したことである。社会主義の場合、「産」が資本主義の下でと同様な意味を持たないのは当然であるが、軍官僚システムに問題があることは否定できない。例えばすでに一九六〇年、フルシチョフが彼の緊張緩和路線に対する軍の抵抗について、訪ソ中の米人との昼食会で批判的発言をしたといわれ、一九六三年の部分的核実験停止条約や一九六九年以来の米ソ戦略兵器制限交渉に対しても、軍は公然と異議を唱えたことが指摘されている(Kolkowicz, R. et al.: *The Soviet Union and Arms Control*, 1970, pp. 14 ff)。

「デタント型軍拡」については、以上のような三つの解釈が行われている。これをやや言い換えて要約すれば、第一の解釈は、政治的デタントと軍拡とは矛盾することを認めた上で、なお政治的緊張が続いている点から軍備競争を説明する。第二の見方は、デタントと軍拡とが両立し相補う、という観点に立つ。そしてこの角度から見るならば、米ソは、両超大国の優位を固定化するのに必要と考える巨大な軍事力を他の国々に対して正当化するためには、その必要の限度で米ソ間に対立がある――と思わせることができる――方が有利なのである。第三の解釈は、デタントと軍拡とはいわば無関係であり、国家間の緊張は減っても国内的動因によって軍備は増えると見るわけである。そして軍備競争に既得権益を持つという点で、米ソの軍官僚システムには、利害の共通性があるということになろう。

　ではこの三つの解釈のどれが正しいか。おそらく、そうした問い自体にあまり意味がないだろう。このいずれもが、それぞれに妥当性をもっているというのが事実に近いし、そこにこそ「冷戦型軍拡」と違ったデタント型軍拡に特有の複雑さがあるというべきであろう。

　そこで問題は、こうした三重性をもった「デタント型軍拡」を軍縮の方向へと変換するためには、どのようにすればよいのか、その転換の条件と原動力の所在とを明らかにすることである。

三　軍縮への転換動因

「デタント型軍拡」を軍縮へと転換する一つの手がかりは、まさに前述した三つの側面のそれぞれに内在する対抗動因に求めることができる。つまり現在の軍備競争には、国家間緊張が存続する傾向、超大国優位を保持する傾向、軍拡への既得権益を保持する傾向、の三つの動因が三重映しになっているが、そうした傾向そのものがそれに対抗する傾向を内在させているといってよい。

第一に、国際対立のもとで「安全」を追求して行う軍拡が、ミサイルの精度の増大などにより、著しく不安定・不安全な状況を生み出しつつある。したがって、米ソの安全そのものを確保するために、米ソは軍拡からの方向転換を図らざるをえない。これが内在的な対抗動向《カウンター・トレンズ》の一つである。第二に、超大国がその優位を固定化しようという点で一致し、共同歩調をとれば、そのこと自体が両陣営内の結束をゆるめ、第三世界を含めて、国際権力の世界的な多極化と分散化という対抗動向を助長せざるをえない。第三に、国内での官僚システムの肥大化は、政治的疎外感を社会に瀰漫させ、体制を支える権威や信念体系の空洞化という対抗動向を生じている。例えば西側諸国での軍事的価値やシンボルの低落傾向がそれであり、ＮＡＴＯでの兵士の士気や紀律の低下、多くの国での徴兵制から志願兵制への切換えなどの形をとって現われている。

「デタント型軍拡」に内在する右のような矛盾とダイナミズムとの関連で、とくに次の点に注意する必要があろう。第一に、軍備競争と安全との矛盾は今日に始まったことではないが、米ソの国家間の不信・対立が軍拡の主要な動因であった冷戦期とは違って、デタントの下ではそれが幾つかの動因の中の一つにまで比重を減じただけに、軍拡を国家間の「安全」のためという論理で正当化することがいっそう難しくなった。つまり「安全」という目的との対比で、軍拡という手段のコストが高すぎることを当事国も自認せざるをえない条件が強まっている。

次に、第二と第三の傾向、つまり超大国優位の保持と、軍拡に結びついた官僚システムの既得権の保持とは、いずれも巨大システムの保持という点で共通する。一方は国際巨大システム、他方は国内巨大システムの保持傾向であり、そのいずれもが、政治的支配のシステムを構成している。だからこそ超大国支配に対する国際的抵抗と、軍産官複合体制の支配に対する国内での抵抗が発生している。

「デタント型軍拡」に内在するこうした矛盾と挑戦は深刻である。そうであればこそ、この軍拡の当事者自身が、この矛盾への対応を開始している。それが「軍備管理《アームズ・コントロール》」の方式である。このアプローチの特徴は、現存システムの基本構造を変えることなしに、それの矛盾や攪乱要因を極小化しようとする点にあるが、その点にまたこのアプローチの限界がある。

すなわち、軍拡と安全との矛盾という、第一の挑戦に対しては、事故や誤算による戦争の危険とか、兵器開発に伴う自然破壊などを最小限にくいとめる国際的措置を取り決めてきた。これはある程度の成果をあげてきたが、それでも例えば従来の「対都市戦略」から「対兵力戦略」に移行した場合、これまでの事故・誤算防止方式の有効性は減じざるをえない。とくに兵器の開発・生産という最も肝心な点に関しては、軍備管理のアプローチはほとんど歯止めの用をなしていない。例えば一九七四年一一月のウラジオストック会談は、戦略兵器制限交渉の歴史での「飛躍的成功《ブレークスルー》」と自讃されたが、戦略兵器数の上限を現保有量を上回る線に置いたばかりでなく、多弾頭核ミサイル（ＭＩＲＶ）の増強を促進し、質的軍拡を激化する危険があることは周知の通りである。

こうした弱点は、超大国優位の保持という第二の側面から見れば、むしろ利点でさえあるだろう。そして超大国優位への国際的挑戦に対する軍備管理的な対応としては、国際権力の多様化・分権化を、せいぜい「五極構造」にくいとめて、これを「平和の構造」として固定化しようとするのにとどまる。だがこの構想は、すでに産油国の挑戦だけによっても破綻を来している。第三の問題点、つまり軍産官複合体制への挑戦に対して、軍備管理的アプローチはきわめて対応が鈍い。それはこの軍備管理というアプローチが、本来的に管理社会型の発想に立脚している当然の帰結であろう。このように見てくれば「抑止戦略と軍備管理とは、いずれもが本質的に弥縫策の域を出ないと考えられる」というシンガーの言葉は、今日いっそうその妥当性を増しているといってよい(Singer, D.: *Deterrence, Arms Control, and Disarmament*, 1962, p. 167)。

こうした「軍備管理」に対して「軍縮」というアプローチは、問題をもっと正面から受け止め、問題をより根源的に解決することを指向する。そして軍縮の目的と根拠もまた、前述の三つの傾向と矛盾とにかかわる。すなわち、第一に、軍備競争の危険に対抗して国際的な平和と安全を達成する上で、第二に、大国主義的支配構造を変革して国際的な民主主義と福祉とを確立する上で、第三に、巨大官僚システムを変えて国内レヴェルで民主主義と福祉とを確保する上で、軍縮はデタント型軍拡と軍備管理とのいずれにも優った適合性をもつという点に、軍縮の特質があるのである。

四　核軍縮の始動

ではデタント型軍拡や軍備管理を超えて軍縮に進む道程は何か。すでに繰り返したように、この道程は現存する矛盾や対抗動向を起動力とすることが必要である。

そこで軍縮への方向転換の第一段階は、まず超大国自身の安全の追求という視点から構想するのが適当であろう。すなわち前述のように、今日では軍備競争や兵器開発そのものが超大国の安全を脅かし、またデタントの一つの停滞要因となっている。こうした矛盾の直接的な契機は、米ソともに「過剰殺戮《オーヴァー・キル》」の核兵器を保有していることにある。これは単に相手国を一〇回ないし一〇〇回破壊するという量的な過剰を意味するだけではない。過剰な核の存在そのものが、対都市戦略ではなく、より攻撃的でより多量の弾頭やミサイルを必要とする対兵力戦略への移行を誘発する。他面、対兵力戦略を採ることによって、すでに生産してしまった過剰兵器の存在の事後的正当化が容易になる。その意味で、兵器の量的過剰は戦略の質的変化につながるのである。したがって、まずこの過剰兵器を除去すべきだという考えが、超大国の当事者の中から出てきても不思議ではない。例えば米国の元大統領科学補佐官ヨークはこう提言する。

すなわち、米国が核攻撃の対象と考えて意味のあるソ連の都市は、多く見ても一〇〇である。仮にこれを二〇〇と想定し、中国にも同様な攻撃目標が二〇〇あると想定すれば計四〇〇となる。仮に核兵器運搬手段が計画通りに作動しない場合を見込んで、これを八〇〇と想定する。他方、米国が保有している核兵器運搬手段のうち作動しないかもしれない一定率を差し引いても、確実に五三〇〇の核弾頭は即時発射可能である。したがってこの差四五〇〇は過剰なのであり、もしこれに目的があるとすれば、対兵力用ということにならざるをえない(York, H.: "Deterrence by Means of Mass Destruction", *Pacem in Terris paper*, 1973)。

ヨークのこの八〇〇という数は、いわゆる「最小限抑止」の水準に当たるわけだが、これ自体に積極的意味を認める必要はない。ここで注目すべきことは次の三点である。第一は、削減可能な過剰兵器がきわめて大量であることに関連する。すなわちもし「抑止」戦略の立場をとる人であってもこの大量削減に一致しうるとすれば、そして実際に米ソが大量の過剰兵器を廃棄したとすれば、それはそれなりに意味のある変化といわなければならない。また抑止論者がこの大幅な削減に同意したとすれば、それはもともと「抑止」という概念がいかにあいまいであり、また「抑止」戦略それ自体が、「抑止」の名の下にいかに過剰殺戮の軍備競争を生み出してきたかを自認することを意味する。

第二に、ここで最も重要なのは、八〇〇という数字や「最小限抑止」にあるのではなく、大量の核兵器を廃棄していくという過程そのものであり、そのような行動様式それ自体である。例えば、核軍事力で優位に立つ米国が、まず数百の最新型のミサイルを一方的に廃棄して、ソ連側での削減を呼びかけつつソ連の反応を誘発するという形で軍縮の循環を開始することに成功すれば、それは同時に、政治的な「信頼形成《コンフィデンス・ビルディング》」の過程の開始の意味を持つ。これは「デタント型軍拡」の一つの動因をなしている国家間の不信を弱めることであり、何よりも重要なのは、この信頼形成の過程が持続して、そこに一つの〝いきおい〟を発生することができれば、八〇〇といった「最小限抑止」の水準に止まることなく、それを超えて兵器削減を続ける政治的条件が形成されうるという点である。さらに、率先して最新型ミサイルの廃棄を始めるという行為は、事実上、兵器開発競争の終結宣言を意味するわけであるから、兵器削減と並行して、核実験全面禁止協定に踏み切ることも可能であろう。

第三に、軍備削減に関連して従来常に障害になってきたのは、査察・検証の問題であった。だが上述の核兵器運搬手段、とくに大型ミサイルの場合には、それの解体廃棄などを予告つきで公然と行い、相手国の偵察衛星に「査察・検証」させることは難しくない。それどころか、この解体廃棄作業を、平和指向の実例として政治的デモンストレーションに用いることも十分考えられる。なるほどＭＩＲＶのような核弾頭の一方的査察は技術的に不可能であろう。だが超大国に残された選択は、そのことを理由にミサイル等の削減を行わないか、それともＭＩＲＶの問題はあっても、まずミサイルについて軍縮を行なって政治的関係の改善を試みるか、そのいずれかなのである。

それ以上に注目すべきことは、デタントのもとでの軍縮では、冷戦下での軍縮の場合ほど、査察・検証の比重が大きくなくて済むという利点があるという事実である。それは、国家間の不信という要因の比重がそれだけ減ったことの帰結であり、その限りで、「査察が先か、軍縮が先か」という従来の迷路に陥る危険も減っている。そしてこのように国際査察の必要性の比重が減少する半面、デタントのもとでは「国内査察」の可能性が増大しうる。つまり、巨大軍事官僚システムへの抵抗という、前述の第三の対抗動向は、デタントのもとでは冷戦期に比べてはるかに伸張しやすく、軍備削減に関する国民による監視という形での「国内査察」が有効性を増すことになろう。ここに軍縮と民主主義との一つの結節点がある。

五　権力分散の二つの道

このように核軍縮の始動は、米ソ自身の安全を強化するという第一の課題に合致するだろうし、また国内での民主主義と福祉——その両方ないし少なくとも一つ——の確保という、両国にとっての第三の課題にも合致するだろう。したがって、以上のような核兵器削減への最大の障害があるとすれば、それは、超大国が他の国々との間に保っている軍事的格差をみずから縮めていくことなどありうるだろうか、そこには当然強い抵抗があるのではないか、という点に帰着しよう。そこでこの点だけからすれば、米ソ両国に核軍縮を期待するのは非現実的であるかのように見えよう。だがそれでは、米ソには一体ほかにどのような選択肢があるだろうか。

一つはデタント型軍拡の続行である。だが米ソ間の対立・不信がなお続いたままで軍拡が進めば、米ソ自身の安全が脅かされる。もし米ソ間の緊張緩和が進みつつ軍拡が続けば、米ソの同盟国の軍事的な米ソ離れや、核を含む軍事力の拡散が進行し、超大国の優位は弱まらざるをえない。このディレンマから脱するための米ソのもう一つの選択肢は、米ソ共同の軍拡による優位の保持であろう。すでに宇宙開発で示したような共同開発を軍事面に及ぼし、米ソによる世界の「共同支配」を確立するという道である。だがここにも困難がある。なぜなら米ソの共同支配は、米ソ以外の国々による共同抵抗を生み出し、それらの国々による核開発や核拡散を促進する公算が大きいからである。要するに、超大国の優位の固定化という選択肢には、このように基本的なディレンマが内在している。だとすれば、残された選択肢は明らかである。それは、やや長期的に見れば超大国中心の国際システムは米ソ自身にも有利ではありえないという認識に立って、むしろ米ソが軍縮のイニシアティヴをとり、手遅れにならぬうちに世界的軍縮のシステムを樹立するという選択に賭けることであろう。

ここには二つの重要な点が含まれている。第一に、現在から未来に向かっての世界には、権力の分散の要求と傾向とが、ほとんど非可逆的な流れとして存在することを率直に認識する必要がある。国際レヴェルでの多極化、国内での分権化の傾向、逆にいえば国際、国内を問わず決定への参加の要求の強化がその現われである。それは必ずしも、政治・経済の単位の小規模化だけを意味しない。例えばEC〔欧州連合EUの前身である欧州共同体〕のように、単位を拡大する動きもある。しかし問題は単位の大小ではなく、その構造にある。ECが経済的には統合を進めながら、政治統合のイメージが今なお明確でないのは、非常に興味ある現象である。それは巨大集権システムでない、分権の要求に合致した大単位という新しい構造のイメージの模索という意味をもっているからである。

だが問題は、権力分散の要求という一つの動向から、二つの正反対の帰結が生じうるという点にある。すなわち一方では、政治的な分権の要求が軍事的な拡散に結びつき、核拡散が進行するという可能性がある。これが著しく不安定で危険な世界であることは言をまたない。しかし他方では、もう一つの可能性がある。それは軍事的な拡散を伴わずに政治的分権が進行した場合である。それは、より対等で民主的な国際関係が成立した世界であり、そこでは最低限の秩序維持のために、あまり強大でない国連警察軍があれば足りることになろう。この二つのモデルのいずれが現実化するかは、政治的分権を軍事的拡散から切り離すことに成功するかどうかにかかっており、それは結局のところ、世界軍縮が実現するか否かにかかっている。その意味で、もし米ソがこの第二のモデルを選択するのであれば、まず、みずから軍縮のイニシアティヴをとることから開始しなければならないことは明らかであろう。

第二に、もし米ソが前述のように大幅な核兵器削減を行なったならば、次の段階に進むためには中国やフランス、英国の核兵器の削減をも軍縮の日程にのぼらせなければならない。もし今日までの中国やフランスの姿勢を固定的に捉えれば、これは容易ならぬ難問と見えるかもしれない。とくに中ソの対立はきびしい。しかし、もしソ連がみずから核兵器削減に踏み切り、超大国の地位を切り下げる道を選ぶならば、それは「覇権主義」の否定の証を意味し、中ソ対立の緩和に寄与することは疑いない。そのような政治状況を作ること自体が、次の段階で中国の核軍縮参加を促進することになろう。

六　三つの世界と軍縮

以上のように見てくれば、米ソの核兵器大幅削減に続く第二段階の軍縮は、次のような条件を備えたものでなければならないであろう。第一に、それは「第一世界」だけでなく「第二世界」「第三世界」を含む世界軍縮であること、第二に、それは核兵器と在来兵器とを含む全面軍縮であること、第三に、こうした性格の軍縮の進行と並行して、世界のミニマムの秩序保持に当たる国際的平和維持機構が形成されること、以上である。この平和維持機構は、政治的分権と両立するものでなければならず、したがって当分は非大国によって構成される国連警察軍や待機軍を充実する以上のものである必要はなく、それ以上のものは望ましくもない。というのは、しばしば世界連邦の構想などに、統合された強力な平和維持軍創設の主張が見られるが、このような強大な機構は、誰がそれをコントロールするかをめぐり、それ自体紛争の種になるおそれがあるからである。

この三つの条件について、その方式、段取り、取決めなどの詳細をいま議論することには意味がない。一つには、第二段階の詳細については、第一段階の進行の過程そのものの中でさまざまの可能性が開けてくるのであって、初めから固定的なイメージを描くことは不毛であり不適当である。そこでここでは、第一の条件について、ごく基本的な考え方を述べるのにとどめたい。とくに第一の条件をとり上げるのは、世界軍縮は異なった構造や立場の三つの「世界」を包括するわけであるが、この三つの「世界」には、軍縮についてそれぞれに特有のアプローチが考えられるからである。

まず「第一世界」が軍縮の第二段階でとくに留意すべきことは、自国の軍縮の続行とともに、兵器輸出の停止を行うことである(この点では仏、英なども含まれる)。これは、政治的多極化と軍事力の拡散とを切り離すために不可欠の条件である。これまで兵器輸出の禁止という考えにとくに第三世界が反対してきた主たる理由は、それは先進国による近代兵器の独占という形で南北の格差の固定化につながるという点にあった。だがもし兵器輸出能力をもつ先進国自身が軍縮に踏み切るならば、この反論は根拠を失っていく。今日、先進国とくに「第一世界」の軍拡と兵器輸出とがセットになって進行しているが、まさにそれを逆転して軍縮と兵器輸出停止とをセットにすることが必要である。兵器輸出停止は、雇用、貿易収支などの点で一時的に若干の問題を生ずる場合もあろう。しかし兵器の世界的拡散は「第一世界」自身の長期的安全にかかわる問題であることを認識すべきであろう。

次に米国の同盟先進国からなる「第二世界」(この場合日本も含む)は、軍備の削減と並行して、米ソ以上の福祉先進国家として社会作りをなしうる歴史的条件を備えている。つまり他の国に先んじた軍縮を踏まえてモデル社会を形成し、第一、第三両世界に対して一つの範型としてのインパクトを与え、それによってこれら両世界の軍縮を促進するというアプローチをとりうるはずである。もちろん単に消費水準だけでなく、人間が人間らしく生きる物的および文化的条件を含めて現代のモデル社会を作るのは、容易ならぬ課題である。しかしそれは受けて立つに値する挑戦である。要するに、他の国の軍備削減に軍備削減で応えるという対称的な軍縮だけではなく、超大国以上のペースで軍縮を行いながら、モデル社会を創造するという非対称的な対応によって世界の軍縮を促進することである。それは時として「タダ乗り」と超大国に映じるかもしれない。現に日本はそうであった。しかし、およそ軍縮が不可能事であるならば、相対的に小さい軍事費で通してきた日本を「タダ乗り」呼ばわりするのにも一理があるかもしれないが、軍縮が可能事である以上、日本はむしろ軍縮を先取りした社会のケースとして、一つのモデルの意味を十分もちうるのである。戦後の日本で軍事費が低かったことは、単に経済成長にプラスであったばかりでなく、軍事的シンボルの価値下落と重なり合って、政治や文化や教育のレヴェルで民主主義的な価値が定着する上で大きく寄与したことは確かである。その意味で「タダ乗り」自体が一つのモデルになりうるのである。

次に、「第三世界」とくに開発途上国の立場から見た場合、世界の現存する軍事力の体系は、何よりも北による南の支配のシステムの支柱という意味をもつ。すなわち「冷戦型軍拡」と「デタント型軍拡」との重要な差異の一つは、前者が実は南北の支配関係の側面を含みながらも、主として東西間の対立の側面から捉えられたのに比べ、後者では国際および国内レヴェルでの政治的支配のメカニズムという側面が明確に表面化した点にある。そして国際レヴェルでの北の南への支配と、南の国内での特権層による民衆の支配という、文字通り二重の支配構造を典型的に示しているのが多くの途上国であり、ここでは世界の軍備体系はこの二重の支配構造の支柱としての機能を果たしている。だとすれば第三世界にとって、軍縮とは大国間の平和の問題ではなく、何よりも被抑圧国民の解放の条件を意味するはずである。

しかし現実には、北からの解放と自立を旗印として、北からの兵器購入が行われることが珍しくない。だが少なくともこれまでのところ、こうした行動は北の軍拡を助長し、南の北へのテクノロジーの面での従属を深め、また南の国々の間の軍事対立を激化させてきた。これは決して、北からの解放と自立への道ではない。第三世界がなすべきことは、この逆でなければなるまい。

すなわち第三世界が自立のために第一になすべきことは、第三世界の国々の間の対立紛争を、非軍事的・平和的な手段で自主的に解決することである。南の国々の間の武力紛争は、北からの兵器供給への依存度を高め、また北による軍事介入の公算をも増すだけである。第三世界の国々は、紛争を非軍事的に解決し、北の兵器を無意味に化し、ひいては北の兵器の不買行動を通じて北の軍縮を促進することが、解放と自立への捷径である。またこのように軍事的依存度を減らしてこそ、南北の経済格差を縮めるための北の譲歩と協力を、より有効に引き出す能力を高めることができ、そのこと自体、北の軍縮を促進し、また軍縮から生じた福利の南への移譲をも促進するであろう。

第三世界の国々が自立のためになすべき第二は、国内での民衆の解放を進め、特権的な軍事政権による抑圧をなくすことである。たしかに途上国の場合、軍事政権が民族独立の役割を担った場合もあり、すべての軍事政権を否認することはできないだろう。しかし、民衆の支持を持たない軍事政権であればあるほど、北からの軍事援助や兵器購入に依存する度合いを増す。したがって第三世界の国は、民衆に根づいた政権を確立することによって北への軍事的依存からの解放を達成することができるのであり、またそれを通じて北の軍縮促進の一因ともなりうるのである。

七　軍縮の基本型と未来

以上が軍縮の第二段階で三つの「世界」がとるべき行動について、とくに留意すべき点である。もとより世界軍縮は、さらに次の段階へと進み続けなければならない。しかしそこまでのシナリオをここで描き出す必要はない。というのは、これまでのところで、軍縮の過程の原動力と基本型は出ているからである。それを要約すれば、相対的優位に立つ軍事的大国がまず軍縮のイニシアティヴをとり、軍備削減の結果として非大国への軍事的統制力を弱め、その半面で非大国が政治的影響力を相対的に強め、その国々が大国に軍縮の圧力をかけ、それによって大国の軍縮がさらに促進される、といった循環の過程がそれである。換言すれば、それは軍縮が政治的分権を進め、政治的分権化がまた軍縮を促進するという循環のモデルである。この軍縮過程の基本型が持続して反復されるならば、世界の完全軍縮へと前進することが可能となる。

それをやや図式化してこう言い換えてもよい(次ページの表参照)。いま国際関係での行動様式を分けて、(1)支配する、(2)支配しない、(3)支配される、(4)支配されない、の四つに分類し、それを組み合わせると次のようになる。(a)支配するが支配されない、に当たるのが「第一世界」、(b)支配されるが支配もする、が「第二世界」と「第三世界」、(c)支配されることはあっても支配しない、が「第四世界」に当たる。これに対して(d)支配もせず支配もされない、という国際関係が成立する状況として二つの場合が考えられる。一つは「全面核拡散」、つまりすべての国が核武装した状態である。これは一時期の中国が擁護したモデルであるが、その後の中国からは、この状態を積極的に評価する声は聞かれないようである。ホッブズ的自然状態に核兵器が導入されたこのモデルが、きわめて不安定で危険な状況を指すことを、おそらく中国も認めたからであろう。もう一つのモデルが「全面完全軍縮」である。私がこれまで論じてきたことは、要するに(a)(b)(c)がすべて、「全面完全軍縮」の達成された、支配もせず支配もされない世界に収斂していく道程の基本型を構想することであった。

	支配される	支配されない
支配する	第二,第三世界 ↘	第一世界 ↓
支配しない	第四世界 ——→	全面完全軍縮（全面核拡散）

その道程は自動的・直線的に進むプロセスではない。それは絶えざる努力と圧力と的確な選択とを必須とする道であり、逆行や反動が絶えない難路であろう。しかし、繰り返していえば、最も基本的な選択肢は、政治的分権という非可逆的な要求と潮流を踏まえた上で、軍事的拡散をそれと切り離すのか否か、という点に帰着する。もしそれを切り離さない道を選ぶならば、それは結局のところ「全面核拡散」へと世界を導くことにほかならない。だとすれば、われわれが何を選ぶべきかは明らかである。

たしかに「全面完全軍縮」は近い将来に達成しうる目標ではない。しかしだからといって、それは「非現実的」であり、今日の現実と無関係だということにはならない。今日、環境破壊や資源涸渇の問題との関連で、「われわれは将来の世代を植民地化してはならない」という認識が多くの人々に受け入れられている。そのことは、換言すれば、現在のわれわれに未来の世界を左右する力があるという自覚を前提にしている。なるほど「全面完全軍縮」は近い将来には実現すまい。しかしだからといって、米ソや中ソの対立が、五〇年一〇〇年の後も今日と同じように続いていると考える人はおそらくあるまい。あるいは、たかだか四〇〇年程度の歴史しかない民族国家とか国家主権が、永久に存続すると信じる人もなかろう。もし将来、現存の国際政治体系が終焉し、それに伴って国家単位の軍備体系も止揚されることが考えられるとするならば、そうした未来を先取りし、それの実現を加速するためにこそ、未来を左右しうるわれわれの能力を行使すべきであろう。いうまでもなくわれわれは、単に未来を現在より悪化させない責任と能力を持っているだけでなく、未来の世代に一日も早く、よりよい世界を遺す責任と能力をも持っているからである。

（湯川秀樹・朝永振一郎・豊田利幸編『核軍縮への新しい構想』岩波書店、一九七七年）

II　軍縮の政治学

1　軍拡の政治構造

以下の四つの章は、一九七八年から八八年にかけて、地球規模の軍事化を憂慮する『世界』編集部の安江良介氏の質問に私が答える形で、折にふれ同誌に発表し、のちに全面的に加筆して岩波新書として刊行した談話である。安江氏の発言には重要な論点が含まれているが、本著作集の性格上、同氏の発言は割愛した。

一　五つのレヴェル

核戦争による人類絶滅の危険についての危機意識、それが第二次大戦後、軍縮を要求するさまざまの努力や運動を支えてきました。ただこの危機を生み出した要因は何かという点になると、人により解釈や力点が多様であり、また戦後の時期によっても解釈や力点が変化してきました。いま必要なのは、それらを全体としてとらえる視点を持つことだろうと思います。

第二次大戦後まもなくから一九五〇年代の末ごろまでの、いわゆる「冷戦」期には、軍備競争や戦争の危機は、何よりも米ソの間の対立や不信、つまり米ソ両陣営にとって対外的脅威があることに起因するという考え方が一般的でした。ところが一九六〇年代に「デタント」と呼ばれる米ソ平和共存のシステムが曲がりなりにでき上がり始めていたにもかかわらず、その後も軍備増強や軍備競争が続いた。そうすると、軍備競争を米ソが自己の対外的・軍事的な安全の維持手段としてやむをえず行なってきたという理由づけは疑わしくなり、米ソの内部に軍備競争を支える政治・経済的要因があるのではないかという問いが提起されることになりました。

もう一つは、平和共存とかデタントは米ソ中心の国際秩序の現状維持を意味し、この国際秩序の現状変革を必要とする勢力、とくに「第三世界」への米ソの優位を保つためのもので、米ソ相互に向けられたものではないのではないか、極言すれば第三世界に対する米ソの共同支配のための手段ではないかという問いが提起されることになりました。

そこで軍備競争は、いったい誰が、誰のどういう利益のためにつづけているのかが、当然問われなければならなくなります。つまり軍拡あるいは軍縮の問題を、国家間の軍事的な安全保障のレヴェルだけに限定するのではなくて、国内構造も含めて、もっと政治的な問題としてとらえなおすことが必要になってくる。したがって、軍縮を考えるために、まず軍拡の政治構造を全体的にとらえるという視点が、どうしても必要になってくるわけです。

こういう視点に立って、現代の軍拡、あるいはその直接の媒体をなしている軍備――つまり兵器の開発、実験、生産、配備、使用、およびそれにかかわる組織などを一括して「軍備」と呼ぶとしますと――そうした軍備がいったいどういう政治的機能をはたしているのかを、解明する必要がある。そこで、ごく巨視的に見た場合、私は軍備体系が五つのレヴェルで、それぞれに特有の政治的機能を営んでいると考えます。

世界の軍備体系を全体として大きな一つのシステムとして考えて、上のほうから順々に見ていきますと、まず第一に、いちばん上のレヴェルに、軍事的超大国である米ソ内のいわゆる「軍産複合体」といわれる権力組織があります。

もちろんこれは米ソ以外の軍事的先進国にもありますが、世界的な軍備体系を支える代表的で中核的なものは、核兵器とかミサイルなど、超近代兵器の開発・実験・生産などの推進力になっている、米ソ両超大国の軍産複合体です。これはそれぞれに巨大な権力集団を構成している。「軍産」だけではなくて「官」、つまり官僚集団、あるいは「学」、つまり学界など、さらに範囲を拡げて考えることも可能ですが、とにかくそういう権力複合体があります。社会主義の場合には、経済システムがちがうのですから、私企業と軍や官が複合しているということはありえない。にもかかわらず、たとえばソ連の場合でも、軍事官僚機構と経済・産業官僚機構とが、軍備競争をつづけていくなかで共通の既得権益を確立してきたと考えられます。官僚機構の組織を増殖させて、より強大な権力を獲得しようとするという形で既得権益が形成される。その具体的な現われとして、予算配分の面で、軍とか兵器生産に関連のある経済・技術官僚部門が優先権を確保するといった構造は、ソ連の歴史にも見られます。米ソには、こうした軍産複合体という権力集団があり、軍拡や、その基礎にある兵器の開発・生産は、この権力集団の既得権益を維持あるいは増大していく手段という意味での政治的機能をもっているのです。

第二のレヴェルは、主として米ソ超大国の間の軍備競争で、その媒体として軍備が、単に軍事的機能だけでなく、外交的、経済的、イデオロギー的な影響力や既得権益を維持・増大しようとする政治的機能を営んできている。従来の軍拡・軍備競争、あるいは軍縮について行われてきた議論の大部分は、そういう国家間、とくに超大国間の権力関係における、軍備の問題点や危険をめぐってなされてきたわけです。

第三のレヴェルは、軍備が一国の枠を超えて超大国その他の先進国から外国へと流出する過程で営む政治的機能で、ここに軍備の国際移出網ができます。近代兵器を開発・生産する国から、それらを自力では開発・生産できない国へと兵器が流れていく、その兵器移出の網の目が制度化されてきています。その一つの型が同盟網で、たとえば冷戦期に〝同盟づくり〟で名を馳せた米国のダレス国務長官が、世界中を駆けめぐって張りめぐらした同盟の網があり、日米安保もこれに含まれます。こうして、米国でつくった兵器が西ヨーロッパとか、日本、韓国、台湾、フィリピンその他の同盟国に流れていく、そういうネットワークができ上がります。「核の傘」と呼ばれる網は、これと重なり合ってつくられてきたのであり、核兵器の管理権は相手国に渡さないけれども、核兵器をその国に常時あるいは有事に移出するわけです。

こうした軍備移出網は、受けとる側に軍事的従属のみならず政治的従属、少なくとも技術的《テクノロジカル》従属を生じます。そこで超大国から軍事的な後進国に軍備が移出されるのに対する抵抗がしばしば起こります。移出を拒絶・遮断するという形をとって、軍事的・政治的自立の要求が現われる。たとえばフランスや中国の自力の核開発がそれで、一方的な軍備移出の流れへの抵抗です。これも軍備移出のネットワークへの対応という意味で、軍備の国際的なフローの一つの側面です。

軍備移出網に関連するもう一つの形態は、超大国を逆操作するという方式です。エジプトがその一例ですが、ある時期ソ連から武器が流れてくる、しかし状況が変わると、一転して米国から武器を買いはじめてソ連とは縁を切る。一種の二股膏薬ですけれども、そういう形で武器の流れ方を受け手のほうがシフトしながら操作していく場合もあります。ですから、その形態は多様ですが、しかし総じて軍事的先進国から軍事的後進国への武器の流れが制度化されてきている。それは高度に政治的な機能をもち、軍事的先進国による支配と軍事的後進国の自立の要求とが錯綜する場を構成しているのです。

第四のレヴェルは、近年急速に顕在化してきている、第三世界の国家間の軍備競争です。インドとパキスタン、イランとイラクやサウジアラビア、エチオピアとソマリア、アルゼンチンとブラジル、その他多くの例があります。

第五のレヴェルとしては、武器が、第三世界の多くの国々で国内の抑圧的な政治体制を維持する手段として機能している。国内のさまざまの矛盾や格差を固定化して一定の秩序を強権的に維持する、そういう政治的な機能を営んでいます。多くの場合に、これに国際的な格差が重層的に重なり合って、先進国による国際的支配体系と国内特権エリートによる抑圧的支配体系とがリンクするという構造になっていることは周知のとおりです。

以上に挙げましたように、五つのレヴェルがあるわけですが、そのうちの一と三と五は、垂直的な関係で、そこには権力をもった側が、より弱い側に対してもつ関係で軍備がどういう政治的機能をはたしているか、という問題が含まれています。二と四は水平的な関係で、相互に競い合うような権力組織が対立する場面で、軍備がどのような政治的機能を営んでいるかという問題です。現代の基本的な特徴の一つは、この五つのレヴェルが密接にリンクしており、連動した軍備体系が世界全体に貫徹していることにあると思います。

ところで、世界の軍備体系を近年の時点で見ると、以上五つのレヴェルが見えてくるわけですが、これに時間の要素を入れて、第二次大戦後の歴史的な変化をたどってみますと、軍拡の問題は、まず東西冷戦の激化とともに二のレヴェルにはじまり、それに並行して一のレヴェルの問題が顕在化してきました。また三の軍備移出もＮＡＴＯ、日米安保、他方のワルシャワ条約機構などの同盟網の成立とともに行われていたのですが、それが先鋭な争点として現われてくるのが一九六〇年代の前半です。つまりフランスと中国が自前で核開発をするという形で、それ以前の時期に、米ソ中心の二極的な軍備移出によりつくられた同盟網の変形がはじまるわけです。

二　状況の悪化──七〇─八〇年代の危険性

それは当面、東西両ブロック内ではじまったのですが、一九六〇年代の末ごろから次第に焦点が拡がって東西ブロック外の第三世界に波及し、四と五のレヴェルを、軍拡や軍縮を議論するときに含めざるを得なくなってきた。これは世界政治での多極化や第三世界の比重の増大に対応しています。そういう意味での焦点の移動と拡大が、上のレヴェルからはじまって下へと拡がってきたということが一ついえると思います。

もう一つ、もっと重要なのは、この五つのレヴェルそれぞれについて、それぞれのもつ問題性が時とともに変化してきたということです。とくに七〇年代から八〇年代前半にかけて、この五つのレヴェルそれぞれのもつ問題が悪化してきた。この点を考えるためには、戦後の変化を見ておく必要があります。

さきほどの順序でいいますと、まず第一の軍産複合体の問題です。これは通例、一九六一年にアイゼンハワーが大統領離任演説のなかで、「軍産複合体」の形成とその危険について警告したのがはじまりだとされています。学者のレヴェルではともかく、最高政治指導者のレヴェルでこの問題について論議がはじまったのは、たしかにこれがはじめてです。そのときの問題のとらえ方のなかには、民主主義的な社会では許容できない脅威が目に見える形で現われてきた、巨大な異物が民主主義社会のなかにガンのように出現してきた、そういうイメージがはっきりあるわけです。つまり、この特殊権益集団が国民への一つの重圧として存在することが感覚的にわかるような、そういう表象が成り立っていたと思います。

軍産複合体が明確に問題として意識されるのは、この時期ですが、問題そのものの根はそれ以前からあった。その一つは、経済学者のセイモア・メルマンも指摘しているように、第二次大戦中の米国の戦時経済です。つまり、ニューディール政策が解決できなかった大恐慌に、第二次大戦中の巨額の軍事支出が終止符を打った。その意味で、米国は第二次大戦で経済的繁栄を味わった、世界で唯一の国だったわけです。巨額の軍事支出と民間企業との結合が経済成長を生むという経験は、戦後まもなく冷戦が激化するとともに、軍産の結合が容易に復活する一つの素地となりました。こうした歴史的背景のもとで、その後「冷戦経済」が長期化し、それがむしろノーマルなものとなって定着するのです。

これに関連して、私はアイゼンハワーが軍産複合体への警告を出したことは、なかなかおもしろいと思っています。つまり民主党の大統領ではなくて共和党の大統領が指摘したわけですが、共和党は伝統的に、小さい政府を主張する古典的なリベラリズムの系列を引いている。民主党のほうは、ことにローズヴェルト以後、ニューディール型の強い政府、大きい政府を擁護してきましたから、政府レヴェルでの権力構造が強化されたことについては、むしろアイゼンハワーのような「古い」人間のほうが早く敏感に反応を示した。古典的なリベラル・デモクラシーのイメージからすると、あり得べからざる異物が肥大したという、軍産複合体への切実な危機感をいだいたのがよくわかるように思われます。ただ念のためにつけ加えれば、アイゼンハワーのこの警告は、彼の離任演説で述べられたのであって、彼が在任中、軍産複合体の形成に抵抗したかは疑わしい。ゼネラル・モーターズ(GM)の社長を国防長官に任命したのは彼でしたから。

軍産複合体の背景要因となったもう一つの根は、米国社会の軍事化です。すでに、第二次大戦中に、現代の「総力戦《トータル・ウォー》」を遂行する過程で、米国自体が、敵国である枢軸国に似た「兵営国家」に変質する危険を、政治学者ラスウェルが指摘していました。戦争終結とともに、この政治的動員態勢は一時解除されたのですが、冷戦激化の過程で、マッカーシズムといった擬似的な草の根反共デマゴギーも一つのバネとなって、もっと制度化された反共「国防国家《ナショナル・セキュリティ・ステイト》」の論理が体制を貫徹することになります。「冷戦経済」が、巨額の軍事支出を平時において経済的に正当化するシステムであったとすれば、「国防国家」は、米国の歴史で平時には見られなかった大規模な軍部や軍備の存在を、平時において政治的に正当化するシステムとなったといえます。これもまた軍と産、官と民(つまり大企業)の複合体の形成を促進する要因となりました。

こうして一九六〇年代の米国では、軍産複合体という、政治的寡占の構造、つまりエリート支配の権力構造が定着し肥大化していくことになります。この場合、軍が主で産が従と見るか、産が主で軍が従と見るかは、いろいろ解釈の差がありますが、こうした権力構造の維持・強化に既得権益をもつ集団ができたことは否定できない。たとえば一九六〇年代のはじめ、ミサイル開発の面で米国はソ連に劣っているという「ミサイル・ギャップ」論が米国で主張され、ケネディ政権は大幅な軍事費増を行なった。しかしやがて、実は米国が劣っているわけではなく、大型ミサイル開発を担当する空軍が、陸海軍より多額の予算をとるために「ミサイル・ギャップ」と騒ぎ立てたのが真相だということになりました。このように、陸海空三軍の間の競争だけで軍事費が急増されてしまうということは、軍がいかに特権的な地位と権力を掌握しているか、軍拡をめぐる決定について議会・政党・世論などがいかに権力から実質的に疎外される危険があるかを示したものといえます。

また軍との軍需契約をめぐって激しくせり合う大企業の売り込み競争が原動力となって、議会や世論をバイパスして次々と高価な兵器が開発・生産されていくという事例も、権力の寡占構造を示しています。こうした点は、八〇年代の日本の軍拡を見る場合にも留意すべきではないかと思います。

ところで、六〇年代に肥大を続けた軍産複合体が、七〇年代になりますと、ヴェトナム戦争への批判を背景として、時として量的には縮小される。たとえば、軍需産業で店じまいするものが出るとか、基地が、海外のみならずアメリカ国内でも閉鎖されていくとか、徴兵制が廃止されるとか、あるいは従来、大学に大量にバラまかれていた軍からの研究費が相当にカットされるとか、物量的には「軍・産・官・学複合体」が小さくなっていく場合もあります。しかし他面、質的には一段と高度化していく傾向を見せたのです。そこに新たな問題を生じました。

その背景の一つが、軍拡が量の競争から質の競争になってきたという事実です。たとえばミサイルの数をふやすことよりも、その精度と命中率を高めていく。そういう質的な軍拡の高度化があります。もう一つは、科学者・技術者が、兵器の研究開発（R&D）のために調達される場合です。米国の科学者や技術者の二分の一近く、少なく見ても三分の一ぐらいは、何らかの意味で軍事目的の研究開発に関係しているといわれていますが、それでは、この頃に数がふえたかというと、そうではない。むしろ数は減らしても質のいい研究者を編入するために、社会的な格とか、所得の点で魅力のある地位を提供するという形で、質的に高度化していくという傾向が見られました。そうなると、軍産複合体が、アイゼンハワーの警告の場合のように、いわば目に見える形の具象性をもった異物が肥大しているという実感は薄れ、一般国民の意識では抽象的な存在として心理的に遠のいていく。実際には危険の質が悪化しているにもかかわらず、あるいはまさにその故に、それをコントロールしなくてはならないという緊迫感は薄まっていくという問題が生じ、その意味で事態はかえって悪くなったのです。

軍産複合体があたかも質的にも弱体化したかのようなイメージが拡がったことの反動として、八〇年代のレーガン政権になると、今度は軍産複合体の強化はまるで当然のことのように主張され、軍事予算の急増によって、この複合体や軍備体系を質と量の両面で増強する政策がまかり通るようになりました。

もう一つ、軍産複合体との関係で問題があります。すなわち、アイゼンハワーが警告を発するまでにいたる五〇年代の軍産複合体形成の際に、それを正当化する理由づけは何だったかといえば、第一にはアメリカの防衛ないし安全保障という軍事目的のため、第二には共産主義に対してアメリカ的生活様式を守るというイデオロギー的な目的のためでした。実態は何であれ、ともかく米国民の大多数はそう信じていたのであり、主として軍事的およびイデオロギー的な根拠づけがなされていました。

ところが、七〇年代になりますと、軍事的な開発研究や兵器生産を正当化する根拠として、必ずしも軍事的およびイデオロギー的な根拠づけが常に優越するわけではなくて、だんだん経済的な正当化の比重がふえてきます。米国が超近代兵器の開発生産の先端をいく態勢をつづけることが、米国の輸出競争力を保ち、国際収支を改善するために必要であり、とくに主要な輸出先が中東ですから、エネルギー源としての石油を確保するために格好の商品であるという正当化が強まってくる。こうした変化が国際経済における米国の地盤沈下に並行して起こった。レーガン政権になり、軍事的な根拠づけが再び強調されますが、同時に経済的な正当化も一段と露骨になり、兵器の商品としての輸出はいっそう積極的に推進されるようになりました。

このように国際収支の改善に寄与し、石油の供給が確保されるということになれば、利益を受けるのは国民全体だという受取り方が浸透しやすくなります。アイゼンハワーの場合は、軍産複合体という一部の集団が国民に脅威をもたらしているというイメージだったのが、今度はむしろ国民に利益をもたらすものとして描き出されることになる。そういう経済的理由からする積極的な正当化が米国民の間に拡がれば、それだけ歯止めが弱くなる危険があります。

ソ連の軍産官複合体については、前にもふれました。ソ連は、内発的な革命で一九一七年に社会主義政権を樹立した時から、資本主義列強による外からの武力介入その他の外圧にさらされてきましたから、ソ連国家は、ほとんど一貫して「国防国家」として軍事優先政策をとらざるをえなかったのです。同時に、社会主義革命の目標にしたがって、急速な経済発展をとげる課題をになっていましたが、そうした経済発展は「国防」の観点からも必要でした。このような条件のもとで、軍需指向の重工業が経済発展の基幹をなすという構造が、ソ連国家の体質になってしまった。第二次大戦後も、ソ連は一貫して米国ないし西側の軍事的な優位と圧力に直面してきましたから、軍産官複合体を縮小する余裕がなかった。そして、劣勢にあったソ連としては、こうした構造は「防衛的」なものとして民衆に対しても正当化しやすいわけですから、それだけに、この軍産官複合体に内側から歯止めをかける勢力や論理が現われにくくなったと思われます。

以上が、第一のレヴェルで事態が悪化したと私が考える理由です。

三　超大国間軍拡の変質

第二のレヴェルは、超大国間軍備競争ですが、私はここでも事態は悪化してきたと考えます。その理由は三つあります。

第一に、第二次大戦が終わった時、米国は核とドルに示されるように、軍事的・経済的に世界の中で圧倒的な優位を占めていた半面、ソ連は軍事的にも経済的にも格段の劣勢に立っていた。つまり「パックス・アメリカーナ」だったのです。ところが米国は、ソ連に対し余裕をもっていた冷戦の時期にこそ対ソ協調を図ることが可能であったのに、圧倒的優位の維持に固執して緊張を激化してしまった。その後ソ連は、この米ソの非対称的なギャップを埋めることに全力を投入した結果、米国はソ連との軍事的な差を縮められ、ソ連に対して弾力的に対応する余裕がいっそう失われてしまった。そしてその不安からの脱出口として、八〇年代には再び核とドルの優位にもとづく「パックス・アメリカーナ」の夢を追求する政権が現われたわけですが、これは五〇年代のような実体的な裏付けがない幻想の追求であるだけに、国際関係をいっそう不安定化することになります。

第二には、冷戦期の軍備競争を正当化する最終的な根拠としては、イデオロギーの正当性という要因がありました。米国の側はアメリカ的生活様式というものが正義であるという確信をもっていた。ソ連の側はソ連のいう社会主義ないしは共産主義が正義であるという形で対決していた。少なくとも五〇年代には、ソ連にはそういう意味でのイデオロギー的なプレスティージ(威信)があった。ですから米国に対抗してソ連が核兵器を開発し、軍備を増強していくことは正義なんだという受取り方が、ソ連外でも相当にありました。このように相互にある確信をもって、価値体系の争いという点から軍備競争を最終的に根拠づけるという面があったのです。

ところが、七〇年代に入りますと、同じ「米ソ対立」といっても、無イデオロギー化の傾向がおおいがたくなりました。東側についていえば、中ソ対立はこの点で決定的な打撃であり、社会主義的な正義という言葉では、ソ連という国家の政策を正当化することは到底できなくなる。イデオロギー的な正当性の問題と、国家の政策の正当性の問題とが分離してしまうという現象が、社会主義圏内部から出てくるわけです。西側社会でも価値体系の空洞化が進行します。

ただし、それは必ずしも「イデオロギーの終焉」といったことではありません。むしろ七〇年代になって、世界的にはイデオロギーへの関心は深まったという面があります。とくに第三世界においては、ナショナリズム以後の課題として、どういう体制を選択するのかという問題が切実な争点になってきました。のみならず、旧来の自由主義も社会主義も福祉国家論もうまく機能しなくなった先進国でも、イデオロギーの問題に立ちかえらなければならないという状況が生まれます。ですから、イデオロギーへの関心は世界的に深まった。にもかかわらず、それと、ソ連という国家に対する関心や関係とは、およそリンクしなくなってしまった。こうして、米ソ対立の無イデオロギー化が進行しました。

そうなりますと、米ソの軍備競争を最終的に何らかの目的価値で正当化することは非常にむずかしくなり、したがって純粋軍事パワーの競争という性格が強くなってきます。何らかの究極目的のための手段というよりは、パワーそれ自体の自己運動に伴う対立という色彩が濃くなってきた。そういう意味で権力が目的価値による制御を失う傾向を深めるということは、政治の問題としてはきわめて危険な状態です。このように米ソ対立や、米ソ間の軍備競争が変質を起こし、パワーの自己目的化、イデオロギー的無目的化の様相を深めたという点で、事態は悪化したと思うのです。

第三点は、さきほど触れたことに関連しますが、米ソ間の軍備競争が七〇年代ごろから、量の軍拡から質の軍拡に変わってきた。これは、量の増大が軍事力の強化につながらない、「オーヴァーキル(過剰殺戮)」のための物量を蓄積しても、軍事的な手づまりの打開に役立たないという判断が一つの理由になっている。そこで精度の高度化に力点を移したわけです。

ここには二つの危険な要素があります。一つは、質の軍拡の目的は何かといえば、兵器、ことに核兵器を使って「勝つ」可能性を追求するところにある。あるいはそれを裏からいえば、もしかすると核兵器を使って「勝つ」ような開発を相手側がやるかもしれないという恐怖が双方で強まる。

大陸間弾道ミサイルの命中率を高めたり、中距離核ミサイル（ＩＮＦ）や巡航ミサイルを開発することによって、相手のミサイルを壊すことを可能にしようとする。先制攻撃を仕掛けて相手のミサイルを破壊できれば、相手の反撃の可能性は大幅に減るわけですから、「勝つ」可能性があり得るということになる。とくに限定核戦争という形で核戦争を限定できれば、「勝つ」可能性があるという判断が出てきた。「勝つ」可能性があるということは、核兵器が、在来兵器と同様に政治的に意味のある手段になるということですから、核戦争をすることが政治的に意味をなすことになる。そういう点で、事態は非常に危険性を増したのです。

もう一つ、質的な軍拡のねらいには、核兵器に対する世論の道義的な反発や抵抗をなるべく弱めるということがあります。そういう点からも使いやすい兵器を開発していくという面があるのです。

中性子爆弾はその一例です。戦闘員は殺してもそれ以外は殺し方を減らすとか、人間は殺すけれども物は壊さないで保存するとか、まことにグロテスクな「正当化」の理屈が出てくるわけですが、そういう兵器の開発は、核兵器への道義的反発を弱める効果をもねらい、単なる「抑止」ではなくて、攻撃という行動を意味あるものにすることに結びつく。その上、これに反対するソ連が、中性子爆弾の「非人道性」を糾弾することの半面で、あたかもそれ以外の核兵器の方が「人道的」であるかのような印象を結果的につくり出したことも、それ自体グロテスクな論理であり、核兵器に関する道義的感覚を麻痺させる効果をもった。そういう意味でも事態は危険性を深めたのです。

次に、第三の軍備移出網のレヴェルですが、ここでも変化と悪化が見られます。つまり、一九六〇年代までの一般的なパターンは二つあったと思います。一つは軍事的先進国が、第二次大戦用につくった中古兵器や、戦後につくったけれど旧式になった兵器を、同盟国やその他の国に供与し移出するという構造が、この時期にはつづきました。もう一つは、それを移出する場合に、軍事援助という形をとることが一般的に多く、それとセットになって同盟網が維持されていく、そういう構造になっていた。

ところが、七〇年代になりますと、一つには、単なる旧式兵器ではなくて、新式の近代兵器を移出する傾向が見られます。たとえば米国がＦ15その他最新式の戦闘機をイスラエルやサウジアラビア、エジプトに売ろうとしたり、ＡＷＡＣＳ（空中警戒管制機）をサウジアラビア等に売りこもうとする行動がとられはじめます。他方ソ連もＭＩＧ23といった新式戦闘機を輸出する。なぜそういうことが起こったかというと、それが変化の第二点に関係するので、要するに兵器移出が軍事援助というよりは兵器輸出に変わり、兵器が商品としての重要性を高めたことが理由なのです。商品であれば、高額に売れるもののほうがよいし、したがって新型の兵器を売るという行動が出てくる。その上、援助ではなく輸出だということになれば、移出先はかつてのように同盟国に限らず、「非同盟」の途上国でもかまわないことになります。一九六九年から一〇年間に、第三世界への兵器輸出は二倍半になり、世界の兵器輸出総額の四分の三を占めるまでになりました。

こうした変化に伴う一つの効果は、近代兵器であればあるほど、受け取った国は移出した国への依存度を高めるということです。およそ自国でつくれる品物ではありませんから、重要な部品が一つでも必要になれば、米国、ソ連などから取り寄せなければいけない。ですから、移出国のほうからすれば、高い値段で売っておいてヒモがつけられる。相手の技術的な従属が維持できるということは、政治的な影響力の保持にも役立つわけです。だから、正式の同盟関係があるから兵器が輸出されるというより、むしろ兵器を買う結果として、いわば「兵器同盟」に組みこまれるということになります。

それからもう一つの効果は、商売であれば、もうかることが重要な移出基準になり、非常に破壊力の高い近代兵器でも外へ流れ出していくということが起こる。その結果、発展途上国が、いままで考えられなかったような近代兵器を早くから持つことが可能になる。保有兵器が、非連続的に近代化されるわけです。その意味でも、破壊力の大きい兵器の拡散度が加速化され、事態は悪化しているのが現状です。

ところで兵器輸出は、一九二〇―三〇年代の戦間期の場合には、「死の商人」のイメージに示されているように、時として財界主流派ではなく、アウトサイダー的な企業家が兵器商人として登場してきて売りまくる、そういう例も少なくありません。ですから一九二〇年代に「死の商人」を国家ないし政府がどう取り締まるかといった議論が、西側で活発に行われたわけです。

しかし第二次大戦後は、軍産複合体とも関連するのですが、軍備移出が高度に国家機構そのものと密着しはじめた。「商人」というよりは、国家機構が兵器移出の担い手になる傾向が強いわけです。企業による兵器輸出でも政府のライセンスを必要とする。ロッキードとか、ノースロップとかの企業が国のライセンスをもらって輸出をするという形で、必ず政府とどこかでリンクしながら移出が行われる。研究開発から輸出にいたるまで、さまざまの段階で国家機構とリンクしているという構造ですから、政治システムにくり込まれているので、そこにも、はじめに私が政治構造として軍備体系をとらえるという点を強調した一つの理由があります。

五　第三世界における軍拡

第四のレヴェル、つまり途上国間軍備競争の問題について言いますと、ここでも二つの点で事態は悪化したのです。

一つは、もともと今日の途上国の大半は、植民地だったころ、本国によって武装解除されたり、本国の軍の指揮下に置かれていることが多かった。つまり固有の軍備がなかったのです。その後、独立を達成する過程で、とくに武装闘争で独立を達成する過程で、固有の軍備をもつようになります。しかし、一九六〇年代までですと、その軍備は旧式であり、途上国間の対立はあったにしろ、そこに登場してくる兵器は文字どおりの中古兵器が圧倒的だったのです。ところが七〇年代になって非常に顕著に見られたのは、新しい近代兵器の拡散で、最新の通常兵器にとどまらず、核拡散の危険が増大してきた。平和利用という形であれ何であれ、核エネルギーを途上国も使うという条件が、急速にまた広範囲に生まれてきた。この先鞭は中国がつけたといえます。つまり、経済的な低開発国でも超近代兵器を開発することが可能であるという例を示したこと、これが中国の核開発がもった歴史的意味です。したがって、インドでもブラジルでも可能になる。そういう状況が進行している。

さらに、近代的通常兵器の国産化が途上国でも進んでいます。従来輸入していた兵器のうちの、最先端のものは別として、通常兵器のあるものは自前で製造しはじめた。たとえばインドでは、戦闘爆撃機や戦車や潜水艦を自前でつくりはじめ、韓国でも戦車の国産を開始しました。ブラジルやアルゼンチンでも空軍機の自給がはじまっている。各種ミサイルを含む兵器の自給体制が第三世界でも進んでいるのです。これに伴って、第三世界の国が兵器輸出もはじめている。こうした軍事技術の拡散という点で事態が悪化していることが一つ。

第二に、六〇年代までの途上国間の紛争は、未確定な国境をめぐって起こるものが多く、国家形成の過程で、独立国家としての制度や枠組みを形成していく場合に、植民地時代の遺制である人為的な国境線などが原因で発生するものが一般的でした。今日でもまだ、そういう性質の紛争はあります。

ところが、七〇年代以降になると、独立国家として体をなしていくというより以上に、その地域での政治的ヘゲモニーをどの国が握るかという新しい問題が表面化してくる。たとえば、南アジアではインドが一つのパワーになってきて、周辺の国がそのヘゲモニーを懸念しはじめている。つまり、単にネーションとしての独立達成の段階ではなくて、一つの強国という意味でのパワーになってくる。ラテン・アメリカではブラジルが同様な地位にあります。西アジアではイランがパワーになり、サウジアラビアがパワーになり、イラクがイランに挑戦するとか、さまざまな形態での地域的ヘゲモニー争いの芽が、第三世界内で起こりつつあるわけです。

そして、ヘゲモニーを握ろうとする国の多くは、近代兵器の国産化に力を入れるようになる。こうして、第三世界のなかでの軍事的あるいは政治的格差が進行していく危険があります。階層的な国際秩序が第三世界の団結を壊し、取り残された「第四世界」の国々が地域内従属を深めていく。これは第三世界の先進国に対する交渉力を弱め、また第三世界内に分裂を深めるという二重の意味で、南北問題の解決を遅らせる危険があり、この点でも事態は悪化してきたと思うのです。

こうした動きを「サブ・インペリアリズム」と呼ぶ人もいますが、この言葉は「中間帝国主義」を指しており、先進大国の帝国主義のいわば仲介下請的な存在、つまり国際的な下士官的存在なのです。たしかに、そうした構造もつづいていますが、他面、今日しだいに下士官が佐官級になりつつあって、将官のいうことを必ずしも聞かなくなっている。そうなると、「中間帝国主義」というよりも「リージョナル・インピリアリズム」、つまり「地域帝国主義」という性格がしだいに強くなっていく可能性もあるわけです。ただし、軍拡の問題を論じる場合、世界の軍事費の八割近くを占めている先進国の軍拡を棚上げして、あまりこの点だけを力説しすぎることは不当だと思います。

さらに忘れてはならないのは、「地域帝国主義」は途上国に限られるわけではなく、今日これの最たるものは、二つの非途上国、つまりイスラエルと南アフリカ共和国だということです。この二つが、それぞれの地域の軍事化や軍備競争の大きな原因になっている。イスラエルのシオニストは民族的「選民」意識をもち、南アの白人は人種的「選民」意識をもって自己の存在を正当化しようとしているわけですが、まさにそれだからこそ、その存在の正当性が被抑圧民族によって問われている。それが、とくにこの二国が国際社会の「異物国家《パリア・ステイト》」と呼ばれるゆえんです。ユダヤ人のナショナリズムには理解できる点もありますが、現実のイスラエルの政策は、一貫して軍事的帝国主義でした。現状がつづくならば、この二国は今後いっそう、地域の軍事化を進めるおそれがあります。

しかし、他面で、一部の途上国が「地域帝国主義」化する危険を無視できなくなったことも事実で、途上国を一括して「第三世界」と呼び、それに積極的な役割を期待するというだけでは問題が処理できないという危険が増大していく。そういう傾向も十分認識しておく必要があります。

六　抑圧体系の「近代化」

最後に第五のレヴェルですが、たしかに、いわゆる途上国における国内の抑圧体系は以前から存在していました。ですが、これは国によって異なりますから一概には言えませんけれども、一九六〇年代の半ばごろまでは、多くの国の場合、それは伝統的な抑圧体系だったといえます。伝統社会の持続ないし遺産としての抑圧体系だった。したがって、古い身分社会的な差別とか、あるいは専制支配的な要素とかが、この抑圧体系を構成していたと思います。

もう一つ、この時期の途上国の特徴は、国内ないし社会内部での対立があっても、同時にそれが民族主義という一点にかなり収斂されていたという点にあります。何といっても当面の優先課題は植民地独立・民族解放であり、被支配層を含めて、民族解放の一点では一致するという意味での民衆の動員が可能な状況でした。

ところが七〇年代になりますと、この二つの条件が変わった。第一点についていうと、今日の抑圧体系は、多くの場合、もはや伝統的なものではない。社会のカッコつきの「近代化」や「開発」が進行し、その過程でさまざまの経済的、社会的、政治的格差が増大していますが、そこに発生した不安定や矛盾を強権的に秩序づけるための抑圧体系になってきている。たとえば経済開発の過程で、新たな階級対立が鮮明になってきたために抑圧体系が必要とされるというふうに、伝統的抑圧体系とは異なったものに変化してきました。

第二に、したがって、社会全体の政治行動が民族主義に収斂するということは、しだいに不可能になってきた。そうすると、社会の一部分が他の部分を強権的に支配するというシステムが前面に出てくる。ことに、民族解放運動の過程で、かなり政治化した民衆を、秩序のなかに封じ込めるためには、従来の古い抑圧体系だけでは役に立たない。そこで現われてくるのが抑圧の技術的近代化です。その一つは軍事政権で、つまり途上国の内部で暴力的抑圧手段が最も組織的に体系化されているのが軍隊ですから、これが権力を掌握することによって暴力手段を独占し、相対的にいえばその国内で最も性能のいい抑圧体系を形成するわけです。もう一つは、外国から抑圧技術近代化のノウハウを移入することが行われる。たとえば、米国のＣＩＡの技術がＫＣＩＡ（韓国中央情報部）に伝達されるとか、あるいは米国の軍や諜報機関や警察の技術がラテン・アメリカの多くの国に移出されて、反ゲリラの武器や、弾圧技術、「近代的」な拷問の技術などの「技術移転」が進行してきました。一例として韓国を見ますと、同じ抑圧体系といっても、李承晩政権と朴正煕政権とには違いがある。李承晩というのは伝統的な専制的抑圧者であり、朴正煕政権は明らかに技術的に「近代化」され、はるかに組織化された抑圧体系に依拠した。同様な傾向は、ほかの途上国にも広く見られます。

七　軍拡の受益者と被害者

このように、これら五つのレヴェルのどれをとって見ても、軍事化が進行し、事態が悪化してきたと言わざるをえません。この軍事化傾向を放置して手おくれになれば、由々しい事態が起こる危険があります。その意味で、軍縮が緊急な課題だということは明瞭ですが、このように見てきますと、いくつかの点が明らかになります。

第一に、世界の軍備体系が一つのハイアラーキー、つまり階統的な軍事秩序体系をつくっており、五つのレヴェルが密接にリンクしながら一つの巨大なピラミッドを構成している、そういうイメージがかなりはっきり浮かんでくると思います。

第二に、そのように密接にリンクしているということは、核兵器を含めて現代の兵器体系が、急速に世界全体に貫徹しつつあり、逆にいえば、世界全体が、近代兵器による軍事化の道を急速にたどっていることを意味するわけです。核兵器から「近代的」な拷問技術にいたるまで、暴力体系の「近代化」がピラミッドの底辺にまで拡散し、浸透している。

したがって第三に、従来とかく軍拡や軍縮の議論の枠組みをなしていた一と二のレヴェルだけでは、問題の把握のためにいちじるしく不十分であることが分かります。つまり垂直的な関係と水平的な関係との両方を重ね合わせて、それが世界全体としてピラミッド型のハイアラーキーをつくっていることを認識しないと、重要な問題が見落されてしまうわけです。水平的な関係だけに即してみれば、国家間の緊張緩和が必要である、そのためには互いの不信をなくすことが必要であるという発想――専門家の用語でいう「アクション・リアクション・モデル」のレヴェルでの緊張緩和という発想――になるのですが、しかし垂直的な関係を入れてきますと、そこには明らかに支配、従属、抑圧、格差といった問題があり、それは不信をのぞけば緊張が緩和するといった問題ではないのです。現実に支配・従属関係を変革することなしには、問題は解決しない。その意味で、米ソ関係だけを軸にした軍縮論は、今日の軍縮論としては不十分だということです。

第四には、緊密にリンクして一つの巨大なピラミッドを形成しているこの軍備体系の全体の重みがかかっているのが底辺であって、結局、第三世界の民衆の肩の上に最後のしわが寄っている、そういう構造として全体をとらえる視点がえられます。今日の軍備体系をわれわれがどういう視点から批判的に認識するかというときに、もちろんいろいろな視点がありうるのですが、しかし世界全体を一つのシステムとして考えた場合に、最大の被害者がこのレヴェルにあるということを明確に認識しておく必要があると思われます。

しかし他面、第五に、問題がそこだけにあるわけではなく、それぞれのレヴェルに固有の重要な問題があるということが分かります。

第一のレヴェル、つまり軍産複合体というのは、第三世界への重圧という点での問題性をもつと同時に、それと並行して、先進国、つまり米国や日本、あるいはソ連という国において「民主主義」とは何であるのか、先進国がほんとうに〝人間の顔をした民主主義〟の社会になるために、はたして軍産複合体の存在は許されるものなのかどうかという問題を提起している。これは第三世界への抑圧移譲という問題とは一応別に、われわれ自身の問題として解かなくてはならない課題なのです。

次の第二のレヴェルは比較的わかりやすい。つまり、先進国自身の安全と平和を、とくに核軍備競争がきわめて危険な状況を生んでいるという条件の下で、いかにして確立するかという問題がここにあります。

第三の軍備移出網レヴェルにあるのは、まさに現在の先進国と途上国との間の、支配のシステムと抵抗の動きとの接点です。このレヴェルで、兵器の流れをめぐって、南北の国家間の格差と相剋とが現われており、そうした緊張関係を介して近代兵器の第三世界への拡散、つまり地球全体への拡散が急速に進んでいる。これとどう取り組むかという問題がここにあります。

第四のレヴェルは、途上国間の平和と安全の問題であると同時に、また旧植民地支配国、あるいは先進国に対して、国際的な平等と民族の解放を主張してきた第三世界の国々が、自分自身が地域的ヘゲモニーの担い手になる危険をいかにして防いでいくかという問題を提起しています。

第五のレヴェル、これは世界の最底辺との接点です。世界人口の三分の二を構成する途上国の民衆が、世界の軍拡と軍備体系で支えられた世界政治の構造の最大の犠牲者になっている。しかもこの人々の多くは、抑圧体系の下におかれ、抗議の声さえあげられない状態にある。あるいは軍拡に抗議する以前に、まずどうして生存するかが最大の問題になっている。この人々がいわば「世界のサイレント・マジョリティ」なのです。その人々の人間としての権利を、いかにして確立するかという問題が、ここにあります。

世界の軍備体系を五つのレヴェルに即して見たわけですが、それではこの軍備体系のもとで実際に誰が殺されているのか。一つには、第四のレヴェルの途上国間の戦争で死んでいる。この場合も、厳密な数字はわかりようもないわけですが、正規軍の死傷者よりも、戦争に巻きこまれたり難民化して死亡する民衆の数のほうがはるかに多いことは想像にかたくない。もう一つ、抑圧的な途上国の政治システムの下で、四億をこえる民衆が飢餓や栄養失調に苦しんでいる。このうち年に数百万は餓死しているといわれる。これはいわゆる「構造的暴力」の犠牲者ですが、この暴力構造を支えているのは、やはり軍や警察といった「直接的暴力」の体系で、この二つの暴力は不可分に結びついているのです。こう見てくれば、世界の軍備体系によって実際に殺されている人びとはこの第五のレヴェルに集中していることが分かります。

このように、五つのレヴェルのそれぞれに固有の重要な問題があり、それがまた、全体としてリンクして一つの政治システムをなしている。そしてこの軍備体系の構造に着目する場合に必要なことの一つは、軍拡とか軍縮という問題を、政治の問題として考えるということです。これは単なる兵器というハードウェアの問題ではない。軍備体系という一つの政治システムの問題だということをはっきりさせ、いったい誰が、何のために軍備を維持、増強、移出しているのか、その受益者と犠牲者はどこにいるのかということを、たえず明確に識別していくことが必要だと思います。

もう一つは、軍拡や軍縮を人間の問題として考えるということです。それはとくに軍拡の犠牲者との関係においてです。いったいこの兵器で誰が死んでいるのか。先進国の人間は兵器を開発し生産し輸出しているが、その兵器でほとんど死んでいない。だが、この兵器で殺されている人々が別のところにいるという事実について、われわれはどう考えるのか。これは単なる政治的な問題ではなく、われわれの、人間としての感受性の問題です。この感受性が欠如していると、自分に直接の危険が及ばない限り、まああまり気にしないでいいといった反応で話が終わってしまう。そうではなく、一見遠く見えるところで死んでいる人々のことを、われわれが人間としてどう受けとめるかという問題として、軍縮の意味をとらえる視点が必要だと思うのです。

（『軍縮の政治学』岩波新書、一九八二年）

2　何が軍縮を妨げたのか

一　失敗の歴史——その起点

現代の軍備体系や軍縮の問題を五つのレヴェルに即して考える必要があると言いましたが、戦後の歴史をふりかえってみますと、まず、二と一のレヴェルで軍縮の議論がはじまりました。これまで何度も言いましたように、このレヴェルだけを考えたのでは不十分なのですが、しかし、ここに最大の軍備が集中していることは明白ですから、少なくともそこからはじめることは当然です。第三世界の軍備競争に話をそらしたり、あるいは第三世界に近代兵器を拡散しないということから話をはじめるのは不当であるという意味で、やはり一と二、とくに二のレヴェル、つまり核軍備競争などに端的に見られる大国間の軍備競争の問題からはじめるべきだと思います。

そこで、戦後四〇年余り、米ソ関係での軍縮について、議論は重ねてきたにもかかわらず、なぜ実現しなかったのかという問題になるわけですが、そこにはもちろん、いろいろな理由があります。前にも言いましたが、たとえば第一の軍産複合体のレヴェルに明らかなように、軍備競争にはさまざまの政治的・経済的な既得権益がからんでいます。しかし、そのことはいちおう別にして、現実に核軍備競争を放置しておくことは危険だという認識もあって、軍縮に関する交渉が行われてきたことは確かです。ですから、何もしなかったわけではない。にもかかわらず、それが成功しなかったのはなぜかということになりますと、そうした国際的な交渉のレヴェルでこの問題に取り組んできたときのアプローチに問題があったのではないか。それは政策決定者のアプローチに問題があったということだけではなくて、さらにそれの理論的な基礎を提供した戦略理論とか、あるいは軍縮理論のアプローチにも問題があったと考えざるをえないのです。

そこで、そういう意味での失敗の歴史をしっかり検討しておく必要があります。ただし、ここでは戦後の軍縮交渉史を詳述することが目的ではありませんので、問題点の脈絡を明らかにするのに必要な限りで、ふりかえってみたいと思います。

第一に、第二次大戦直後の時期には、軍備競争に取り組む場合にも、軍縮という目標は正面から目標として取り上げられていないという問題があります。これは、第一次大戦が終わって国際連盟が発足したとき(一九二〇年)と大きな差異をなすのですが、この点は国際組織を論じた本にたいてい書いてありますから、要点だけ申しますと、第二次大戦後の国際秩序については、五大国(米英ソ仏中)が協力して世界秩序を管理するという発想であり、その場合に、軍備を減らすことは、必ずしも優先順位の高い課題ではなかった。一つには、戦間期の経験の影響があります。たとえばワシントン条約という形で軍縮が行われたことがあった。しかしそれは、戦争の防止には役立たなかったのではないか。だから、必ずしも軍縮それ自体がプラスなのではないという考え方があったのです。これが「歴史の教訓」の学び方として妥当であったか、そこに短絡がなかったかは、議論の余地がありますが、ともかく、こうした考え方がかなり受け入れられた。

また、そういう消極的な理由だけではなくて、もう一つには、ナチズム、ファシズム、日本軍国主義に対して勝ったときに、五大国その他の連合国には、自分が正義であるという非常な自信があったことが挙げられます。たしかに民主主義を救ったわけですから、その自負と自信には理由もあるのですが、そのため、いわば正義の具現者として五大国が世界秩序の管理者になるということについて、それを当然だとして容易に正当化しやすいという傾向が見られた。したがって、世界の秩序を正しく管理していくためには、五大国が強力であることがむしろ望ましいわけで、軍縮は主要な目標とはされなくなった。再びナチのような勢力が台頭してきた場合に、それを実力で封じ込めることができる条件を備えることのほうが重視されたわけです。

といって現実には、いろいろなレヴェルで軍備の縮小が行われなかったわけではありません。一つには、戦勝国である連合国で、復員という形で平時の規模への軍備の縮小が行われた。しかしこれは、戦時に異常にふくれ上がった軍備の平常化というだけであって、平時の軍備そのものをできるだけ縮小するという意味の軍縮とは別であったのです。

第二に、局地的に徹底した非軍事化が行われた。つまり敗戦国である日本とドイツに対して強制的軍縮が行われました。これはたしかに非常に徹底した軍縮でしたが、普通いわれている軍縮とは性質が違う。要するに、旧敵国に対する制裁的・懲罰的な性格が強い。ということは、逆にいいますと、それらの国が悔い改めたならば、つまり何らかの意味で改革されたあとには、また軍備をもって国際社会で復権することを必ずしも本来的に排除してはいないものだったのです。日本の場合にはこの要素とは別に、日本の国民自身が日本の憲法のもとでの非軍事化に積極的な意味を認めたという条件が加わりますから、その後、米国のペースだけで事が運んだわけではないのですが、西ドイツの場合は、西側連合国のほうで再軍備を認めれば、すぐ再軍備するという反応が出てきたわけです。その意味で、これは「非軍国主義化」ではありましたが、軍縮とは性質が違っています。

第三にとられたのが、核管理をめぐる政策です。つまり、米国が核兵器を開発したのを受けて、この兵器をどうするかという問題が起こった。一九四六年の第一回の国連総会で原子力委員会が設置されるのですが、それはいかに核管理問題が切実であったかを物語っています。この問題についてさまざまの提案がなされますが、米国側から出されたバルーク案は、すでに存在する核兵器の軍縮ないし廃棄ということよりは、核兵器を持たない国をどのようにして持たないままにしておくか、に力点がおかれた。つまり、持たざるものの現状維持によって核兵器をふやさない、という意味の軍縮が主眼で、唯一の原爆保有国である米国の原爆製造停止や廃棄には必ずしも重点がないわけです。

このように、当初からの議論も、また当時とられた政策も、本来の軍縮とは違った性質のものでした。したがって、その後、米ソ対立が激化しますと、ただちに再軍拡を開始することになりましたし、またそれに対応するアプローチとしては、軍縮ではなくて、いかにして軍備の危険を抑えるかという、軍備規制ないし軍備管理の発想しかなかった。つまり、軍備があること自体がマイナスだという考え方は、そもそもはじめからないわけですから、存在や保有がいけないのではなくて、それの使い方に注意する必要があるというアプローチになる。

軍縮と軍備管理との違いは、軍縮という場合には兵器の生産や保有そのものを削減し、あるいはそれを廃棄することを指すのですが、軍備管理という場合には、兵器の開発、実験、配備、使用など、要するに兵器の運用の仕方を規制するのにとどまるわけです。ですから結局、軍拡か軍備管理かという選択肢だけが提示されるという形で、選択の枠組みにはじめから制約があったといえます。

このように、五大国が他の国より強力な軍備をもつことによる世界の安全保障という発想、つまり五大国の軍事的な優位が平和と安定を保障するという考え方が基礎にあることの結果、五大国間に不一致や対立が生じた場合、大国中の一国、たとえば米国が、他の国、たとえばソ連に優位に立ちうるような軍備をもつことが、自国のみならず世界の平和と安全を保障するという考え方には紙一重で連続してしまうことになります。したがって、戦後たしかに「軍縮」をかかげた提案や交渉が何度となく行われましたが、その多くは、プロパガンダか、それでなければ、相手方により多く「軍縮」をさせることによって、自分の側が優位に立ち、自分の側がより多く軍拡をしたのと実質的に同じ効果をあげることを狙った政策であったのです。そして相手に対する優位を相互に追求する限り、軍縮に失敗し、軍備競争をもたらすのは不可避だったわけです。

それに加えてもう一つ、大国による秩序管理というこの方式は、核兵器の出現より以前につくられたため、核時代には十分対応できないという問題を内包していました。つまり、仮に五大国が一致団結している場合でも、国際秩序の攪乱者に対して核兵器を行使するということは、それ自体が大量殺戮であり「人道に対する罪」になるはずです。いわんや、五大国が分裂・対立した状況で核兵器を保有したり使用したりすることは、人類の生存そのものを脅かす。こうした矛盾を生じたのは、要するに核時代に適合し、核時代を先取りした戦後平和維持構想が準備されていなかったことに起因するのです。

そこで、戦後実際に行なってきたことは何かといえば、とにかく核兵器が生まれてしまったという既成事実を前提にして、それを追認し合理化していくということでした。この合理化の営みには二つあります。

一つは、それを積極的に合理化しようとする試みで、一連の核戦略論がそれです。その中心的関心は、核兵器を戦争の手段として、したがって政治の手段として、意味のあるものにするにはどうすればよいか、換言すれば、どうすればこれが使える兵器になるか、という点にあります。たとえば、ダレス時代の「大量報復戦略」とか、あるいはキッシンジャーが一九五〇年代の半ばに提唱した「限定核戦争論」とか、いろいろな形で、とにかくできてしまった核兵器を戦略的合理性と政治的有用性の枠組みにどうしておさめるか、ということに知恵をしぼったのですが成功しなかった。そこで結局、核兵器の使用の合理化は一応断念して、使わずに効果をあげる「抑止」という観念で核兵器の存在を合理化しようとすることになった。

それからもう一つ、既成事実としての核兵器の消極的な合理化、これが軍備管理《アームズ・コントロール》論です。これは核兵器の実験、保有量、配備など、その運用の仕方をなるべく制限・管理していこうというアプローチですが、軍縮でなくて軍備管理を主張することを合理化する根拠としては、結局のところこれも抑止、とくに相互抑止という発想に収斂していく。

そこに共通に見られるのは、本来の意味での軍縮という選択肢は、はじめから断念ないし排除されていることです。そのことの結果、軍備管理、あるいはそのための交渉という名のもとに、実は軍備競争、つまり軍拡がかえって促進されることになる。その意味で、一見「現実主義」的なこのアプローチが、軍備管理を達成する方法としても、実は非現実性を帯びることになります。この点は重要ですから、もう少し検討しておきたいと思います。

二　「抑止論」の矛盾

結局、こういう一連のアプローチに共通に見られるのは、本質的に事後的な合理化だということです。すなわち、軍縮された世界のイメージを先取りして、そこから軍縮の方向に政策を構想するという、先取りの理論と政策が欠落している。だから、いつも現実が先行してしまう。軍備管理をめぐる交渉の場合にも、実際には兵器の「進歩」と開発が先行し、軍備管理交渉が後追いをするというパターンが支配的なのです。

しかも、さらに話を複雑にする要因として、きわめて局部的な先取り的アプローチだけが時々現われてきて、かえって事態を悪くし、軍縮をいっそう難しくするのです。そこには、事態を放置しておいたら危ないという危機感はたしかにあるのですが、その底にある発想が一面的であるために、問題解決をかえって難しくしてしまうのです。

そうした局部的先取りが最初に現われるのが、前にもふれた一九四六年の米国の核管理案です。つまり米国が核兵器を開発したが、早ければ五年後にはソ連もこれを開発するだろうという、危機感にみちた一種の先取りがなされます。そこで出てきたのが、核兵器の開発・生産を防止するために、核物質の所有や処理の国際化まで含めて徹底的に国際管理体制を強化しようというアチソン＝リリエンソール報告で、それをふまえて、管理体制をさらに強化したバルーク案が国連に提出される。これを善意にとれば、核兵器開発のもたらす危険の芽をいまから摘むためには、徹底的に国際管理を強化しなければ世界は破滅する、そういう危機感からこういう案を支持・推進した人もあったといえます。たとえば、オッペンハイマーのように核兵器開発に関与して心を痛めた物理学者などのなかには、善意であればこそ厳格な国際管理体制を提唱した人があった。しかし、それが善意の主張であれ悪意の提案であれ、現実に核兵器や核兵器開発技術を持っているのは米国だけという状況で、他の国には核開発能力を認めないということは、米国の優位を固定化する以外の何ものでもないという政治的な効果をもつこと、これもまた、動かしがたい事実であるわけです。ですから、ソ連がこれを拒絶したのには理由があった。この場合、一国だけが核兵器を持っているという条件の下で、世界の他の国々の核兵器開発能力を事前に根絶するような、徹底した、しかし一方的な先取り的アプローチが、かえってソ連側の対米不信を強め、米ソ対立を激化する効果しか生まなかったのです。

次にまた同様な問題が出てくるのが、一九六一年に米ソが合意して発表したマクロイ＝ゾーリン声明と呼ばれる、全面完全軍縮の原則に関する米ソ共同声明です。これは、一九五九年のフルシチョフの全面完全軍縮提案、それへの西側の対案などをふまえて作られたもので、米ソが合意して全面完全軍縮を提言したのは、戦後はじめてのことでした。それまでは、国連での交渉の前提は必ずしも軍縮ではなかったわけですから、その意味では、この世界全面完全軍縮の先取り提言はたいへん画期的な出来事でした。

ところが、それにつづいて米ソが具体的な条約草案をそれぞれに提案し、いったん議論がどのようにして全面軍縮を政策化し協定化していくかという点に及びますと、交渉が行き詰まってしまった。この場合とくに米国側が強力に主張したことは、スウェーデン代表として当時軍縮交渉にあたったミュルダール夫人も指摘しているように（『正気への道』I II、岩波現代選書）、いかにして軍備管理を徹底させるか、軍縮を進めていくすべての段階で、いささかも相手側に違反がないような、水ももらさぬ管理体制をどうしてつくるかという点だったのです。削減した軍備の査察検証だけでなく、まだ保有されている軍備の国際管理さえ要求する案だった。つまり、全面完全軍縮という全体的な先取りの方針が、完全国際管理体制の確立という局部的な先取りに一面化されてしまった。そうなれば、これに対してソ連側から、スパイとか内政干渉とかのおそれを理由とする反対が現われることは見えていた。こうして、全面完全軍縮という、原理的には正しい政治的なシンボルが、現実にはかえって相互不信を助長するという結果になってしまったのです。

その上、この全面完全軍縮案は、「均衡のとれた軍備削減」という表現にも見られるように、圧倒的な優位に立つ二つの軍事超大国が合意をして「均衡」を保つ半面、その優位を崩さないで世界中の刀狩りをするという側面ももっていたものですから、世界に対する米ソの一種の「共同支配」の確立という含みも免れなかったのです。

同じように未来の危険を局部的に先取りして軍備管理体制を固めようという動きがもう一度出てきます。それが核拡散防止条約です。これは、核保有五大国以外に核兵器が拡がらないようにする先取り的・予防的な管理体制であり、たしかに拡散するよりしないほうがいいのですが、しかし同時に、核保有国の既得権益や優位を維持するための管理体制だと見られてもしかたがない。これも本来核軍縮の問題とすべきことを拡散防止という局部的先取りに一面化したために、非保有国の反発が強まっているのが現状です。

このように見てきますと、この三つのケースは、はじめは一国で、次は二国で、その次は五国が中心になってと変化しますが、共通することは、核を保有してしまった国が国際秩序の管理者になって、他の国の核兵器や軍備についてできるだけ予防的に刀狩りをするという発想です。ですから一見先取り的な構想も、こうした一面的なアプローチのために、結局は既得権益擁護のイデオロギーという性格を強くもち、劣位に立つ側に不信と不満を高め、本来の世界軍縮とはとうてい結びつかないという結果に終わるのです。

ですから、レトリックだけを見ますと、きわめて先取り的な面があるのですが、現実の政治的機能は非常に現状維持的であり、既得権益擁護の機能しか持たない。そうなると、ますます「全面完全軍縮」

とか、あるいは「核軍縮」というシンボルに対する不信感やシニシズムが一般に強くなるわけです。そして、そのことの帰結として、「軍縮」をまともに取り上げることを妨げ、軍備管理のほうが現実的だという現実追認的な立場を、心理的に補強する効果を生じたりする。一見先取り的な政策が、本来あるべき先取り的な軍縮の構想をかえって難しくしてしまうわけです。

既成事実の追認と合理化のもう一つの例は、「抑止」論です。前に言いましたように、核戦略と軍備管理との双方が収斂していった点が「抑止」とくに「相互抑止」なのです。つまり一方的に相手が手も足も出ないように抑止するのは不可能だし、そうした戦略は相手に過剰な恐怖を与えるので、かえって危険でもあるから、そうではなく相互に攻撃を抑止する関係をつくれば、均衡が保たれるはずだというイメージです。ところが現実を見ると、「相互抑止」によって、戦略体系や軍備管理体制に安定を確保しようとするアプローチは、結果的には軍拡と軍備競争を促進し、軍縮とは逆の効果を生み出してきた。そこに矛盾があるわけです。

この相互抑止論の矛盾ないし誤謬については、いろいろな観点から批判が成り立ちます。ここでは私なりに批判の一つの視点を述べますと、この相互抑止論というのは実に奇妙な論理なのです。つまり抑止という以上、自分の側から核兵器を使って攻撃をすることはしない、その意味で自分の側は現状維持だという立場ですね。ただ問題は、もしかすると相手は核兵器を使って攻撃してくる可能性がある、だから自分も核兵器を保有して相手を抑止しなくてはいけないという論理なのです。換言すれば、自分は百パーセント現状維持であるが、しかし相手は現状維持でない可能性をもっているという立場をとる二つの国がセットになっているわけです。ところが相互抑止という関係がセットとして成り立つためには、こうした両者の立場が互換可能でなければいけない。

つまり、両者が、それぞれバラバラに一方的抑止の戦略をとっているのではなく、両者が一つの組み合わせを構成して相互抑止という関係において安定するという以上は、相手の政策も百パーセント現状維持であるということを相互に認めていることが前提になるわけです。何しろそれぞれが百パーセント現状維持であるのですから。だが、もし互いに攻撃の意思が全くないということが相互に認識できるのであれば、なぜ軍縮の合意ができないのか、なぜ大量の核兵器を持たなければならないのか。もし大量の核兵器保有が必要だというなら、相手が百パーセント現状維持だとこちらが認めていないということであり、相手もこちらが百パーセント現状維持だと認めていないということであり、要するに安定した相互抑止など存在していないということになるのです。

ということは、相手の政策も現状維持であるとは互いに認めていないという関係でしかないということなのです。ということになりますと、万一、相手が現状維持でなく攻撃を仕掛けてきた場合を想定するという論理に移るわけです。これはもはや相互抑止ではなく、それぞれが一方的に抑止を企図しているだけのことです。

一方的に抑止を企図するということになりますと、結局、相手が攻撃をしても決して割が合わないような態勢を、こちらがあらかじめ整えておかなくてはいけないということになる。つまり、相手にこちらの軍事力が過小評価されないようにする必要がある。ということは、相手の軍事力よりもこちら側の軍事力を優越させておく必要があるということになります。しかし、相手側も同じことを考えるわけで、こちらが軍事力を増強すれば相手側もふやすという悪循環がつづくことになります。シーソー・ゲームの形でたえず相互に優位を追求するという軍備競争や軍拡のパターンと同じことになる。それは要するに、抑止をするためには相手に相当程度の脅威を与えることが論理的に必要であるからです。

一九七八年一月に、日本の金丸防衛庁長官や栗栖統幕議長が、抑止は専守防衛とは併存しがたいもので、抑止のためには相手に「侵略する気を起こさせないような脅威を与えること」が必要であるとか、「戦史はいかなる戦争においても攻撃のみが勝利を獲得しうることを示している。……何時、基地や策源〔地〕がやられるかも知れぬという心理的拘束力を与えない武器は、先方の攻撃企図を未然に防止する効果に乏しい」と述べています。この考え方は「抑止」の本質をよく表わしています。「抑止」というと一見、言葉の語感からして純粋に受動的・防御的であるかのような印象を与えますが、実際は相手に脅威を与える政策になるのは、論理構造として当然の帰結なのです。「抑止の正体見たり」というべきでしょう。ですから、抑止による軍備管理、あるいは抑止のための軍備管理は、軍拡を促進し、軍縮をますます困難にするだけではなく、米ソの交渉の成果の乏しさが示すように、実は軍備管理さえも容易に達成できないという結果を導くわけです。

これまで述べたのは、抑止や、軍備管理の論理的構造上の問題点なのですが、それに加えて、抑止戦略とか軍備管理という主張が戦後なされてきた歴史的過程をふりかえってみますと、そこにもう一つ別な問題が見えてくると思います。たとえば、現在では「抑止によるバランス」といった「相互抑止」的な通俗的なイメージが流布されていますが、厳密にいえば、戦後長い期間にわたり、一方的抑止の時期がつづいたのです。つまり、まず米国による核兵器独占の時期があり、その後ソ連も核兵器を開発したにせよ、米国のほうが圧倒的に優位である時期がつづいた。少なく見積もっても戦後一五年間はそういう時期でした。ですから、これは戦略用語的表現でいえば、米国による「一方的抑止」の時期だった。それに対して後発の国であるソ連が、対抗的に軍備を増強したことによって、ようやく米国も、六〇年代になって「相互抑止」などという言葉で一種の対等性を認める状態にまでなったのです。

ということは、あとから追う後発の国にとっては、たえず軍備を増強することによってしか、米国がいう「相互抑止」という名の対等性にも到達できなかったということなのです。ですから戦後のソ連にとっては、軍拡が、また軍拡だけが、曲がりなりにも対等性と安全とを獲得することを可能にしたという意味をもつ。したがってこの場合、軍拡はソ連にプラスの価値と評価される危険がある。前に、米国はソ連にはるかに優位している時期にソ連との協調を図るべきだった、ということをいいましたが、ソ連が、別に米国に比肩する軍事力をもたなくても安全だと判断できるような米ソ関係なり国際環境なりをつくっておけば、こうした危険は減少できたはずです（こうした国際環境を、のちにソ連側からつくることになる点については、「4　地球不戦時代を創るとき」参照）。

ここで非常に微妙なのは、どこまでいけば軍拡がプラス価値からマイナス価値に転化すると自覚されるか、そのケジメが、こういう経験をもった後発国には難しいという点なのです。

三　「抑止」という名の抑圧

これは一般的に後発国の問題として、軍事の分野だけでなく、他の分野にも広く見られます。「追いつき追い越せ」というのは経済発展の場合によく言いますが、どこまでが「追いつき」で、どこからが「追い越せ」なのかは、指標に何をとるかによって、それほど明確ではないのです。経済の場合でも必ずしも明確ではないのですから、いわんや政治や軍事のように心理的要因の比重が相対的に大きい分野では判定が難しい。そうすると、まだ追いつきだと思っているうちに、現実には軍事のある分野では追い越してしまうことも十分あり得るわけです。ソ連の中距離核ミサイルＳＳ20などはその例です。にもかかわらず、たえず追いつき追い越す努力をしなければ、またいつ大きく差をつけられて不利になるかわからないという心理と認識とが持続するのです。

ですから、「相互抑止」などというと、ある均衡状態で静止あるいは安定したようなイメージを与えがちですが、歴史的現実はそうではなく、後発国が必死に追いついていくプロセスだったのです。したがって、そのプロセスのもつ勢いとか運動量のような要因の力が加わっている。そのことが、「相互抑止」などと呼ばれる国際関係がいちじるしい不安定性を免れないことの歴史的な背景をなしていると思います。

米国の側では、米国が強い軍事力をもつことによって、ソ連にうっかり手出しをしてもだめだということを学習させるのだといって、その対ソ優位追求政策を正当化することがよく行われたのですが、これは逆の学習効果を生んだと思われます。その後、とくに七〇年代の末に、ソ連のほうが米国よりも軍拡の規模やスピードの点で上をいっている、といった議論が西側に出てきた。正確な情報が得にくいので断定は難しいのですが、ソ連がかなりの規模とスピードで軍拡をつづけたことは間違いない。ただ問題は、それをどう見るかということです。つまり、軍拡がプラス価値だったというソ連の学習経験のもつ危険性をのぞくためには、ソ連の側で長年の学習で身につけた発想を変えることが必要であると同時に、西側でも従来の行動様式を変える試みが必要だという面があります。ところが八〇年代に入って米国は、この事態に対して、またしても絶対的優位追求政策に回帰しようとしたのです。

次に、ソ連という後発国の場合には、そういう軍備競争の過程で、アメリカとのある種の対等性《パリティ》にたどりついたわけですが、ソ連以外の後発国の場合には、それはほとんど不可能に近い。その場合には、超大国による一方的抑止という脅威に当面しながら、最大限に「追いつけ」という激しい運動のプロセスがつづくわけです。そうした後発国のなかで比較的出足が早かったのが、後発核開発国としてのフランスと中国でした。

それ以外の後発国は、せめて平和利用で追いつこうとしており、当面は核の「平和利用」という形の核拡散が進行しています。これらの国の場合、仮に核兵器を開発しても、米ソとの格差はもとより、フランスや中国との差も容易に埋められるものではない。しかし格差が埋まらなくても、核拡散はそれ自体重大な危険です。また「追いつく」ために無理をすることは、後発国の政治的・経済的発展にヒズミを生じる。それも重大な問題なのです。つまり、この場合は「追いつく」ことではなく、追いかけるプロセス自体が問題を生むのです。

このような格差構造を後発国の視点から見れば、「抑止」というシンボル、あるいはそういうシンボルを掲げて実際にとられている政策や戦略は、先発国の優位や支配の固定化であるというイメージが明瞭に結ばれてくる。つまり、現時点での米ソ関係だけをとれば、「抑止」という観念は水平的・対称的な関係を指すものととらえられるのですが、米ソ関係でさえ歴史や時間の要素を入れてきますと、非対称的な関係が浮かび上がってくる。この点をさらに延長しますと、フランス、中国から、さらにはインド、ブラジル等々というふうに第三世界へと連続していく。この文脈のなかでは、「抑止」は対称的な関係での戦略の問題ではなくて、実は「抑止」という名で世界大の支配抑圧の体系が支えられているのだという受取り方が、第三世界の側に出てくるのも理由があるというべきです。

一九七八年三月に私が出席したインドでの軍縮についての国際会議で出された声明には、「抑止」とは抑圧の戦略だというとらえ方がはっきりと出ています。こうした見方を明確に打ち出したのは、これがおそらく最初ではないかと思います。前に五つのレヴェルを結ぶ軍拡の政治構造を指摘しましたが、

「抑止」もこの構造の文脈のなかにおいてみると、通俗的なイメージとはその意味が違ってきますし、同様に、歴史的展望のなかにおいてみると、これまでとは違った新しい意味が加わってくることに注意する必要があります。

七〇年代に、米ソの水平的な関係ではデタントといわれながら、私のいう「デタント型軍拡」がつづいていたのはなぜかといえば、結局、前述した五つのレヴェルのなかの三つの垂直的関係、つまり軍産複合体の支配、軍備の国際移転による支配、途上国内の抑圧的支配が、軍拡の主要な要因になっており、したがって軍縮の主要な阻害要因になっていたからだといってよいと思います。途上国の政治的影響力が増大しているとはいえ、第四のレヴェルとして挙げた第三世界内の軍備競争も、兵器を供給している先進国が第三世界を分割支配する政策をとっていること、つまり垂直的な支配の体系を維持・補強する政策をとっていることの結果だという側面を、今でももつことは否定できないでしょう。

このように、軍拡の世界全体への貫徹と、支配・従属体系の世界全体への貫徹とが並行して進んでいるからこそ、その反面、この世界的支配構造全体への挑戦も生まれてきている。たとえば「新国際経済秩序」とか「新世界情報秩序」の要求が、ピラミッド型の世界的ハイアラーキーに対する抵抗の戦略の現われであることはいうまでもありません。

そこで問題は、一体いかにしてこの支配・従属体系のピラミッドを切り崩すことができるのかという点に集中されてきます。そしてここに、対照的な二つの選択肢が出てくる。一つは、途上国もソ連と同様なコースを選んで、軍拡によって先進国との対等性を追求し、その結果、世界を全面的に軍事化するか、あるいは逆に、先進国の軍縮によって、途上国も軍拡をせずに自立性を獲得し、こうして世界の全面的軍縮や非軍事化を実現するか、どちらを選ぶのか。そういう岐路にいまわれわれが立っているといって過言ではありません。

その点で、一九七八年の第一回国連軍縮総会開催の提案が、非同盟首脳会議から出されたことは、重要な意味をもっていたと思います。そこには、ひと昔前の、たとえば一九五五年のバンドン会議の時代の中立非同盟勢力とはちがう点があります。

つまり五五年当時のように、単に東西対立の局外に第三勢力として立ち、また中立主義勢力として東西緊張緩和に寄与するという立場とはちがうのです。その場合には、東と西という二つの軍事的ピラミッドの存在は、依然として前提になっていた。ところが、七〇年代にはじまったのは、東西をふくめた先進国優位のピラミッドを壊そうという作業です。そして非同盟首脳会議の参加国のなかには、産油国のように経済力のある国もあるし、近代兵器で武装しはじめている国もあるし、核開発能力をもった国もいくつもある。そういう国々が、いままで世界の暴力体系をほとんど独占してきた先進国に対して、軍縮をするのかしないのかという通牒を突きつけたといってよいと思います。もし先進国が軍縮をしないならば、それらの国々の多くが軍拡をするという能力を持ちはじめている。その意味でバンドン会議のときとは状況が変わったのです。

これは世界にとって一つの重大な岐路でした。それだけに第一回軍縮総会を受けて、米ソを中心とする軍事的先進国が本気で軍縮に取り組まなかったことは、重大な選択でした。つまり、これは第一の選択、換言すれば世界中が軍事化するという、非常に危険な逆ユートピアへの選択という意味をもったからです。そして事実、一九八二年の第二回軍縮総会の時までに、米ソを中心とする先進国の軍事化と、途上国の軍事化との双方とも進行してしまい、第二回軍縮総会は第一回総会ほどの成果もあげることができないで終わりました。世界は第一の選択の深まりへと、さらにのめり込んでしまったのです。

四　軍縮のイニシアティヴを

では、このような世界的軍事化をくいとめて、第二の選択肢に転換する道は何かというと、ある意味では非常に単純なことですが、一つは軍事大国が軍備の削減を実際に開始することです。軍備管理の名のもとに軍備増強をすることをやめて、軍備を現実に削減する行動を開始する。しかも、それを早急に開始することです。他方ではそれに対応して、後発国の側で軍拡を自主的に抑制する。少なくとも軍備をモラトリアムの状態において、先進軍事大国の軍備削減へと圧力をかけるということです。この二つがうまくかみ合いませんと、危険な事態が起こる。しかも先進国と途上国の双方に、もはや多くの時間が残されているわけではないのです。

そこで必要なことは、先進軍事大国と途上国とが集まって、長々と交渉をして一致点を見つけ出すといったことではない。そういった悠長なプロセスをたどってはいられないような状況が生じているのです。ここで必要なのは、それぞれが自主的、あるいは一方的にいま述べた行動をとることで、それがいちばん現実的です。とりわけ先進軍事大国が、途上国がどうするかとは別に、まず軍備削減に踏み切ることが必要であり、効果的なのです。

もともと、軍事大国間の軍備競争について、どうすればこの流れを逆転できるのかという問題をめぐってさまざまな議論がなされてきたのですが、結局、それに対しては、いわゆる「一方的なイニシアティヴ」と呼ばれる行動の合理性と現実性が、多くの人々に認められるようになってきました。つまり相手方が軍縮をするという確証がなくても、まず自分の側で、ただちに自分の側の安全を根本的に脅かさない限度での、軍備の制限や削減を行い、それを通じて、相手方の軍縮を妨げている要因のなかで、こちら側に属する要因を減らしてみる、それによって相手が軍備削減を行いやすい条件をつくってみる、これが、「一方的なイニシアティヴ」なのです。こうした選択と決断なしには、この悪循環は断ち切れないし、これが最も合理的な選択だということなのです(オスグッド『戦争と平和の心理学』岩波書店を参照)。

ふつう軍縮というと、互いに話し合いをして合意に達し、そこで軍縮をはじめるのが最も現実的だと考えられている。しかし、戦後の長い軍縮交渉が不毛であったという現実に照らして、実はそうしたアプローチは非現実的であり、協定や条約などがなくても軍縮を可能にするアプローチがあるということを理論化したのが、この「一方的イニシアティヴ」の考えです。これが一見非現実的で実はそうでないということは、一見現実的な軍備管理的アプローチが、実はそうではなく、問題を解決しないことが経験的に明らかになるにつれ、しだいに広く認められるようになってきました。

それに、ここで詳しく述べる余裕はありませんが、実のところ、この「一方的イニシアティヴ」という行動なしには、軍備管理さえ達成が難しいのです。また、この理論が「一方的イニシアティヴ」の有効性を明らかにしたということは、その半面で、ではなぜそうしたイニシアティヴがとられなかったのか、誰がそれを妨げたのかという問いを提起します。そして本来こちら側でとりうるイニシアティヴを妨げる要因は、こちら側にしかないわけですから、その意味での軍縮の障害は、実は相手側にあったのではなくて自分の国のなかにあるということを照らし出すことにもなります。そこに軍産複合体とか、あるいは「国内のタカ派」とか呼ばれる勢力が浮かび上がってくる。そして、これにどう対処するかという問題は、前にも述べたように、先進国のなかの民主主義をいかにして確立するかという問題に帰着するわけです。

この「一方的イニシアティヴ」というアプローチは、元来は、米ソ間のような水平的な関係で、問題の現実的な打開の糸口としてその有効性が主張されたのですが、同じことは先進国と途上国との非対称的な関係においてもあてはまると思います。

つまり、軍事大国の側での一方的な軍備削減ということと、途上国の側での一方的な主権の自己制限がそれに当たります。「主権」の論理だけからいえば、米ソが核兵器を持っているのに、なぜ後発途上国は持ってはならないのかという主張には反論が難しい。ですから、先進軍事大国が一方的軍備削減という形で、主権の自己制限のイニシアティヴをとることがまず必要不可欠ですが、途上国の側でも主権を一方的に自己制限するという行動をとらないかぎりは、世界が全面軍事化の方向に走る危険がつねにある。それを防ぐためには、途上国の側でもナショナリズムの絶対化という落とし穴に陥らないようにすることが必要です。それはいいかえれば、先進国が主権国家体系《ステイト・システム》や国家の論理に固執したためにこれまでの歴史で犯してきた誤りをくりかえさない、先進国の轍を踏まないということです。つまり先進国がやってきたのは、長い期間にわたり、国家主権とか国家主義のシンボルのもとで軍備競争や戦争をくりかえし、それで結局は自分たち、ことにその国民が深く傷つくという結果になったわけですが、その歴史をくりかえさないことが肝要なのです。

今日の途上国には、西欧的な価値を当然の前提にはしない社会をつくらなくてはいけないという自覚と努力が、単に政治的・経済的なレヴェルでだけではなく、文化とか、内面的な価値の領域でも見られます。経済発展ひとつをとっても、先進国がたどった経路をそのまま自分たちもたどるということは、もともと不可能ですが、のみならず、それはすべきことではない、なぜならそこには非常に多くの誤りや問題があるからだという考え方です。そこから独自の発展モデル、「オールタナティヴ・モデル」をつくろうという強い要求が出てきています。途上国のなかで新しい社会や社会発展のモデルを考えている人々の側では、その意味で、かなり根源的な発想の脱西欧化の試みがなされています。

ところが、この人たちの多くも、いったん民族国家《ネーション・ステイト》の問題になりますと、西欧と同じ論理をそのまま受け入れてしまいがちなのです。つまり、西欧ではじまった、主権国家から成る近代の国際体系、いわゆる「ステイト・システム」と呼ばれる枠組みをそのまま継承し、もう一回なぞろうとするという点では、きわめて「西欧的」なのです。むしろ西欧の主権国家に対して、同じ主権国家の論理を逆用して対抗するということだけであって、民族国家と国際秩序そのものを、西欧近代の場合とは異なった枠組みにつくりかえていくという発想は、いちじるしく欠落しています。問題は、それで世界の全面軍事化を防ぐことができるかどうか、逆にいえば、世界の全面軍縮のイニシアティヴを第三世界の側でもとることができるかということであり、それが重大な分岐点になると私がいうゆえんです。その意味で、先進国と途上国とのそれぞれが、内発的に自己変革を行うということ、したがって、われわれがまず自分の国のあり方や政策を変えることからはじめること、それが世界の軍縮を可能にするための不可欠の条件なのです。

（『軍縮の政治学』岩波新書、一九八二年）

3　危機の世界史的構造

一　「追い上げ」の力学――現代世界の構造

世界の全体の構造をどのようにとらえなおすかという問題意識は、日本だけでなく、世界的に多くの人々が七〇年代以降いだいてきたことですし、逆にいえば、日本だけでなく、いたるところで混迷が見られました。世界のなかでの、とくに対ソ・対日その他の関係での米国の地位の低下とか、中東などをめぐる資源問題とか、断片的な事実から近年の変動の説明がよくなされたのですが、これでは、全体の説明に不足なだけでなく、そういった局部的な問題の理解さえも誤るおそれがあります。つまり「米国の地位低下」とか「資源問題」が何を意味するのか、その意味をとりちがえると、誤った対応しか出てこないことになります。

ところで、ここまで世界秩序と世界秩序像との混乱が起こってきているような時代には、少し長い目で、歴史を見なおしてみることがどうしても必要だと思います。

そこで、いま仮に近代以降の歴史をふりかえってみた場合に、基本的に何が原動力となって歴史を動かし、歴史的変化を推進してきたかを考えてみますと、強力な社会的要因として、人間の平等化の要求があることは明らかです。それが民族国家間の平等である場合には、「国家主権の平等」という主張となり、集団間の平等の次元では「人種の平等」とか「階級・身分差別の廃止」といった要求となり、個人間では「選挙権の平等」「男女の平等」「私権の平等」などいろいろありますが、おしなべて平等化の要求が一貫している。それをやや角度を変えていえば、先発の者を後発の者が対等性を要求して追い上げていく過程として、近代以降の歴史を見ることができると思います。

たとえば、一九世紀の中頃までを見ますと、世界の支配秩序の中心はヨーロッパにあり、ヨーロッパのなかでは、フランス、プロイセン、オーストリア、ロシアなどが支配秩序の担い手として存在している。非ヨーロッパ世界には、圧倒的に英帝国が君臨している。これらの大国は、大国としての形成の過程で、多くの既得権益の体系をつくった。大国とか帝国というのは、本質的に既得権益の体系なのです。

ここで既得権益というのは、軍事的な優位、政治的な優位、経済的な優位、文化的な優位などいろいろありますが、とにかく自己の優位を支える先発者本位の利益の体系を指すわけです。そして、こうした優位、とくに経済・技術的、軍事的、政治的な優位にもとづく既得権益を他者に先んじて確保した集団が、国際と国内をふくめて、ここで「先発者」と呼ぶものなのです。

一九世紀ヨーロッパの、こうした既得権益の体系に対して、対等性を追求して追い上げていったのが、まずドイツ。このドイツの追い上げが、フランスに迫る時点で普仏戦争が起こり、イギリスに迫っていく時点で第一次大戦が起こっている。そして第一次大戦が終わって、再びイギリスとフランスを頂点にした支配秩序、いわゆるヴェルサイユ体制ができます。ただ、この時点では、もはや英仏だけではなく、一つには米国が上昇してくる。これは政治的には必ずしも国際政治の主役ではないのですが、経済とか金融の面では明らかにイギリスに代わる地位に就き、ここに別の新しい既得権益の体系ができる。もう一つ、ソ連が登場してきます。これも国際政治の主役ではない。しかし明らかに、世界の革命運動の総本山として、英仏優位の支配秩序ではカヴァーできないイデオロギー的アクターが出現したわけです。

この秩序に対して、もう一度追い上げていくのが、ドイツ、日本、イタリアという、いわゆる枢軸国で、英米仏という先発国優位の世界秩序に挑戦して追い上げる。この状況で第二次大戦が勃発する。つまり格差でなくて、格差を縮めようと追い上げていく状況で戦争が起こりました。

第二次大戦が終わって、米ソの優位を軸とした世界の支配秩序ができ、米ソそれぞれが、ブロックという形で既得権益の体系をつくります。しかし米国とソ連のあいだには、軍事的・経済的な落差があった。そこで第二次大戦後起こったのは、ソ連の米国に対する追い上げ、つまり対等性の要求ということです。それがソ連の米国に対する軍事的な追い上げと、イデオロギー的競争を通じての政治経済的な追い上げとの二重映しとして現われる。この追い上げの過程が「冷戦」と呼ばれる危機的な状況です。この場合、第一次大戦、第二次大戦のような全面戦争にならずに、曲がりなりに冷戦の域に食いとめられたのは、全面戦争のもつ危険の認識が共有されたからであり、そこに「核時代」のもつ新しい意味があったことはいうまでもありません。ただ、これは私が以前から強調していることですが、核兵器が必然的・自動的に戦争を防ぐのではなく、核兵器がもたらす破滅的な危険を認識して、核戦争の回避を選択するような理性的な政治システムが東西双方に存在したことが決定的だったのです。逆にいえば、ナチズムのような、狂気やニヒリズムを特質とする政治システムがもし一方にあれば、核兵器は決して戦争回避につながらないことを見落してはならないのです。ナチのような権力であれば、核兵器の使用を辞さない、核兵器の使用による自滅も辞さないという行動をとる可能性は大きい。その場合、核戦争を回避しようとする理性的な政権のほうが譲歩しなければならなくなったり、逆にもうこれ以上譲歩できないということで核戦争になってしまう、という危険が少なくない。このように、兵器ではなく、社会や人間の主体的条件の如何が、戦争か平和かを決する上で、また戦後の米国へのソ連の追い上げを冷戦の域にとどめる上で、決定的に重要だったわけです。

そこで、六〇年代になると、米ソの直接の関係については、軍事的には戦争でなく共存という方式が打ち出されると同時に、発展途上国をめぐる影響力のせりあいにもよく示されるように、米ソ双方の政治経済的な競合関係が激しく展開されることになった。これが「競争的共存」の状況です。第一期を「冷戦」とすれば、これは国際秩序の戦後史の第二期といってもいいと思います。いわゆる「K・K（ケネディ・フルシチョフ）時代」です。

この競争的共存の枠のなかで、ソ連が軍事的にだけでなく、政治経済的に米国を追い上げようとする。そこで一九六〇年代は、二つの体制の経済的な競争がそれまで以上に大きな意味をもつことになり、西側でも東側でも高度成長が追求されます。その少し前の一九五九年七月、モスクワでの米国の見本市に際して、当時のニクソン副大統領がアイゼンハワーの代わりにソ連を訪問したことがあります。ニクソンとフルシチョフとが、米国の展示品を見て歩いた。見本市は、米国側がソ連に対して米国の経済力や消費水準のデモンストレーションをも意図して開かれたわけですから、冷蔵庫、皿洗い機にはじまる米国の家庭の典型的な台所セットが陳列してあった。ニクソンが、米国ではこういうのはどこの家庭にもあるのだと自慢すると、それに対してフルシチョフが、いや、ソ連の台所にはもっと立派なものがあると言い出し、二人で、どっちの台所が優れているかをめぐって論争したという、有名な「台所論争」がありました。これは、双方が台所に象徴される消費生活を含めての経済成長の競争を意識していたこと、とくにソ連が米国を経済的に追い上げることに懸命になっていたことを示しています。そして途上国に対して示す発展モデルの競争が、第二期の一つの特徴をなすのです。

ソ連の経済発展の不成功という現実とは別に、こうした米ソによる発展モデルの売り込み競争の結果、途上国の側での期待水準が急速に上昇します。第三世界の諸国民の間に、自分たちも対等の存在として権利を主張しうるはずだ、という期待がいちじるしく高まることになります。

それは、ひとつに、非植民地化の要求の高揚という形で、民族の政治的対等性を主張し、対等な主権国家としての追い上げを要求するという形をとります。さらにそれは、経済的な平等の要求として現われ、新植民地主義の否定、経済発展の権利の主張が急速に強まっていく。それに加えて、途上国だけでなく、東西ブロックそれぞれの内部で、ソ連と東ヨーロッパ、あるいは米国と西ヨーロッパや日本とのあいだの経済発展の落差を埋める要求をも強めていく。つまり、衛星国や同盟国が追い上げをはじめるという現象です。ここに見られるのは、平等の要求がいかに普遍的であり強烈であるかということです。

つづいて七〇年代、とくに石油危機以降に第三期としての特質が顕著に現われてきます。その特質の一つは、第三世界の追い上げが、もはや対等性の単なる期待や願望の域をこえて、一つの戦略として現実化される点にあります。石油戦略とか、資源戦略とかがそれに当たる。

もう一つ、七〇年代にはっきり現われてくるのは、中国の対ソ追い上げ、ソ連に対する対等性の主張です。もちろん、その根は以前からありましたが、中国は一方で一九七二年の対米接近によって、ソ連圏からの離脱を明確にし、他方、七四年の国連での鄧小平演説で、中国と第三世界との連帯のドクトリンを宣明することによって、先発国ソ連への追い上げを国際的に宣言したわけです。

他面で、もう一つこの時期に、ソ連の対米関係における軍事的対等性つまり「パリティ」という永年の要求が、もはや単なる願望の域をこえて現実と化し、キッシンジャーが米国の優位ではなく米ソの「パリティ」に立脚して交渉せざるを得ないことを認めるまでになります。

こうして、第三世界プラス中国の米ソに対する追い上げと、ソ連の米国に対する軍事的な追い上げとが、七〇年代以降、世界秩序を変革する力として強力に作動するわけですが、実はこの二つがシンクロナイズするところから、かなり複雑な問題状況が生じてきたと思います。

つまり、これまで頂点に立っていた米国は、一方でソ連の軍事的な追い上げや対等性の要求と、他方、第三世界の資源戦略に見られるような追い上げや対等性の主張との二つを、同時にもろに受けたわけです。それに対応して米国がとろうとした方式は、たしかに日本とかECが米国を一面では追い上げてきてはいるが、これはソ連に対する関係での同盟者であり、途上国に対する関係での先進国であるという意味で、米国の側に取り込むという戦略です。そこに米国が七〇年代後半、「同盟国《アライ》」という言葉でECや日本の米国への結びつきを強めようとする動きが生まれた理由がある。そこで「同盟国」という概念の混乱が起こることは避けがたいのです。なぜなら、本来は第一期の冷戦時代にソ連に対する関係で結ばれた「同盟」関係が、この第三期には、いつの間にかもう一つ、第三世界に対抗する関係での「同盟」関係に重ね合わされてしまったからです。

たとえば、カーター政権末期(一九七九年)のイランの米国人人質問題と、ソ連のアフガニスタン侵攻とは性格を異にするにもかかわらず、要するに米国の「同盟国」なのだから、本来日米安保とは関係のないイラン問題についても米国に同調する義務があるかのような言い方で、米国から圧力がかけられた。こうして東西関係と南北関係とを混同させる機能をもつシンボルとして、「同盟国」という言葉が米国側から乱発されることになりました。

このように、西側先進・先発国に対するソ連の追い上げと途上国の追い上げがシンクロナイズしており、したがってその限りで途上国とソ連が利害をともにするという現象が見られた。ここに、西側が「途上国へのソ連の進出」と受け取る現象が生じるという構造が見られました。これに同時並行して、

「覇権主義国」ソ連を追い上げる中国があり、これが途上国の追い上げの矛先をソ連に向けることに成功する限度において、第三世界の分裂、非同盟運動の亀裂が発生し、他面、中国が米国の「同盟者」の役割をはたすことにもなったのです。

こうした追い上げの反面としての「米国の地位低下」という強迫観念が、「強いアメリカ」の夢を追うレーガン政権を生み出したのです。これは米国の弱さの現われと見るべきでしょう。だが、なりふりかまわず一切の追い上げを拒否する米国に対して、既存の世界秩序の修正を要求する勢力は、中国をふくめて、たとえソ連との対立があっても無原則に同調するわけにはいかなくなるのは当然です。

二　加速する「追い上げ」

以上述べてきた近代以降の歴史の波を見ますと、そこにいくつかの注目すべき点があります。

第一に、こうした追い上げの状況は、どうしても緊張や紛争を発生するのが通例なのです。それは、何よりも先発者が、その既得権益を、それの保持が正当性を失っている場合にも容易に放棄しないということから生じます。それに加えて、追い上げていく後発者は、対等性の要求、平等性の主張は正当であるという、自己の正当性を確信する根拠をもっているだけに容易には屈しないし、時には過度に柔軟性を欠くこともある。ともかく第一次大戦にせよ、第二次大戦にせよ、その点からいえば、追い上げていった後発者にも、先発者との関係では一分の理はあったわけです。

一九七〇年代の例でいえば、繊維や自動車の対米輸出をめぐり、日本の経済的追い上げに対して米国側が示してきた反応は、必ずしも合理的ではなく、したがって日本国民は必ずしも納得していない。つまり日本側に相当の理があると考えているわけです。にもかかわらず、米国の既得権益に抑えこまれている。同じようなことは、米ソ関係にもあるわけで、ソ連が対米パリティを主張することに、米国が異常なまでの不信と不安とを示し、ＳＡＬＴ－Ⅱをも棚ざらしにしたことに対して、ソ連が自分の側に相当の理があると考えても無理からぬ点があることは否定できない。日本人は、米日関係と米ソ関係とは、まったく別の次元のものと考えがちですが、共通点もあるわけで、そういう視点から米ソ関係を見ることも必要でしょう。

ともかく、追い上げ状況は一般的に紛争を起こしやすいのですが、それに加えて、追い上げという対等性の要求が単なる悲願ではなくて、先発者を左右し操作する戦略として打ち出されるほど後発者が迫ってきた場合は、とくに危機的な状況を発生するという点が共通に見られます。そこでは紛争が戦争に転化する危険が高まる。それが熱い戦争か冷たい戦争かはともかく、また軍事的な戦争か、「繊維戦争」「貿易戦争《トレード・ウォー》」などであるかはともかく、「戦争」という言葉が人々の口にのぼる状況が発生するという共通の傾向が見られるわけです。

こうした歴史的に共通なパターンがある半面、現代特有の変化も起こっています。その一つは、一九世紀から今日まで約一〇〇年間をとってみると、追い上げの始動の時差はどんどん縮まってきたということです。たとえばイギリス、フランスに対してドイツが追い上げるのに一九世紀の大半が費やされ、二〇世紀前半の二〇―三〇年をかけて、ドイツ、日本などが米英を追い上げた、といった具合に追い上げの連鎖がつづくのですが、一つには先発者の発展開始と後発者の追い上げ始動との間にかなりの時差があった。また追い上げる後発者が、日本をのぞいてまだほとんど欧米に限られていました。

しかし第二次大戦後は、この二点で変化が起こる。たとえば、ソ連が米国を追い上げているときに同時に中国が追い上げ、第三世界も追い上げるといった形で、追い上げが多層的に同時進行する構造になってきています。まずドイツが追い上げて第一次大戦で失敗し、次にまたやりなおす過程で日本やイタリアが同調するといった、一つ一つ波を打っていくようなパターンではもはやなく、いわば地表から地殻まで一時に震動を開始する。換言すれば、後発先進国が追い上げを行う過程で、より後発の国への帝国主義的支配秩序をつくりながら先発国を追い上げるということが難しくなったということでもあります。たとえば日本が、かつてのような大東亜共栄圏をそのまま再現しつつ、米国を追い上げることは、今日不可能です。もちろん、アジアでの日本の経済的支配という問題は今日もつづいていますが、途上国側の反撃能力や追い上げも以前より強まっている。いわゆる「新興工業経済地域(NIES)」や資源戦略がその例です。それだけに状況はきわめて複雑になり、追い上げる者が同時に追い上げられることが珍しくない。そのような多層性において、追い上げ行動が共通に見られるわけです。

もう一つは、以上主として国家間の追い上げについて言いましたが、現代に近づけば近づくほど、国家間の追い上げ始動と、国家内の追い上げ始動つまり国家内の平等化の要求の始動との間の時差も、縮まってきているということです。たとえば、イギリスが先発国として近代化をはじめるのがピューリタン革命から名誉革命のころ、つまり一七世紀です。これでイギリスの市民革命と呼ばれるものの素地ができる。そのあと、イギリスのなかで平等化の要求が大きくもう一度起こるのは一九世紀になってからです。つまりチャーティストといった形で労働者の運動が起こるまでに一〇〇年以上の時差がある。ゆっくり動いているわけです。フランスの場合についても、一七八九年のフランス大革命の時点から、もう一つ次の大規模な波が起こる一八四八年の革命の時まで、そして社会主義運動がはっきり出てくるまでには、やはり約六〇—七〇年の時差がある。またドイツの場合にしても、一八七一年にドイツの統一近代国家としての出発があってから、社会主義運動が体制への危機的挑戦として現われる第一次大戦終結時まで、これも四〇年余の時差があります。

ところが現在の途上国になりますと、細かいことは省略しますが、たとえば六〇年代に反植民地主義的なナショナリズムの運動を示した新興独立国で、すでに六〇年代から、いわんや七〇年代になればほとんどの国で、国内での平等化要求の第二波が重なって出てくる。ですから、図式的にいえば、「民族ブルジョア」がまず独立を達成し、相当の時差ののちにまた社会革命が起こる、そういったはっきりした区別をとらずに、次々に後追いがはじまるという特徴が見られます。

三　二つの冷戦

そこから次のような特徴が生じてきます。つまり一九八〇年代には、たしかに一見「冷戦」に似た危機的な状況があるのですが、しかし、私が戦後国際政治史の第三期としてあげた「新冷戦」と、第一期に見た「冷戦」とには、かなり重要な点で違いがあります。

第一期の冷戦の時は、二つのイデオロギーの組織と二つの政治・軍事的な組織とに立脚する二つのブロックがあり、それぞれがある権威と自信とをもっていた。

西側についていえば、たしかに先発国のリベラル・デモクラシーや資本主義は、追い上げられる側であり、その意味では受け身の状況が出てきてはいます。しかし少し前に、ファシズムに対して勝ったという経験が先行している。単に軍事的に勝っただけではなくて、イデオロギー的に民主主義の正当性が確認されたという条件が備わっている。そして、日本やドイツに対して占領者として改革を加えることが、同時に自己のイデオロギーの輸出であったし、また自己の国家としての影響力や勢力圏を増大するプロセスでもあったのですから、このことが自国の体制の正当性についての確信をいちじるしく補強する効果をもった。その意味で、とくに米国が自己の権威をまだ信じていられる時代だったのです。

他方、東側を見ますと、第一期の冷戦当時は、ソ連が西側先発国に対して世界の後発勢力のチャンピオンでありえた時代でした。ソ連は、ロシア革命当時から、非西欧の被支配諸民族にとって、単に社会主義を代表するだけでなく、反帝国主義的民族解放の旗手と映じていました。つまり、英仏などの先進国が二〇世紀初頭までにつくり上げた、帝国主義的既得権益の体系に挑戦する勢力の先頭にソ連が立っていた。そういう意味でソ連にも権威があったのです。

こうして、米ソそれぞれが頂点に立つ二つのピラミッドが世界秩序を構成しており、しかも相互に、相手方の内部で平等化を要求している被抑圧者に対して解放者の役割を自任することがまだ可能だった。ソ連についていえば、フランスやイタリアに強大な共産党があり、これらがソ連を解放者とみなしていた。実際、フランス共産党書記長トレーズが「われわれは赤軍を解放軍として迎える」と語ったことがありました。また米国の側にしても、東ヨーロッパを被抑圧者とみなし、それの解放のための「巻き返し」を使命と考える、という発想が見られた。そういう意味で米ソ双方がイデオロギー的な正当性についての確信を持っていたのです。

ところが、第三期の冷戦の場合には、そういう条件は消え去っている。つまり米国のみならずソ連自身もまた、追い上げの対象として受け身の立場に立たせられ、解放者かどうかも疑わしい状態におかれることがしだいに多くなってくる。米ソとも平等化要求を突きつけられる側に立っている。そこから起こってくることは、米ソの対立は依然つづいていますが、「*1*　軍拡の政治構造」でも述べたように、この対立がいちじるしく無イデオロギー化してくるということです。つまりパワーの競争はつづいているのですが、未来の世界秩序や社会秩序のイメージを先取りする創造的なイデオロギーの競争という側面はいちじるしく薄くなって、それぞれが自分の既得権益をどう擁護するかという形で対立している。そういう意味での無イデオロギー化に伴い、米ソの対立はいちじるしく軍事的パワーの対立、パワー・ポリティクスへの依拠としての性格を強め、赤裸々な軍備競争がエスカレートしていく。

一九八〇年代のヨーロッパでの中距離核戦力配備をめぐる米ソの緊張激化がその例ですが、しかし、これだけを「新冷戦」と呼ぶのは、ヨーロッパ中心の思考であり、グローバルな意味での「新冷戦」は、七〇年代からはじまっていたのです。ですから、第三期の「新冷戦」のもとで一段と拍車をかけられた米ソの軍備競争は、単なる兵器の競争だけではなく、もっと根本的には、双方が追い上げられる側にまわり、既得権益の擁護という立場に立たされ、もはや将来を先取りするような有効なイデオロギーを喪失した勢力に変質していることの現われだ、と理解したほうがいいと思います。米国に一見勇ましい反共イデオロギーの台頭が見られますが、実は古びたイデオロギーに回帰しただけで、それ自体として創造的なイデオロギーでは毛頭ないのです。

冷戦第一期を支配した東西の個々のイデオロギーの内容にさまざまの問題が含まれていたことは事実です。しかし、未来の世界秩序の構想としてのイデオロギーが不在のままで、あるいは、せいぜい「現実主義」と呼ばれるそれ自身保守的イデオロギーでしかないものしか存在しないままで、軍備競争や世界の軍事化が突出して進行することの恐ろしさを考えれば、創造的なイデオロギーの重要性は明らかだと思います。

イデオロギーの比重低下に関連する、第三期のもう一つの特質は次の点です。すなわち、第一期冷戦のときには、二つの普遍的なイデオロギーが競合しており、したがってそこでは米ソ間の紛争、たとえばベルリンでの紛争、あるいは中東や朝鮮での紛争といった局地的な紛争を世界化する媒体は、何といってもイデオロギーでした。紛争それ自体としては、外交的・軍事的に局地化して処理しようとすればできるものが、一挙に世界大の問題になる契機は、「共産主義か自由主義か」といったイデオロギーによる普遍化でした。

第三期では、そうしたイデオロギーの比重がいちじるしく低下してきているわけですから、紛争ははるかに局地化されていいわけです。ところがそれを妨げる要因が前面に出てきた。それが資源の問題です。とくに石油がそれで、紛争を中東地域、あるいはペルシャ湾岸に限定することを難しくする。中東の石油輸出に支障を生ずると、その効果は一挙に世界の経済に波及します。こうして石油資源は、局地紛争を世界化する機能をもっており、とくに西側先進工業国には急速にその効果が波及するわけです。ですから、もし中東に石油がなかったら、アフガニスタンの帰趨は、はるかに局地的な問題として処理されたでしょう。ヴェトナム戦争は、少なくとも当時、石油資源との直接的なかかわりがなかったために、かなり局地的に処理され、ＥＣなどは傍観者に近い立場をとっていた。アフガニスタン問題ではそういかなかったのは、ペルシャ湾岸地域への影響が、米国やＥＣや日本の念頭にあったからです。

このように、イデオロギーでなく資源という要素が紛争の世界化の媒体になったことは、国際紛争についての「地政学」、つまりナチの「血と土」の神話のなかの「土」のイデオロギーにつながるゲオポリティーク流の擬似科学の、一部での流行という形でも現われました。

第一期の冷戦と第三期の新冷戦との第三の違いは、後者の追い上げの主体は、依然ソ連をふくみますが、もはやソ連に代表されうるものではなくなり、途上国、なかでもメキシコをふくむ産油国などが牽引力を発揮しており、これが世界秩序の修正や変革の主な担い手たろうとして登場してきた点にあります。こうして平等化を要求して追い上げをはじめた勢力が、しばしば米国、ソ連、あるいはEC、日本などの先進国のコントロールを超えた行動を開始した。これが「国際政治の多極化」と呼ばれる変動の基底にある動きです。そこで、下手をするとコントロール不能な事態になるという受取り方が、既得権益をもつ先進国の側に現われてきたわけです。

そこに出てくるのが、米ソ双方および他の西側先進国における軍備増強という対応です。この時期の米ソの軍備競争には、ソ連の対米追い上げという側面もありますが、同時に、米ソを追い上げる勢力に対して既得権益を擁護するための軍備強化という性格もあります。

米ソ双方が、一方では、弾頭や核ミサイルなどの超近代兵器は自分の手に保有しつつ、他方で近代的通常兵器を途上国に輸出する。これによって、軍事的格差を維持すること、さらに兵器や軍事的テクノロジーのヒモをつけることで途上国を一種の勢力圏に組み入れること、そういう二重の手だてで途上国の従属性を持続させようとしたわけです。それがうまくいかなければ、軍事介入をも辞さないことは、米国のイランへの軍事行動や緊急派遣部隊の創設、ソ連のアフガニスタン侵攻の示すとおりです。

もう一つ、この時期の米ソの軍備競争には、ブロックに対する締めつけや、同盟国に対する統制力の回復という機能がふくまれている。米ソが最先端の兵器をめぐる軍備競争を激化させて冷戦状況をつくることは、一面ではたしかに米ソにとって軍事的なリスクをはらみますが、他面で、米国にとっての西欧同盟国や日本、ソ連にとっての東ヨーロッパが、否応なしに米ソのペースに同調せざるを得ない状況をもつくり出したわけです。たとえば、米国の中東やイランに対する政策について、西欧諸国は批判をもち、できれば距離をおきたい。しかし、軍事超大国米国が緊張をつくり出してしまえば、不本意でも米国に同調せざるを得なくなる。東ヨーロッパもおそらくそうだったと思います。東西間の緊張が緩和していれば、西欧も東欧ももっと行動選択の幅をもち、自主性を主張できたはずです。ですから米ソの緊張を強めることは、同盟国への締めつけという点では、米ソ双方にとって、ブロック内の優位を回復するのに役立つ面があります。もともと米国にとりECや日本は追い上げ勢力の一つですから、緊張を激化しておいて、米国の軍事的優位を同盟国に示したり、軍事負担を転嫁したりするのは、一つの戦術でもありうるわけです。こうした方式がそううまく作動し持続するとは思えませんが、超大国にとって、軍備競争が一つの政治的道具であることは間違いありません。

このように見てきますと、この時期の世界的な軍事化状況は、単に国家間の対立・緊張というだけでなく、もっと深い根をもっている。それは、より平等・公正な世界秩序を要求して追い上げる勢力と、既得権益を擁護しようとする勢力との対立からくる軍事的緊張ととらえるべきものだと思います。その意味で、表面的には昔ながらの「パワー・ポリティクス」と見える現象の基底に、世界のさまざまなレヴェルでの変革の勢力と、歴史的な保守ないし反動の勢力との闘争状況があり、それが軍事化状況をつくっていると見るべきだと思います。

最後にもう一つつけ加えれば、現在の自立化とか、平等化を要求する追い上げの原動力は、第三世界の国家だけではなくて、そのなかの民衆のレヴェルに根ざしている。つまり、国際的な追い上げと、国内的な追い上げが同時進行する状況が現代世界の特質をなしているわけです。そして、途上国のなかで特権的エリート層が、ここでもまた軍事的な手段で既得権益を擁護しようとすることから、軍事政権とか、強権政治とかが多くの国に見られ、「国内パワー・ポリティクス」ともいうべき様相を呈している。それに対する民衆の抵抗は、一進一退はあっても、その力を増しています。ですからここでも変革の勢力と既得権益を擁護する勢力とが闘争状態にあり、それが軍事化状況を生み出しているのです。

四　崩れる二つのピラミッド

以上述べたことを要約しますと、第一期の冷戦は、二つのピラミッドが比較的に安定していて、それぞれが相手の被抑圧者に対する解放者として浸透していくという構造だったのに対し、第三期の新冷戦では、国家間にいくつもの格差や断層をふくみながら追い上げ行動がとられているのに連動して、各国家内に格差や断層があり追い上げが行われた。したがって、国家間での変革の勢力と保守ないし反動の勢力との対立と、国家のなかにおける変革の勢力と保守ないし反動の勢力との対立とが複雑に連動しながら、全体として世界的な規模での巨大な闘争状況が展開された。それが第三期の世界的軍事化状況をつくり出したのです。

こうした第一期との構造的な違いを現わすのは、第一期であれば、米ソの一方の側での被抑圧者は他方の側に連帯するというパターンが見られたのに、現在では様相が異なっていることです。その点を典型的に示すのはイスラムという勢力です。たとえばイラン革命の勢力は、西側の既得権益を否定する勢力として登場してきたのですが、米国がそれに対して圧力をさまざまな形で加えても、必ずしも親ソになるわけではない。もっと多層的な追い上げの構造になってきたということです。一方の側から抑圧されても、他方の側を解放者として受け入れるという行動は、簡単にはとらなくなっているのです。

こうした背景の変化に応じて、前にもふれましたように、「非同盟」のもつ意味も変化しつつあるといえます。つまり、第一期冷戦当時の非同盟は、二つのピラミッドに属さない形で、その局外に立つことを主眼としたのですが、七〇年代の非同盟は、いわば二つのピラミッドを下から崩していくという目的をも持ちはじめたのです。したがってそれは、単に軍事的に二つの同盟網にコミットしないということではなくて、不平等・不公正な先進国優位の世界秩序を変革し、公正な世界秩序を形成していく課題を自覚的に負おうとした。非同盟が、同時に「新国際経済秩序」や「新世界情報秩序」を旗印として「新国際秩序」樹立をめざす推進力となったことは、それを示しています。

もしこれまでに述べた私の見方が誤っていなければ、大国の介入による途上国の系列化は、容易には起こらないと思います。むしろ問題は、それぞれに累積債務を負った途上国間の発展ギャップや格差にこれら諸国がどう対応するかということでしょう。この対応に失敗することの結果として、大国の介入が影響をもつことになる危険がありますが、第一期冷戦のように大国が上から軍事的・政治的に秩序づけするという意味での系列化とか介入は、困難になってきていると思います。

七〇年代から八〇年代前半にかけて世界の軍事化が進行し、世界中がキナ臭くなったことは間違いないのですが、問題はその意味の解読を誤らないことです。単なる第一期型の冷戦の再来ではない第三期の新冷戦の特質を見落さないこと、また単に米国の軍事的地位が低下したといった現象的なことだけでなく、もっと根深く、もっと大きな、世界の歴史的な基本構造の変化との関連で、この危機的な軍事化状況をとらえるべきではないかと私は思います。その認識を誤ることから、「冷戦再来」だから軍備増強が必要だとか、米国の軍事的地位が低下したのだから西側全体で肩代わりすべきだといった、皮相で短絡した反応が現われて、東西対立を無用に長引かせることになったのです。

（『軍縮の政治学』岩波新書、一九八二年）

4　地球不戦時代を創るとき

一　国際的な「政治の復権」

普通「新冷戦」と呼ばれる七〇年代半ばから八〇年代にかけての時期の特徴としては、米ソが三つのレヴェルで、世界全体のあり方について、いちじるしくコントロール能力を失ったことが挙げられます。第一は米ソが米ソ関係自身に対するコントロール能力をいちじるしく失いかけたということ、第二には、それぞれの同盟国に対するコントロール能力が失われたということ、第三には、INF（中距離核戦力）やチェルノブイリに端的に示されたテクノロジー、とくに破壊的なテクノロジーへのコントロール能力の喪失が白日の下に露呈されました。

まず第一の問題点を米国について見れば、米国にとって米ソ関係、とくに米ソの核戦略関係についてコントロールがきかなくなってきたということは、要するに米ソの核戦力が、おおまかにいってほぼ同等に近い状態になってきたために、米国のペースで、ソ連に対する核優位を前提にして、軍事的・政治的な決定をしていくことが至難になったということです。したがって、米国の優位を再建することが必要になった。

それが典型的にあらわれたのがSDI（戦略防衛構想）です。SDIを正当化する論理としては、一つには核抑止、とくに相互確証破壊による抑止というのは、ソ連だけではなくてアメリカの国民を人質にすることを承認しており、その意味では、米国民をふくむ大量殺戮を担保にして初めて成り立つ戦略であって好ましくない。この大量殺戮の戦略に対しては、米国の中でカトリック教会などの批判もあったわけです。そこで、SDIは、少なくとも表向き、飛んで来る相手のミサイルなどの兵器を壊すかもしれないけれども、人を殺すことはしないですむのだという形をとることによって、アメリカ的なモラリズムを満足させるということ、これが一つあります。

もう一つは、当面SDIの関連領域では、アメリカの方が技術的に優位に立っているということがあり、したがって自分の側の力の優位という条件が充たされている。このモラリズムと力の優位とをセットにするというのが、戦後の米国で一九五〇年代にとくに顕著に現われた基本的な発想なのです。正義と力とのどちらもが米国の側にあるという状態になったときに、パックス・アメリカーナが成立し、それが世界平和を可能にするという発想です。

問題は、SDIの技術的可能性が不確定であり、その上SDI開発の過程で、またSDI配備の結果として、米ソ関係が安定する保障がないどころか、かえって不安定化する危険がある。そういう二重の意味で、米国の米ソ関係コントロール能力を強めるのにSDIが役立つ見通しがないばかりか、いよいよ米ソ関係を不安定化するおそれがあるわけです。

他方ソ連側は、まさに米国と反対の立場から、米ソの核戦略関係に対するコントロールの喪失を何とか避けなければならなかった。というのは、ソ連は、七〇年代にようやく達成した軍事的「対等性」を安定化させることを必要とし、その安定化の一つの方式として、SDI阻止をふくむ核軍備管理・核軍縮を強く望んだわけです。

こうして、レーガン側は、米ソの「対等」化によって米国の優位が崩れることを「コントロール不能状態」としておそれ、ソ連の方は米国の優位回復によって米ソの「対等」が失われることを「コントロール不能状態」としておそれたのです。ですから何をコントロール不能状態と考えるか、その内容は正反対なのですが、それぞれに、コントロール不能な事態の悪化に直面していたという意味では、共通の危機に陥っていたのです。

第二は、米ソの核軍備競争の過程で、とくにＩＮＦ問題ではっきり現われたように、米国と西欧の同盟国との間に亀裂を生じた。また、表面化した度合いはそれより低いかもしれませんが、ソ連と東ヨーロッパ諸国との間にも明らかに一つの亀裂が生じた。要するに、ヨーロッパでの戦争と米ソの戦争とは違うのだということです。つまり西ヨーロッパが戦場になっても米国は無傷あるいは浅い傷で残りうるし、また東欧諸国は、自分の意思とは無関係に、ソ連を当事者とする戦争の戦場になりうる、このことがはっきり意識されるようになりました。その結果、米ソが自分の立場を強めるために行なった軍備増強、ＩＮＦ配備は、軍事的ハードウェアは強めたかもしれないとしても、政治的にはむしろ同盟内の亀裂によって、米ソそれぞれの立場を弱める事態を招いたのです。

他方、米ソの緊張が緩和すると、それぞれの同盟国が自立的な行動を開始するということは、米ソとも一九七〇年代に経験ずみです。それに加えて、今度は緊張激化時の不統合が表面化した。つまり、米ソの緊張が激化しても緩和しても、同盟国の自立行動をコントロールしにくくなったのが、八〇年代の国際政治の構造の一つの特徴なのです。ただ緊張激化の時の不統合は、緊張緩和の時のそれに比べて、米ソにとっての危険度ははるかに高いわけです。そしてこの点で、東西それぞれの同盟を秩序づける能力を米ソがいちじるしく喪失したのです。

第三は、米ソの核軍備競争の過程で双方が新しい軍事テクノロジーと兵器体系の開発を行なってきた結果、従来の相互抑止戦略に本来内在していた不安定性が一挙に表面化し、抑止戦略に安住しているわけにはいかないことが明白になった。ＩＮＦの開発によって、「核戦争で勝つ」という考え方が出てきた結果、米ソの核軍事関係は、いちじるしく不安定になりました。

その上、この新しい軍事テクノロジーをどう政治的にコントロールできるかもまた、きわめて疑わしくなってしまった。ゴルバチョフ書記長が八五年一一月のジュネーヴ米ソ首脳会談後の記者会見で、ＳＤＩに関連して「コンピューターがすべてを決定するので政治家は介入できない」と述べたと報道されていますが、この問題は、実は米ソのＩＮＦ配備の時から議論されていたことです。中距離核ミサイルが相手側に着くのに五、六分しかかからないという条件の下で、相手側はその対応をほとんど自動化しておかなければならない。つまり攻撃してきたらしい兆候に数分で対応するためには、反撃の決定権が最高政治指導者から基地軍司令官に、基地軍司令官からコンピューターに事実上委ねられなければならない。今まで核軍備競争の先頭に立って、「わが国の安全のために核兵器を開発、増産せよ」と号令をかけていた最高の政治的決定者が、実は自分には決定権も決定能力もないのではないかという危機感をもたざるをえない状況を、自分で作り出してしまったわけです。

このように、国際秩序について米ソが大きくコントロール能力を喪失し、しかも巨大な破壊力は次々と開発・蓄積されているという、危機的な状況が発生したのです。この恐るべき事態を反映して、西欧で空前の反核運動がおこったのも当然のことでした。

これに対して、まさにこの危機のリアリスティックな認識に立脚した大きな政治的転換が始まったのは、何といっても八五年のゴルバチョフの書記長就任からでした。彼の登場後、新たに一連の米ソ首脳会談が続きますが、これらの会談はこの転換の一つの現われなのであって、その基底にはもっと深い変動がおこってきていると思います。つまり、八五年以降の米ソ関係の展開がはっきり示すのは、世界レヴェルでの政治の優位、あるいは政治的リーダーシップの復権が大きなスケールで前面に出てきたことではないでしょうか。当事者能力を米ソ自身が失って深刻な危機にあるときに、そこから脱出するためには、少なくとも米ソどちらかに、新しい秩序をつくるダイナミックな創造能力が形成されなければ、自滅と共滅の危険を克服できない。ゴルバチョフの登場によって、そうした政治的な創造性がはっきり示されはじめたこと、これはソ連だけでなく世界全体にとってたいへん大きな出来事だと思います。

もちろんゴルバチョフの登場は彼一人の力によるのではなくて、彼を支える一群の人たちの力の合成によるわけです。にもかかわらず、私はここに、世界の変動期に民主主義にコミットした政治的リーダーシップのもつ重みを強烈に感じさせられます。第二次大戦後の米ソ首脳会談には、不毛に終わった例も少なくないわけですから、まずこうした政治の復権がその背景にあって、はじめて首脳会談がプラスの意味をもつようになってくるのだと考えるべきでしょう。

創造的な政治的リーダーシップは、二つのレヴェルではっきり現われてきました。一つは国際レヴェルで、それがゴルバチョフによる軍縮のイニシアティヴです。

彼のいう「新しい思考」には、両面あると思います。一つは国際面での軍縮イニシアティヴという行動ですし、また、それを構造化したものとしての一種の非対称防衛のイメージもかなりはっきり出ています。この非対称的防衛というアプローチは、私も「日本の軍事化に代わるもの」(第4巻所収)の中で主張したことなのですが、これに似た考え方が出てきて国際政治に強力なダイナミズムを生み出しました。

もう一つが国内面でのペレストロイカ、これには周知のように強い抵抗が国内にあり、前途多難ですが、その抵抗と論争の激しさそのものが、ペレストロイカがソ連の政治過程に強力なダイナミズムを生み出したことを示しています。「新しい思考」は、この国際・国内両面の変動をリンクさせているところが重要だと思います。

この二つの変化は、五年前には、ほとんどの人がありえないこととしていたことですが、今日では現実になってきた。これまでの日本では、何か現状に代わるオールタナティヴを提示すると、それは「空想的・非現実的」であるというレッテル貼りがすぐなされてきました。しかし主体的な民衆の行動や政治的なリーダーシップのあり方によって、「非現実的」なことが大きく現実化することが歴史にはありうるということを軽視してはなりません。八七年来の韓国での民主化、つまり韓国での下からのペレストロイカもその一つで、全斗煥体制以外のオールタナティヴを考えようともしなかった日本の「現実主義」の盲点がいかんなく露呈されました。

ソ連の第二次大戦後の基本的な対米戦略関係は、二つの条件の組み合わせから成っていたと思います。一つは、グローバルなレヴェルではソ連のほうが劣勢であること。いわゆる核戦略の三本柱について、SLBM(潜水艦発射弾道ミサイル)や戦略爆撃機の量と質はもとより、ICBM(大陸間弾道弾)の質の点でもソ連は長いあいだ劣勢でした。この点ではすでに非対称的であることをソ連はかねて認識していた。他方、それを補う条件として、西ヨーロッパとの関係では逆にソ連が優位に立つことによって、西ヨーロッパを人質にして米国を抑制するという考え方です。この二つの組み合わせが基礎にあったと思います。ですから、ソ連はかなり早くから中距離ミサイルの生産・配備に力点をおき、またよくいわれるように、通常兵力において、その質はわかりませんが、少なくとも数の上でNATOよりは優位に立つような政策をとってきました。

しかし、ヨーロッパでソ連が非対称的に優位に立つことに対抗して、米国がヨーロッパで対等性を主張するようになった。その端的な例がＩＮＦ配備問題です。ヨーロッパで米国が対等になるということは、全体としてソ連に対して優位に立つということです。ことにヨーロッパに中距離ミサイルを配備した場合に、米国のそれはソ連本土を攻撃できる点で戦略ミサイルに匹敵する能力をもつことになる。ここにはソ連の側に誤算、もっと正確にいうと、ソ連の中距離ミサイルＳＳ20についての米ソ間のパーセプション・ギャップについてのソ連側のパーセプション・ギャップがあったと思います。つまりソ連自身としては、ＳＳ20を配備しても、ヨーロッパで自分たちが優位に立つということは従来の政策の続きなので、少しも変わっていないと考えていたと思われるふしがあるのですが、それに対して西側では違った受取り方がされ、こうして、ＩＮＦを配備して対ソ軍縮交渉をするという、ＮＡＴＯの二重決定が七九年一二月に行われることになります。

この意味で、ソ連は欧州をめぐる戦略関係についてのコントロール能力を失ってしまったわけです。これはブレジネフ末期のことですが、意図しなかった効果が生じてしまって、それにどう対応すべきかが決められない、新しい対応を基礎づける明確な発想がない、そういった状態が生まれたのではないかと思います。

たとえば、八一年には、ＩＮＦ、とくに米国のそれの新たな配備に反対して空前の盛り上がりを見せた西ヨーロッパの反核運動の圧力、またそれを無視できなくなった西ヨーロッパ諸政府の要求に押されて、レーガンは「ゼロ・オプション」を提案し、ソ連側がＳＳ20、ＳＳ４、ＳＳ５などを全廃すれば、米国もパーシングⅡや巡航ミサイルを配備しないと言いました。しかし、ソ連はこれを拒否しました。ソ連としては、いままでやってきた対西欧優位の延長にすぎないものを、なぜ白紙にもどせとまで言うのかということになる。つまりソ連から見れば、米国がヨーロッパでの米ソの対等性を要求し始めたのは、明らかに今までよりもさらに攻撃的になったととらざるをえない。だから、ソ連がこの提案を拒否するのはそれなりに当然であって、レーガン提案はソ連の拒否を見越した上でのものだという批判も、西欧の中にありました。しかし、ソ連の受取り方にもっともな点があるとしても、この提案を拒否しただけでは、悪化する事態へのオールタナティヴにはならないという問題は残るわけです。

ではソ連はどう対応したかを大ざっぱに言いますと、ブレジネフ時代はだいたい「現状固定」という対応でした。ソ連はすでに配備してしまった、西側はまだ配備してない、そこで西側が新たに配備しないならば、ソ連は当面これ以上配備しないという意味での「現状固定」という考え方で、それ以上の対応は本格的に考えられなかったように思われます。その前提になっているのは、西ヨーロッパに対するソ連の優位は当然だという発想で、これがＩＮＦ問題をこじらせることになり、また同じ発想が対アフガニスタン政策にもあらわれたと思います。近隣に対して優位に立つことは、アメリカとの関係での対等性を維持する上では当然だ、という発想です。

ブレジネフが死に、アンドロポフになって、少しアプローチが変わったと思います。それは「部分的削減」という考え方です。たとえばイギリス、フランスの核戦力をある水準まで下げれば、ソ連側もＳＳ20を削減してもいいというもので、廃棄は問題になっていないのですが、「部分的削減」という段階にきたわけです。

二　選択としての軍縮

それに対して八五年にゴルバチョフが登場してからは、またひとつ大きくアプローチが変わった。それが一方的なイニシアティヴの始まりでした。最初に打ち出されたのは、核実験の一方的停止です。八五年八月六日、つまり広島四〇周年を記念して、その年の末まで自分たちは一方的に核実験をやめる、米国がもしその間にやめれば、それに対応して自分たちはさらに実験停止を続ける、という呼びかけをしました。

この呼びかけはいくつかの点で非常に重要なものでした。同じような呼びかけは六三年六月にケネディ大統領がやっています。有名なアメリカン大学での演説で、米国は一方的に核実験をやめる、ソ連が再開しない限り米国も再開しないと呼びかけたのでした。しかし、そのときまでにアメリカはソ連の二倍の量の実験をすでにしていたのです。ですから、後にアルヴァ・ミュルダールが書いたように(『正気への道』I、第III章、岩波現代選書)、実験をやるだけやってしまって、しばらくやらなくてもいいから実験停止を呼びかけたという以上の意味はない、という手きびしい批判にも、たしかに一理があったといえます。

ところが、八五年にゴルバチョフが核実験停止を行なったときには様相が違っています。提案が七月ですが、八五年はじめからの七カ月間をとってみると、ソ連の核実験は米国のそれよりはるかに少なかっただけではなくて、ソ連の過去の実験に比べても、一九六四年以来最も少ない回数でした。こういう状況の中で一方的に停止するように軍人を説得するのは、相当大変だったはずです。その意味で、同じ一方的停止というイニシアティヴでしたが、ケネディのときよりもっと重い意味をもっていただろうと思います。

しかし米国はそれに対応した行動をとらなかった。ですから、ゴルバチョフの一方的イニシアティヴは、相手方から応答行動を引き出すことには成功しなかった。一方がイニシアティヴをとったときに、相手方が、応答行動をとるかとらないかは非常に重要なことで、それをとれば、さらに新たな展開がいろいろ出てくるのですが、それをとらないと、そこで事態がとまるか、かえって不信が募って事態が悪くなることがありうるわけです。

にもかかわらず、ゴルバチョフはその後も何回か延長しながら、八七年二月の再開まで、一年七カ月間核実験を一方的にやめました。しかし、そのあいだ米国は次々と実験を続けた。その結果、米国は別として、西ヨーロッパ、とくに西ドイツとイギリスの中で、「ゴルバチョフは本格的に軍縮に取り組む姿勢だ」と、ゴルバチョフの意図についてのクレディビリティ(信頼)が非常に高くなった。レーガンよりはゴルバチョフのほうが軍縮について真剣であるという世論が西側で高まってきて、サッチャー首相がゴルバチョフを評価するということまで起こる。そうすると、西ヨーロッパの世論の変化を米国も無視できなくなり、それに拘束されるようになる。つまり、ゴルバチョフの一方的イニシアティヴは、純軍事的には成果がなかったかもしれないが、政治的には大きな効果を生んだのです。

ですから、一方的イニシアティヴというのは、それによって直ちに軍事的ハードウェアを減らすことに成功するかどうかは別として、政治的な文脈を変えるという点に最も重要な意味があるのです。実際、このゴルバチョフのイニシアティヴが後のＩＮＦ交渉などの文脈をつくっていくことになります。このイニシアティヴがとられる上で、またそれが政治的文脈を変える上で、西欧の強力な反核市民運動が背景要因をなしていることは言うまでもありません。

八五年一一月のジュネーヴでの米ソ首脳会談では、必ずしも具体的な成果は出なかった。とくに、前に述べたような意味をもつＳＤＩが激論の対象となり、その点では会談は実質的決裂に終わりました。

といって公式に決裂すれば、米ソ双方にとっての「コントロール不能状態」が一層悪化する危険がある。そこで、首脳会談を将来も続けるという形で収拾したと私は考えます。いわば薄氷をふむ思いの事態だったわけです。

そこで、まさに首脳会談の背景をなす政治的文脈を変革するためでしょう、その後に、INFについて、従来例を見ない形の一方的なイニシアティヴが、次々とゴルバチョフによってとられました。すなわち、ジュネーヴのサミットで具体的な成果がなかったという行き詰まりをどう打開していくかという課題が生じたときに、結局、レーガンではなくてゴルバチョフのほうが主体的な政治的リーダーシップを発揮したということです。

その経過を簡単に言いますと、まず、西側配備のINF、これはパーシングIIと巡航ミサイルですが、これを全廃するならば、ウラル以西の、つまりヨーロッパのSS20を撤去するとソ連は言いだした。同時に、東ドイツとチェコに配備されたソ連の短距離ミサイルも撤去していい、他方では、イギリス、フランスの核兵力は減らすことはなくとも、とにかく増強しなければいいという考えを示します。これは、レーガンの「ゼロ・オプション」を部分的には上回る点さえある提案でした。ここで注意を要するのは、ヨーロッパにおけるINFの全廃は、ブレジネフもアンドロポフも言わなかったことだということです。もう一つは、このときに検証の全面的受入れという原則をはっきり打ち出した。これもいままでになかった大胆なイニシアティヴでした。

八六年のレイキャビク米ソ首脳会談では、包括的な核軍縮について相当に歩み寄りはしたものの、またしてもSDIで物別れになった。その後を受けて、ゴルバチョフは、八七年二月に、一番の懸案であったSDIとINFとの関係を切り離して、ヨーロッパのINFの「ゼロ・オプション」を認める。四月には、さらにヨーロッパ配備の短距離ミサイルの撤去をふくむ「ダブル・ゼロ・オプション」を提案します。七月には、シベリア配備の百七十余のSS20も廃棄する「グローバル・ダブル・ゼロ・オプション」の提案となったわけです。

こうして、従来の軍縮交渉では考えられなかったような一方的なイニシアティヴが、次々に打ち出されてきました。もしこれがなかったなら、八七年一二月のワシントンでのINF廃棄条約の調印はなかったでしょうし、その後もINF交渉が延々と続いたことでしょう。ですから、これは大きな政治的決断だったはずです。ワシントンでの共同声明には、陸上配備のINFを全部廃棄するということは今までなかった「歴史的な」出来事であり、また広範で厳密な検証措置について合意したことも「歴史的」だという表現が使われていますが、まったくその通りです。六三年、つまりケネディの時代に、核実験の部分停止という形で「軍備管理」が行われましたが、八七年には「軍備削減」にまで進んだ。これは、戦後の歴史になかった大きな変化です。

なぜこういうことが起こったかについての議論はいろいろあります。ゴルバチョフの譲歩説というのもある。軍事的、経済的その他の点で立場が弱いから譲ったのだという見方ですが、私は必ずしもそう思いません。譲歩というのは、本来望まないことを相手の圧力によって、不利益を忍んでせざるをえなくなることでしょう。しかし、軍縮への大きな転換点をつくり、軍縮を始めることが、もともとソ連の利益に合致するものとして自主的に選ばれた目的であるとすれば、これは譲歩ではないので、その目的に最も適合した対応をしたといっていい。そこで問題は、ソ連にとってどれだけ安全な軍事的条件と、好ましい政治的環境の下で、軍縮という目的を達するかということであり、その点についての交渉を続けたわけですが、その交渉が不満足な結果に終わったからこそ、一方的イニシアティヴを必要とする度合いが増したということでしょう。つまり軍縮という選択肢そのものはゴルバチョフ自身が選んだものであって、相手によって押しつけられたものではない。むしろあまり乗り気でなかったレーガンを軍縮に引きこんだのですから、その意味では譲歩というより、積極的な選択と決断という性格が強い。したがって、これを政治的なイニシアティヴと考えることが大切だし適切だと思います。

首脳会談をふくむ米ソ交渉の核心がこうした大きな決断の問題であるのに、これを、西側が団結して強く出たからソ連は交渉のテーブルに着いたのだ、といった矮小な認識しかしないとしたら、いかにも淋しいことです。そうした小手先の論理ならば、ソ連側でも、ソ連が強大になり東側が団結したからレーガンが交渉のテーブルに出てきたのだといえるわけです。問題は、そんな低次元のことではないのです。

もう一つ、イニシアティヴというのは、自分のほうがまず一方的に軍縮の口火を切るということですから、それ自体、非対称性をもった行動です。そこで、それに結びついた戦略構造にも非対称性が見られることになります。具体的にはＩＮＦの廃棄について、米国側が廃棄を約束したのは八五九ですが、ソ連は約二倍の一七五二を廃棄することに合意した。自分のほうが二倍ぐらいの廃棄をするというのは、これまで長々と主張されてきた「バランスのとれた軍縮」という考え方からすると、かなり型破りです。つまり、バランスとか対称性とは違う発想の芽がここに見られるわけです。

その後、ソ連の側で新しい戦略についていろいろ議論がありましたが、「リーズナブル・サフィシェンシー（合理的十分性）」という考えが出てきました。米国がミサイルを一つつくればソ連も一つつくる、米国と同じ量を持たねばならないというのは愚かなことである、むしろ安全を増大することには役立たない、もっと違うアプローチをとろうという考え方です。私は、非対称的な防衛にまでいかない限りは、軍縮も進まないし、軍縮の方向での安全保障を確保することもできないという持論を永年述べてきたのですが、そのことが現実に、しかも超大国の一方で行われ始めた。この転換は非常に大きな変化だと思います。

首脳会談が成果を生むようになったことの基礎には、明らかに「新しい思考」による政治的リーダーシップに立脚してイニシアティヴがとられたということがあるわけで、これが一番重要な点なのです。そうでなければ首脳会談を開いても、バランスをとるといった議論に終始して、せいぜい「軍備管理」についてごく部分的に合意することで終わるといった従来のパターンのくり返しに終わったことでしょう。その意味で、米ソ首脳会談のもつ性格が、ゴルバチョフの登場以来変わったと言っていいと思います。

三 ソ連のイニシアティヴの源流

ソ連外交のこうした変化の背景としてよくいわれるのは、ソ連経済が非常に悪化してきているために軍縮をいわざるをえなくなったのだという意見です。たしかにソ連経済が、ソ連の指導者にとってもコントロール不能な状態になっていたという面はあります。しかし、私は経済が悪くなったから軍縮を言い出したという議論は、素朴唯物論的で、単純すぎると思います。それは二つの点からです。

一つには、ソ連経済の困難はすでに随分前から指摘されていたことで、少し遡ればフルシチョフは、ソ連経済を発展させるために、とくに生産性を上げ、消費財の生産をふやすためには軍縮が必要だと考えていました。そこで例の全面完全軍縮の提案が六一年になされます。これにはもちろん宣伝の要素もあったと思いますが、その背景にソ連経済の問題がありました。しかし、この場合、具体的な軍縮案を結実させるイニシアティヴが強力にとられたわけではなかった。ですから、経済が困ったからといって、実効性のある軍縮案が提唱されるようになるという保証はないだろう。これが一つです。

それどころか、もう一つは、その後のソ連は経済的に悪くても軍拡を行なってきたことです。とくにブレジネフ時代の後期がそうです。それに、経済的負担が重くても軍拡から戦争に突き進んだ経験は、戦前の日本自身がもっています。そうしますと、経済が悪いから軍縮へという話には飛躍があって、どういう場合には経済悪化が軍縮に導き、どういう場合には軍縮に導かないかをもう少し詰める必要がある。

その分かれ目の一つの決め手は、脅威の実体が何であるか、もっと正確には、脅威のイメージが何であるかだと思います。ブレジネフの場合には、「アメリカの対ソ脅威」にどう対応するかという問題意識にしぼられていたのに対して、ゴルバチョフの場合には、「人類にとっての脅威」にどう対応するかという発想が濃厚に加味されてきている。この点は、彼の『ペレストロイカ』(邦訳、講談社)という本にもよく示されています。ですから、何をどのように脅威と意識するかが一つの大事な点です。

また、経済的な負担が非常に重いとしても、その経済的事実に対して、それはやむをえないと考えるのか、それともこれはあるべからざるものと考えるかという、意味づけの違いがあります。つまり、ここでも意識のあり方が重要なのです。その点でスターリンやブレジネフの時代とちがって、ゴルバチョフの時代には、経済的な重圧、とくに消費財の不足を許容すべきではないという意識が、指導者や多くの市民の間にはっきり出てきたことに注意する必要があります。

そして、いったんこういう意識が拡がり出すと、では何のための軍事費なのか、何のための軍事力なのかという問いが避けられない。結局それは社会主義を防衛・発展させるということである。すると、それでは社会主義とはいったい何かという原点にもう一度立ち返って、これが本当の社会主義だったのだろうかという問題に、正面から取り組むという態度が出てくることにもなる。その際おそらく、ゴルバチョフをはじめ、若い時代に非スターリン化を経験した人たちが登場してきたということが、「社会主義」について弾力的に考える一つの素地になったと思われます。

ですから、八八年五月の米ソ首脳会談の際、ゴルバチョフが「武器とははたして必要なものだろうか」という言葉を口にするまでになったということは、人間の社会とはどうあるべきか、それに照らして社会主義社会は本来どういうものであるのか、そのためにはいまソ連社会をどのように活性化すべきかという問題意識が、鮮明に現われてきたということでしょう。そこまで根底に立ち返って問題が考えられているということ、これは注目すべき点だと思います。

ゴルバチョフの目的は、ハイテクの遅れを改善し、経済的負担から立ち直るために一時的に軍縮をやるのであって、結局の狙いは二一世紀にソ連が超大国として生き延びられるようにすることにあり、「ソ連の脅威」は少しも減っていないという議論があります。たしかにソ連の経済力を強くしなければならない、とくに技術の遅れを何とかしたい、そう考えていることは確かでしょうが、大事なのは、そのための手段として、上からの動員ではだめだとはっきり認めたこと、この点だと思います。これはスターリンの一九二八年以降の工業化と集団化の方式とはまったく違う。国力、経済力を強くしようという目標の点では同じだとしても、上からの動員にはもう依拠しない。そこが重要な転換点なのです。では何に依拠するかというと、下からの自発的な参加と支持なくしては経済発展はありえないという考えです。それが一つは政治の民主化、もう一つは社会の自由化という形になって現われてきたのだと思います。だから、ペレストロイカとグラスノスチとは不可分なのです。

私は前に、情報の自由化がソ連社会の変革にとって実に重要な問題なのであり、したがってモスクワ・オリンピックをボイコットするのは愚だと言ったことがあります(「日本の軍事化に代わるもの」第4巻所収)。ソ連自身がいま情報の自由化がいかに必要なことかを主張しはじめたのは、結局内発的な活性化にはそれしかないことを自覚しているということだと思います。ですから、経済を強くするという目的そのものよりは――というのは、経済発展重視という点では、日本や米国といった資本主義国も同じなのですから――民主主義を再評価することなしに社会主義の活性化はありえないという認識を打ち出してきたところが一番重要だと思います。民主化や自由化が進んだソ連が経済大国になっても、それは日本や米国に軍事的あるいはイデオロギー的脅威になるわけではありません。

もう一つソ連の変化で重要なのは、ソ連型の国際化の進行であり、グローバルな視点が不可欠だということを、ソ連の中でいろいろな人がはっきり言い出したことです。これはフルシチョフ時代と比べると大きな差異です。フルシチョフが軍縮を口にしたときには、軍縮によってソ連の消費財生産などをふやして、ソ連を強くしようということが何よりも念頭にあったと思います。彼の言葉の中には核戦争で滅亡するという危機感はありますが、それは核戦争によってソ連が滅亡を免れないということが一番の関心事であって、グローバルな視点そのものはあまりなかった。

ゴルバチョフの場合には、ソ連の問題を解決するためにも、もはや世界と切り離すことはできないという考えがはっきりしている。そこにはチェルノブイリの経験も反映している。核戦争のほか、環境の問題、資源の問題、第三世界の貧困の問題、すべて一国単位で解決できる問題ではないという、そういう意味でグローバルな視点を出してきたことが新しい特徴だと思います。

四　グローバルな視点の展開

このようにゴルバチョフの場合には、一国主義という発想が、これまでのソ連の指導者に比べてはるかに薄くなっていると思います。それは私の言い方でいえば、「東西対立の終わりの始まり」という認識にもつながります。もちろんソ連には、はじめから「世界革命」という思想がありました。しかしそれはボリシェヴィキ革命の普遍化としてのグローバリズムであるのに対し、ゴルバチョフの発想は、ソ連を世界の一員として相対化するという意味のグローバリズムです。

もともと、米ソ対立ないし東西対立というのは、二つの普遍主義という意味の「二つの世界」の対立であり、その波及効果として、二つのドイツがあり、二つの朝鮮があり、いろいろなところに「二つ」があった。この二つは二つの普遍主義の所産であったのに対し、今日のソ連には、多元主義的な世界像と社会像が定着しつつある。ですから、米ソの体制の差異は残ると思いますが、体制の差異が対立になるかといえば、そうではない。たとえばイギリスやスカンジナヴィア諸国と米国とを比べれば、福祉国家のあり方、経済の社会化の様式など相当の差異があります。だからといってそれが理由で対立しているわけではない。国によって体制のバリエーションがあるのですが、そのことが必ず対立の要因になるわけではないのです。

また従来の歴史ですと、対立しあう国やブロックが和解を始めたときは、たいてい第三の敵があって、それに対抗する必要上、合従連衡で組み替えが行われることが少なくなかった。ところが、いまや共通の敵があるとすれば、それは、特定の国とかブロックとかではなくて、地球的問題だという認識がはっきりしてきた。その意味では、やや単純化した言い方をしますと、共通の地球問題が切実になってきたことの結果、同盟ブロックを組み替えて新たな戦争への道を歩むといった古典的な国際政治の時代は、少なくとも北半球については終わるのではないか。その意味で地球規模の戦争は防ぎうる不戦の時代が創られはじめた。不幸にして第三世界にはまだ戦争・内戦・強権支配が残るとしても、地球大の戦争については不戦の時代が創造されはじめたと言っていい。これは歴史的な大変化で、それが、ゴルバチョフのグローバリズムにも反映されていると思われます。

これに関連してもう一つの重要な点は、共通の敵は世界問題だということになると、敵は外にだけあるのではなく、自分自身の中に敵がいることになります。たとえば環境の問題を考えた場合に、ソ連の中にチェルノブイリがあり、米国の中にスリーマイルがある。同様に、核兵器体系を米ソが抱え込んでいること自体が敵だということになります。このように、自分自身の中に敵がいるということは、自己変革をしなければ生き延びられないし発展することはできないという問題につながるのです。

それは、自己を絶対化しないということでしょうし、スターリン的な一国社会主義の否定でもありましょう。一国社会主義の裏返しがソ連型社会主義の普遍化ですから、それを否定することは、ソ連自身を相対化し、グローバルな枠組みの中で自分を位置づけることだと思います。

ただ、これまでのところ、ペレストロイカは上からの改革であることは間違いありませんから、ゴルバチョフが意図している民主化や自由化をどうやって下からの運動に転化して、中間に居すわる官僚的エスタブリッシュメントを挟みうちできるか、その条件は、まだ熟しきっていません。しかし実は、われわれ日本人もそういう経験をもっているのです。マッカーサーによって上から民主化が始まった時も、日本のエスタブリッシュメントはなかなか動き出さなかった。そのことは、治安維持法の廃止、政治犯の釈放、新憲法の起草、財閥解体などが、すべて占領軍により上からなされねばならなかったことにも示されています。しかもマッカーサーは絶対的権力をもって、いわばスターリン的に公職追放などもできましたが、ゴルバチョフは、民主化そのものを民主的方法で行わなければなりません。ですからそういう問題のむずかしさは、われわれ日本人にもわかる点があります。あるソ連の人は、ロシアの伝統の中にある集団的なもたれかかりが自発性をつぶしていると嘆いていましたが、日本人にも他人事ではありません。こう考えると、そうしたむずかしさをゴルバチョフがどう克服するのか、またその改革を促進するには西側はどうすべきなのかは、実はわれわれの問題でもあるといわなければなりません。

これに関連して私に非常に興味あることの一つは、ペレストロイカの思想はいったい何に根ざしているのだろうかという問題です。この点を明確にしませんと、ペレストロイカはどこを目指しているのかはっきりしない。西側のインパクトの所産だ、だから市場経済の導入に切りかえているのだと言う人がいます。そういう面がないわけではありません。しかし、西側を真似ているのだということになれば、だんだん西と同様な社会体制になってしまう。これだと話は非常に簡単ですが、たぶんそう単純にはいかないでしょう。

そうすると、根はどこにあるかということですが、ソ連の多才な政治学者ブルラツキーが「社会主義に関する新しい思考」という論文で、なかなかおもしろいことを書いています。彼によれば、ソ連の中では二つの流れが終始闘争してきた。一つは戦時共産主義的な体制。これは命令によって人を動員する型で、市場は完全に廃止し、強権によって食糧などを調達するという形の体制である。もう一つがネップ(NEP)。ネップは民主主義を重視して、市場経済を媒介にして社会主義を発展させようというもので、晩年のレーニンは将来の社会主義についてこのネップを重視していた。ところが、スターリン主義によってそれが崩されてしまった。スターリン主義は戦時共産主義型の社会主義の延長と考えられる。それに対してネップの考え方の延長としてペレストロイカが出てきた――これがブルラツキーの考え方です。これがソ連史の解釈としてどれだけ適切かは別にして、こうした自己イメージや自己解釈は、それ自体意味があります。彼によれば、ペレストロイカはレーニン主義の再解釈であり、その源流をたどれば、もともとマルクスが考えていた共産主義とか社会主義とは何であったか、というところまで遡っていくことになるというのです。

そのことは、必然的にもっと深い問題につながることになります。単に経済や技術の面で発展し豊かになるというだけではなくて、質的に人間の生活が向上することが目的になる。したがって、文化や倫理の問題が非常に重視されることになる。もちろん政治的な民主化も当然の課題となります。ところで興味深いのは彼のこの論文では「国家」には力点がおかれていないことです。それは市場経済を重視する半面で、国営とか国有化とかの比重が低下するということもありますが、それより大事なことは、社会主義の目標は、彼の表現でいうと「ワーキング・パースン」が福祉と文化を達成することであり、国有化などはその一つの手段にすぎないという点なのです。ここで「労働者《ワーカーズ》」という言葉が使われていないのも興味ある点です。そして彼は、ソ連が軍縮を推進するのは、単に国内経済上の必要ではなく、「地球の生き残り」のためであると強調しています。

このように「国家」の枠に限られないということは、すなわちグローバルな視点です。もともとマルクスもレーニンもインターナショナリストでしたし、もしそこに源流があるとすると、西側とは違った意味で民主主義が思想として発展させられていく可能性があるのかもしれません。ですから、たしかに西側のインパクトを受け、ソ連の諸民族の伝統文化も継承し、そして古典マルクス主義的な人間解放のイメージを追求する、そういうユニークな文化的な創造のプロセス、少なくともそういう努力の始まりだとペレストロイカを受けとって対応していくことも必要ではないかと思います。

そうした大きな変化を底流にもちながら、八五年以来ソ連で表面化してきた変化と改革の基礎に、私は一つの大きな歴史の動きを見ることができるように思うのです。すなわち、ソ連国内での民主化と自由化とが国際的な軍縮と平和とに不可分に結びついていること、そしてそこに見られるグローバルな相互依存と改革の視点は、ゴルバチョフその他の当事者がどう主観的に意識しているかとは別に、二つのことを意味しているといえます。第一は、一国の枠をこえた民主化過程の世界化という歴史的なトレンドの存在であり、第二に、そうした世界的民主化が、伝統的な国家間のパワー・ポリティクスを克服する過程の始動を示しているということです。

私たちは、近代の歴史を通じて、一方では、民主主義を一国の枠内で考え構築することに慣れてしまい、他方で、世界のかなりの部分に非民主的ないし反民主的な社会や国家が存在することを当然のこととしてきました。その結果、世界全体に民主主義が貫徹し、世界のすべての社会が民主化した時、どのような世界ができ、いわゆる国家間の「国際政治」や「権力政治」にどんな変化が起こりうるのかを想像し構想する思考力を失ってはいないだろうか。私たちは、今、そうした近代史の思考の惰性からもっと自由な発想を創り出すことが客観的に必要な時代に立っているように、私には思われるのです。

ところが、こうした大きな、また底深い歴史の変動の中にあるにもかかわらず、それを相変わらず大国の栄枯盛衰論という、古色蒼然たる枠組みでとらえるアプローチが、とくに米国と日本で流行気味です。歴史の大きな変動期にあるという予感ないし実感は正しいのですが、それのとらえ方としての覇権交替論は、どうも皮相な古さを脱していない。軍事史と経済史を組み合わせたアメリカ衰退論や覇権交替論には、依然として近代西欧的な「強国論」的発想があります。そして、そこには政治史が欠落しがちです。つまり、今われわれにとって最も重要で、しかも知的にチャレンジングな問題は、大国のヘゲモニーやその変動が、世界の民衆にとってどういう意味をもつのかという、グローバルな民主主義の問題のはずです。ところが「民主主義」に最も深い関心があるはずの西側、とくに米国での覇権交替論には、この視点が欠落しており、むしろ、民主主義の伝統の乏しいソ連でのペレストロイカは、民主化と自由化をグローバルな平和の問題として、「国家」をこえた問題提起——必ずしも体系的ではないにしろ——を行い、答えを模索しはじめているように思われるのです。

五　軍縮ヴィジョンのない西側社会

ところで、今後米ソの核軍縮を促進する上でどういう問題があるかを考えてみますと、一つには、海の問題があります。もう一つが宇宙、ＳＤＩの問題です。

海の核戦略については、アメリカが海では軍事的に優位に立っているために、なかなか簡単に応じない、真剣に交渉に乗らない恐れがあると思います。

しかし、水上および水中の巡航ミサイルは、基本的には全廃以外に答えを出しようがないのではないか。何パーセント減らすか、といっても答えようがない問題で、全廃論以外に解決はむずかしい。陸上のＩＮＦについては全廃の条約ができたわけですが、同じように、ある部類の兵器を全廃していくという方式は、多種多様な兵器をそれぞれ複雑な組み合わせで「削減」していくより実効性があるのではないか。この点は十分検討に値すると思います。

また海の核兵器については検証の問題もあります。海中の核兵器を検証するのがむずかしいのは当然ですが、これも結局は技術的にどう検証するかという問題ではなくて、政治的な決断の問題です。艦船は永久に海にいるわけにいかないので、必ず母港へ帰ってくるわけですから、ある時期を通じて一定の港で査察・検証することを認めるか認めないかであり、基本的には政治的な決断の問題だと思います。

八六年七月のゴルバチョフのウラジオストック演説が、太平洋の核の削減問題をはっきり言い出した初めてであり、さらに八八年九月のゴルバチョフ提案は、この問題を正面からとり上げています。今後、いろいろ具体的な提案が出てくるでしょうが、私は海の巡航ミサイルについては、核・非核を問わず、全廃論でいくべきだと思います。そして検証措置は米ソそれぞれの外国基地にも適用する必要があるでしょう。本国に帰航しないで在外基地にいることもありうるからです。そうすると、日本の非核三原則を国際的に生かす機会にもなるわけです。

ＳＤＩについては、レーガンの次の政権の政策がどうなるかということが絡んできますから、不確定要因がいろいろありますが、ソ連の軍縮路線がつづく限り、アメリカの国内でＳＤＩへの支持は弱くなっていくだろうと思います。もともと技術的に多くの無理があるものですし、それにＳＤＩがある程度作動して「役に立つ」場合というのは、これを攻撃兵器として使った時ではないですか。それに対しては、ソ連側は軍縮イニシアティヴをとりながら国際世論を変えていこうとするでしょう。また場合によってはソ連自身がこの分野の兵器あるいは対抗兵器開発を行なった上で、ちょうどＩＮＦと同様、ＳＤＩについてのゼロ・オプション的な議論を提起する可能性もあるかもしれません。

ソ連はＳＤＩを食い止めることに真剣です。それは、米国がこの分野で技術的に優位していて危険だということもあるでしょうが、それよりも、科学技術を人間がコントロールすることに限界があるということを、チェルノブイリ事故でいやというほど認識しているからだと私は思います。私はチェルノブイリの数週間後にソ連に行ったときに、ドブルイニン党書記とか、アレクサンドル科学アカデミー総裁などが、会議でチェルノブイリの話はしたがらないだろうと思っていました。ところが、彼らはまずそれから話を始めて、科学技術に対する人間のコントロール能力にいかに限界があるかを力説しました。原発でさえそうである、いわんやSDIのような巨大なシステムを宇宙につくったときに、百パーセント安全に作動させるなどと誰が言えるのか。そういう危機感と、人間のコントロール能力についての疑いを率直に語っていました。その意味では、米ソどちらが優位しているかという問題ではなくて、地球問題としてのSDIというとらえ方だともいえましょう。

日本では、今なお核抑止信仰が強いのですが、核抑止が不確かであるだけではなくて、安全保障という点から見ても危険でありうるという認識では、レーガンとゴルバチョフは、一致しているわけです。ただレーガンはそこからSDIにいき、ゴルバチョフは軍縮にいったという違いはありますが、核抑止に安住してはいられないという点では米ソの当事者は一致しているのです。ですから、なお核抑止論を信じている人があるとすれば、それは非現実的であるか、他の目的のためにタメにする議論をしているかでしょう。

西ヨーロッパでなお抑止の議論をしているのは、主として通常兵力についてです。しかし八八年七月、ワルシャワ条約首脳会議は、ヨーロッパにおいてソ連の通常兵力が優位していて東西の兵力に「不均衡」があることを公式に認めました。その含みは条件次第で東側がより多く減らすことを考えるということでしょう。したがって、通常兵力の軍縮についても、ヨーロッパではかなり進む可能性があります。それにゴルバチョフは、「防衛的防衛」に類する議論もしていますから、もしその線をおし進めていけば、いままでのような「均衡論《バランス》」とは異なったアプローチが出てきうるわけです。

　他面、過去からのいきさつで、まだ西側には対ソ不信が相当に残っています。もう一つにはゴルバチョフ路線がどこまで安定しているのかわからないという主張もあります。そういうことを理由ないし口実にして、基本的には西側の優位を維持しようというのが多くの場合「均衡論」の狙いです。なぜ西側の優位を維持するのかといえば、西側の体制のほうが価値的にすぐれていると思っている人もいるでしょうし、軍産複合体による既得権益をもっている人々もあるでしょう。

　しかし、今日起こっている、この大きな歴史的変動をふまえて未来を展望する場合、われわれとして問題とすべきことは、軍縮についてゴルバチョフから大胆なヴィジョンが出されてきているにもかかわらず、それに対して西側には積極的な軍縮ヴィジョンがほとんど無いということです。これはなぜなのだろうか。このことは、西側の問題として考えなければいけないと思います。長いあいだ西側の優位を前提にしてきた国際体系に乗っているわけですから、急ぐことはない、適当に付き合って優位を維持しながら減らしていくのならいいが、こちらから言い出すことはなかろうという考え方があるかもしれません。

　けれども問題はそうした戦術的レヴェルだけのものではなくて、西側の中に、未来の世界についての積極的なヴィジョンを構想する力がいちじるしく萎えてしまっているのではないかということなのです。

　それは西側社会自身の未来像についてもそうです。いままでとは違う時代がきた、いままでの枠組みは当てはまらなくなったという認識は広く共有されています。しかし、それではどういう社会や文化を創ろうとしているのかとなると、わからないという状態がつづいている。「不確実性」とか「不透明」といった言葉が流行してきたことは、それを示す一例です。さきほど言ったことですが、ゴルバチョフの改革がもし西側を模倣するということであるとすれば、彼がしているのは決して新しいことではない。しかしそうではなくて、違う源流から出てきたものだとしますと、彼は彼なりに新しい未来秩序を構想しようとしているわけです。それに匹敵するものとして西側に何があるのだろうかというと、ないと言わざるをえない。それが「均衡」とか「抑止」とかいった、使い古した言葉でしか応答できないでいる、最も基本的な理由なのではないかと私は憂えます。

六　「地域紛争」解決の課題

くり返しになりますが、軍拡の構造には五つのレヴェルがあります。第一は超大国の中の軍産複合体やその自己肥大。第二のレヴェルが米ソ超大国のあいだの軍備競争。第三が超大国ないしは先進国から第三世界、あるいは衛星国への軍備や兵器の流出。第四は第三世界の国家間の軍備競争、そして第五は、第三世界で国内の抑圧体制を維持するために使われている軍事力、この五つです。

私は、ＩＮＦ交渉の成果にあらわれたゴルバチョフのイニシアティヴのもとで起こった変化は、ソ連については、一と二と三との全部を変えつつあると思います。一については軍事費の削減、軍に対する文民のコントロールの強化などが進むでしょう。第二の米ソ関係の変化は言うまでもないでしょう。

次は三のレヴェルですが、これはアフガニスタンからの撤兵が代表的な例です。その前に、モンゴルから撤兵を開始して、中ソ国境の緊張について和解のサインを送りました。またインドシナ問題について、ヴェトナムに従来とは違った和平へのはたらきかけを始めている。このレヴェルまでは、すでに現実に変化が起こっています。

このように見てきますと、第二次大戦後おびただしい流血をみた多くの「地域紛争」とくに第三世界での武力紛争の中で、どれだけ多くのものが米ソ対立あるいは米ソによる介入に絡んでいたかということを、あらためて認識させられます。一見土着的な対立と見えるものであっても、米ソの対立や介入が重なることによって解決が困難になり、無数の人が犠牲になった。その枠がいま崩れ始めているわけです。そのことを逆に証明するのは、中米での紛争です。ここでは、いまだに米国の介入が問題をこじらせていることは明瞭です。エルサルバドルへの介入、ニカラグアの反政府ゲリラへの援助といった形での介入などがある。今なおアメリカの勢力圏におかれていることの結果、中米では第三のレヴェルでの軍事化が続いています。

残るのは、四と五のレヴェルです。四の中ではイラン・イラク戦争が大きいものでしたが、これは米ソどちらも影響力を行使するのに限界があった。しかし、逆にいうと、当事国の主体的決定で紛争を終結することは十分可能だったのです。ですから、現にイランの決断で停戦が実現しました。この戦争の場合、米国のペルシャ湾派兵までは、超大国の直接介入はなかったのですが、それでも、米ソの影は常につきまとっていました。にもかかわらず、この地域での米ソ対決という事態が生じなかったことが、当事者の決断による紛争終結を、どんなに容易にしたかわかりません。

今後、本来米ソ以外に紛争の根があったケースについては、当事国が自立的に解決していくことが当然必要になってくるでしょう。少なくとも米ソがそれを妨げない条件が次第に形成されてきています。米ソのデタントで世界中が急に平和になるわけでは毛頭ないのですが、紛争を局地化して自主的に解決するという公算はふえてきたと思います。

その場合、前にも述べたように、これらの後発新興国が、無数の戦争や悲劇の歴史をもつ西欧型の主権国家体系の単なる後追いにとどまらないことが絶対に必要です。植民地帝国によって恣意的に決められた「国境」にどういう意味があるのかという問題は、アフリカやアジアに顕著であることは周知のとおりです。しかも、かつての植民地帝国の側では、もう従来の主権国家の枠だけでは生存に適さないとして、ＥＣその他の形で国際的な調整や統合を強めはじめている時に、後発国が主権国家モデルにこだわって相互の紛争や対立の泥沼に陥るとしたら、その最大の被害者は、それら後発国とその国の民衆なのです。ですから、やや逆説的ですが、これら後発国の「自主性」は、相互の共存や協力を強めることによってしか確立されないという歴史的条件の下におかれているのです。

最後に五のレヴェル、つまり途上国内での抑圧体制と結びついた軍事化にはいろいろな要因がありますが、最も基本的な理由は、一方での貧困や格差、他方での民衆の人間としての権利の要求、この二つの間の矛盾をはらむ現存体制を強権的秩序づけで維持しようとするところにある。それはいわゆる「社会主義」の下での「貧困の平等化」や経済の停滞が、よりよい生活を求める民衆との緊張を生むという形もあれば、いわゆる「資本主義」的な高度成長指向が国内格差を増大し、公正配分を求める民衆の抵抗を生むという形もあります。この「公正な経済発展」を、上からの強権支配、下からの武装抵抗といった暴力なしに、平和的に行うのは容易なことではありません。ことに、これを途上国それぞれが一国単位で行うことには、どうしても限界や無理があるのです。

考えてみれば、近代の経済発展の先進国イギリスの場合、国内では比較的には暴政や革命が少なく、議会政治が育ったと言えますが、対外的には、無数の武力行使、戦争、征服を行なって大英帝国をつくった。国内で使わない分の暴力を外で使ったと言ってもいいくらいですが、いずれにしろ、帝国をつくって経済発展を行なったということは、一国単位で発展したのではない、ということなのです。つまり、国内の比較的平和な経済発展が一国の枠内だけでは難しいということを、イギリスの例も示しているのです。といって今日の途上国には、帝国をつくることは不可能と言っていい。だとすれば、暴力で一国の枠をこえるのでなく、非暴力的・平和的に一国の枠をこえる以外にない。そこに、四との関連で述べた途上国間の協力の必要があるのですが、これだけでは「公正な経済発展」を、しかもできるだけ早い時期に遂げるのにとても足りません。そこに、先進国による協力や援助の必要性があります。

つまり、後発国や途上国の経済的発展と政治的民主化との二つの目標が同時に達成されるためには、先進国の協力や援助が不可欠であり、これなくしては、途上国の国内体制の軍事化を防いだり解消したりすることは非常に難しいということなのです。

大国が「地域紛争」と呼ぶものが、以上の四と五のレヴェルをふくむとしますと、この紛争の解決や防止の必要条件は、どちらの場合も国際協力ということです。もちろん、それぞれの国やその民衆の自立的・内発的行動が基本ですから、外からの協力は十分条件ではありませんが、不可欠の必要条件です。国際協力には二国間型もありますが、紛争解決と発展とをできるだけ公正に進めるには、多国間型の国際機構のほうが適役であることは周知のとおりです。それに「地域紛争」といっても、途上国の人間が世界人口の三分の二を占めているのですから、人間的・人類的な視点からすれば世界的な問題にほかならない。「地域紛争」という言葉自体に、一種の大国中心の世界像が反映しているとも言えます。

ところで、平和維持機構としての国連の重要性と有効性が、八八年のアフガニスタン撤兵、イラン・イラク停戦などを契機に、にわかに注目されてきていますが、この背景には、言うまでもなくソ連が国連支持へと大きく変化したことがあります。つまり、ゴルバチョフ外交がグローバルな視点をも重視するということは、彼自身が言っているように、世界的な制度化の促進へとつながります。それが現存の国連機構を強化することに集約されるのか、それともそれ以上の新たな組織の創出を推進することになるのかは、まだわかりませんが、当面ソ連は非常に積極的に国連システムを使っていこうという考え方を示しています。そういう政策が進められていけば、超大国の対立や介入と直接に関係のない「地域紛争」については、地域内発的な紛争解決と国際組織による解決の動きと、両方のアプローチが可能であり、しかもそれがうまく重なりあえば、その二つが相補的な効果をあげ、紛争が破局的な事態にならないで解決されていく可能性が、いままでよりは大きくなると考えていいと思います。

その半面、今後は中間の国の役割が大きくなると思われます。世界の紛争解決に寄与できるだけの広義のリソースを持っているのは、米ソに次いで、中間的な大国だからです。たとえば、米ソが紛争の根源では必ずしもない、したがってまた米ソが紛争解決の当事者として必ずしも適格でないという状況が出てきたときに、中間大国である日本、イギリス、フランス、ドイツ、中国、インドなどがどういう動き方をするか、そのことのもつ比重が増大していくでしょう。

その一例として、イギリスやフランスや中国がいつ核軍縮交渉のテーブルにつくのかという問題があるのですが、これはずっとあいまいにされてきています。私はその点では中国の政策には必ずしも納得がいかないのです。核兵器は九〇％以上米ソが持っているのだから、まず米ソから核軍縮を始めろと言うのはいい。しかし、米ソが軍縮に動きだした以上、次に自分たちはどういう対応をするのかを言うべきときが来ているのではないかと思うのです。この点で、私はとくにフランスと中国に注目しています。これまで「核兵器は悪だ」という声が、この二国からはあまりあがっていないからです。

七 自縛状態にある日本

そこで日本についてですが、一九七〇年代末からとくに顕著になった日本の国際的地位の変化は、日本がグローバルな経済大国になったことによります。ですから、安保問題を議論するときにも、日米関係の枠組みだけではなくて、世界の中での日本はどうあるべきかという問題を真正面から議論しなければならないところにきています。それは主として経済の面からであり、たしかに日本の経済界は、ある意味ではグローバルな視点をもつようになりました。しかし、それも本質的には企業単位での発想や行動ですから、結局は私的な利益の観点を出ません。したがって日本のグローバル・パワーは、グローバルな公的利益という視点を欠いたまま膨張し、その結果、グローバル・プロブレムをさまざまな場面でつくり出しています。日本の輸出、日本の投資、あるいは日本の援助などが、量的にふえることによって、かえって質的に問題を深めていくことが、多くの場所で起こっているのです。日本の位置づけの問題は、前よりもっと大きなスケールで重要性を増している。しかし、いったい日本は何をしようとしているのかよくわからないままで、体だけ大きくなってしまったという、精神的に未成熟な肥満児のような存在です。

このように日本の世界的位置の実態はずいぶん変わったにもかかわらず、冷戦的な発想や行動を変える動きは実に遅い。それには三つの理由があると思います。

第一は、これは私が以前から言っていることですが、基本的に戦後の日本は一貫して冷戦――ここで冷戦というのは米国のヘゲモニーですが――の受益者として行動してきたことです。これは、ほとんど戦後日本の体質になってしまっています。戦後の経済復興や朝鮮戦争がその例でしたし、沖縄の本土復帰問題もそうでした。沖縄交渉と繊維交渉を重ねる形で、結局アメリカ市場を確保するためには沖縄の基地や核について実際上あいまいな結着をつけました。日韓問題もそうです。朝鮮の分断への積極参加というコストを払って日本側は韓国市場を手に入れた。そういう積み重ねが多いものですから、アメリカのヘゲモニーのもとでの冷戦構造を変えようといった発想が生まれにくい。そこに見られる冷戦体質は、日本人が意識しているより以上に、根深いと私は思います。

たとえば、こういう現象があります。『朝日新聞』が八七年のワシントンでの米ソ首脳会談の後で、西側の国との比較の世論調査をしました。「東西緊張はこれから緩和すると思うか」という設問に対して、「緩和しない」というのは日本が一番高くて五〇%、アメリカの四五%よりも高い。西ドイツは二八%で一番低かった。「ソ連はいままでより信用できる国になったか」というのについても、「なった」が日本が一番低くて三四%。これに対して、米国五五%、英国六五%、フランス五四%、西ドイツ七三%です。つまり西ドイツのような最前線国家として冷戦の苦しみを味わってきた国の国民は、この逆境から脱却することがいかに必要であるかということを切実に感じており、冷戦体制からの脱却を可能にする兆しとして、極端にいえばすがるような思いでＩＮＦ交渉を受け取ったところがあるのでしょう。ところが、日本は軍事的には明らかに前線国家であり前進基地なのですが、海があるということも影響しているのか、心理的にはその意識がきわめて薄い。冷戦の怖さの自覚が乏しく、むしろ冷戦に安住している。

第二には、日本政府が冷戦の現状を変えるために何もしていないということ自体が理由になっていると思われます。つまり政府が対ソ関係を変えないことが、対ソ関係は変わらないというイメージを国民に植えつけるし、さらには対ソ関係は変えられないというイメージにさえもなる。そこで政府は対ソ関係を変える方向での内圧を受けないですむ。こういう変な循環が起こってしまっていて、ソ連との関係は可塑的なものであるという意識が非常に薄いのです。このことも、冷戦的なメンタリティを持続させる一因になっています。

第三に、米ソ関係の変化という実態があるのに日本人の対ソ意識が変わらないというギャップは、米国とのかかわりにも根ざしています。たとえば貿易摩擦という背景もあって、米国から高価な兵器を大量に買っています。対潜哨戒機P3Cを一〇〇機ぐらい買おうというのですから、世界に冠たるものです。しかし、こうした対潜兵器の増加と高度化は、当然にソ連を刺激する。そこでオホーツク海や日本海で、ソ連はそれに対応した海軍力の強化や活発化の行動をとる。そうすると、「ソ連はヨーロッパでは軍縮だなどといっているけれども、太平洋側では依然として変わらない、だからもっと日本は軍備と日米軍事協力とを強化する必要がある」という論理で、米国からまた高価な兵器を買うことになります。

こうした兵器購入の起こりは、歴史的には対ソ冷戦でしたが、八〇年代には日米経済摩擦緩和策の一環として起こっている面がかなり大きい。要するに米国は日本に高額のハイテク兵器を売って、日ソ関係を緩和しにくい状態にする、そうすると日本がまた兵器を買ってくれる——米国はそういう枠組みをつくって、日ソ関係を緊張させておけば、日本にいい市場が確保できるわけです。そのペースに日本は乗ってしまい、米国が日本経済を日米同盟のとりこにしている。その半面でレーガンとゴルバチョフは握手をしており、米ソの経済関係はこれから強まっていくでしょう。日本はこれに取り残されており、必ずしも対ソ関係からではなくて、対米関係の反射的効果として対ソ関係が凍結してしまう、という泥沼に入りかかっていると懸念されます。

八　〝似たもの〟としての日本とソ連

日本がいま早急に取りくむべき問題の一つは、ソ連観の修正だと思います。米ソ関係がこれだけ変化し、またソ連と西ヨーロッパとの関係がこれだけ変化してきているときに、ソ連についての考え方を日本の視点から考え直す必要があるのではないか。米国の目で、あるいは西ヨーロッパの目でソ連を見直して、ゴルバチョフを評価するだけでなく、日本の観点からソ連を考えてみる、そのこと自身が日本を考え直すことにもなるのではないかと思います。

というのは、われわれは日ソ関係を考える場合に、日本とソ連は多くの基本的な点で違うから対立すると考えてきました。しかし私は逆に、日本とソ連は似ている点があるから対立してきた面があるので、そのことを考え直すことによって、日本自身をも考え直し、そしてソ連の理解をも深める、そういうことが必要だし可能なのではないかと思うのです。

まず第一に、幕末から明治の初期、日本にとって当時の相対的先進国だった「列強」がモデルになったわけですが、列強はすべて日本より軍事的な大国だった。そして軍事的な大国が同時に「文明」の先進国でした。だからイギリス、アメリカ、フランスなどから経済制度や科学やテクノロジーを輸入するとか、ドイツから憲法を輸入するとか、いろいろな輸入をした。これら「列強」は、日本にとり怖い国ですが同時にすぐれた国だった。ところが、ロシアだけは、軍事的には日本より強力と思われたけれども、若干の文学を除けば、そこから科学技術や制度を輸入して日本が学ぶ国とは考えられなかった。ですからこの場合は、軍事的優位は文明的優位と結びつかない。むしろ軍事的に怖いだけに、極端にいえば「非文明的」な国として認識され、とかくロシアは不気味な存在と見られてきた。ロシア革命によって帝政ロシアがソ連に変わると、なおさらそうした受取り方が強くなった。

しかし考えてみますと、明治以降の日本も世界の中で、とくに先進国や「列強」にとって、同様な性格の存在だったと思うのです。明治の後半から大正、昭和の初めにかけて、日本はたしかに軍事力は強くなって、世界の列強に伍した。日露戦争までは日本に好意的な空気もありましたが、しかしほとんどの国も、日本が「文明国」だとは認めなかった。やがて「黄禍論」を唱え出す欧米が認めないだけではなくて、西欧以外の諸民族の場合も、日露戦争後しばらくは、アジア「文明」の担い手として日本に期待を寄せるタゴール的な人もいましたが、その後軍国主義化した日本については、軍事的大国として認めても、「文明」の先進国として考えることはなかった。その意味ではよく似ているところがあるのです。日本にとってソ連が気持ちの悪い存在であったと同様に、日本も気持ちの悪い存在として、ソ連をふくむ世界諸国に受けとられるかなり長い歴史があった。このことを反省する必要があるでしょうし、互いに似ている点があり、共通に反省しなければならないと考えることによって日本を相対化し、かえってソ連を理解しうるようになると思います。

第二の共通点は、土着的な民主主義の伝統が、いちじるしく乏しいことです。ソ連は、帝政を倒し、革命は起こしたけれども、スターリン主義になってしまって、今になって上からの民主化をいわなければならない。日本も自由民権運動や大正デモクラシーはあったかもしれないが、結局は軍国主義になってしまい、戦争に負けて、上からの民主化をしなければならなかった。日本の近代史を考えるなら、ソ連のもっている苦しみが理解できる点が多々あるのではないか。ソ連は非民主的だとか、自由がないとかいう前に、日本はどうだったのだろうか、どれだけわれわれは自由のために闘ったのだろうかと考えてみますと、日本問題が同時にソ連問題にも近似することがわかるのではないか。

第三に共通なことは、先進国指向が非常に強くて、とくに西側の大国のことが念頭にあって、それに追いつけ追い越せという路線を強行してきたことです。それはそれなりに理由があったのですが、その半面で、小国の立場に対する感受性がきわめて鈍くなってしまった。たとえばソ連の東欧に対する姿勢とか、バルト三国への対応とか、当然批判の余地がありますが、日本はどうだったかというと、アジア諸民族との関係でやはり同じ問題があります。このように日本を相対化することを通じてソ連を理解する、そして、共通の負の遺産をプラスに転化する発想をもつことが必要なのではないか。

第四は、例の領土問題です。ソ連の場合は何度も外国や異民族に侵入されてきましたから、領土意識が非常に強い。寸土たりとも失うと国の安全に禍いが及ぶ、だから第二次大戦でとったところは絶対手放さないという意識です。

日本の場合は、明治以降今日まで、外国に対して領土を失ったのは千島以外にないのです。朝鮮や台湾の放棄は、植民地の解放ですから話が別です。唯一の例は、日清戦争で取った遼東半島を、三国干渉によって返させられてしまった経験です。それでも「臥薪嘗胆」とかいって、大変な騒ぎだった。もともと日本領土でないものを失った場合でも大騒ぎする。領土喪失の経験が乏しいために、逆に領土を失うことについて強い拒絶反応を示す。

このように歴史的経験は対照的なのですが、領土に異常に固執する点では、日ソに共通の心理がある。われわれが日本人のこのような心理を対象化して考えれば、逆にソ連がなぜこだわるのかという点についても理解がしやすくなるでしょう。私は今日「領土」とか「国境」という古典的な観念に大幅な修正が必要な時代になっていると思うのですが、こういう展望も射程にいれて、領土問題について、日ソ双方がその「領土」観を互いに検討し直す必要があるのではないかと思います。

にもかかわらず第五に、反戦、つまり戦争否定という点では、国民レヴェルではかなり共通の感情があったと思います。第二次大戦後、「平和」とか「平和運動」とか、そういう言葉がシニカルな含みをもたないで語られる国はあまり多くなかったかと思いますが、ソ連はその一つです。結婚した礼装の若いカップルが無名戦士の墓に行くという儀式のあり方にも、戦争の傷が生活の中に深く残っていることが示されています。戦後の日本人の中にもそうした反戦の気持ちはずいぶん強くあったし、今もあると思います。ただ不幸にしてソ連の場合には、戦争に反対するためにこそ、軍備を強くしなければ危ないという方向にいってしまったのですが、そうした国家の政策は別にして、国民感情の基本では日ソ両国民には多くの共通したものがあります。

今後の日ソ関係を考える場合に、マイナスの共通面をプラスに転じると同時に、プラスの共通面をもっと強化していくということで、共通の言葉をもつ余地は十分あると思います。それによって、日本は大国主義に依拠してではなくて、軍縮を共同で進めるという方向で、日ソ関係を改善していく可能性を探ることができると思うのです。

九　重要性を増す日本のイニシアティヴ

日本の役割について、いくつか付言しますと、一つは、さきほどふれた中間大国の役割に関連することです。アジア・太平洋地域で非常に大きな影響力をもっているのは、米ソを除きますと日本と中国です。この二つがどう動くかがこの地域の将来にとって決定的に重要です。朝鮮半島の将来にもこの点は深くかかわっています。ところで、この二つの国ですが、日本は軍事費をふやしています。しかし、武器輸出についてはゼロではないが、武器禁輸三原則で一応の抑制がきいています。それに対して中国は、このところ軍事費はふやしていない。しかし武器輸出は急速にふやしている。輸出先は主に第三世界です。これは第三世界の利益を代表するという立場をとってきた中国として非常におかしいと、私は中国の友人に言っています。それはともかく、いま日中が共同で軍縮という課題について責任を果たす一つの手がかりは、日本は軍事費をGNP一％以下に減らす、中国は武器輸出を減らすか、やめることです。そういう二つのイニシアティヴを互いにとり合うことで、日中がアジア・太平洋地域の軍縮について共同のイニシアティヴをとりうるのです。

今日の通常兵器は非常な破壊力をもっていますから、核兵器のことばかり言いすぎると、日本も持っている通常兵力の恐ろしさを忘れる危険があります。だから、核軍縮だけでなく、通常兵器や化学兵器の軍縮について、アジア・太平洋地域で通常兵器保有国がなしうることにかんして国際的に議論を起こす必要があります。そのために日本が軍事費をGNP一％以下に落とすというイニシアティヴをとることは、たいへん大きい意味をもつ。日本が発信できる、非常に有効な平和・不戦のメッセージです。そしてそのことは、結果的に日本を「防衛的な防衛」つまり厳密な意味での「専守防衛」の態勢に導くことになるでしょう。

現在のソ連の軍縮イニシアティヴが続けば、やがて西ヨーロッパと東ヨーロッパの間である程度の軍縮が可能になるでしょう。ソ連と西ヨーロッパとの間もそのようになるでしょう。さらにソ連と中国との間でも和解の動きが多々見られる。インドシナ問題の解決が進めば、中ソ国境からの軍事的引き離しはさらに進むでしょう。それから日本と中国でいま述べたような共同軍縮イニシアティヴをとることができる。そしてアメリカもソ連に呼応して、軍縮を行なっていくことになりますと、結局西欧から東欧からソ連から中国、日本、北アメリカにかけて、広大な不戦地帯が事実上形成されてきうるのです。軍備はまだ残っているかもしれないが、戦争の可能性がきわめて小さい状態が、この広大な北半球にでき上がるのです。

こうした巨大な歴史的変化が北半球におこった場合、それが第三世界にどのような意味をもつのかは、さきほど軍拡の世界的構造の三、四、五のレヴェルについて述べた問題点を、いわば裏返しにすればかなりはっきりすると思います。北での不戦ベルトの形成によって、単に南への介入がなくなるだけでなく、北の国々の南への共同の協力体制ができれば、それが途上国にとって大きな意味をもちうることは明らかでしょう。

これまで北の国々の間の対立の一環として、北の南への関心がもたれた面があるだけに、北での不戦ベルトの形成が、北の南への無関心を生む危険もないわけではありません。それだけに北の人々が、グローバルな民主主義の問題として南との協力に取り組む「新しい思考」が、人類の未来には不可欠です。

このような展望を射程に入れた上で、日本の第三世界へのかかわりの問題点を考えるために一例だけあげておきたいと思います。

それは、フィリピンで議論されている非核政策のことです。フィリピン側のこの動きに対して、アメリカは一方で報復措置をほのめかし、他方で金を支払うことによってあまり荒立てないように仕向けようという、ムチとアメの対応を示しています。しかし、在比米軍基地の使用料の値上げもフィリピン側から要求され、米国には財政的に重荷になっている。そこで日本に肩代わりさせたいわけですが、日本としてもあまり露骨には基地経費を肩代わりできないから、多数国による対比援助の増額という話になっている。しかし、もしフィリピン民衆の運動の巨力で米軍の核基地を置けなくなってきたような場合に、一つには日本にどういう影響が及ぶのか、たとえば沖縄や横須賀にどういう影響が及ぶのかということ、第二にはフィリピンの非核化に日本人はどう連帯するのか、そういうことはまだほとんど議論されていません。どうしてなのか、不思議なのですが、これまで日本人は日本の非核三原則のことに集中しすぎていて、他の国で非核政策が推進されたときに、日本側がそれに応じてどう連帯するのかという問題は、あまりつめられていなかったように思います。

　これに関連するもう一つの問題は、政府の開発援助ＯＤＡです。マルコスへのリベートが六四億円といった汚点にみちた「経済協力」の歴史をもつ日本のフィリピンに対するＯＤＡとは、いったい何なのか。インドネシアは日本の最大の援助国で、同国に対するＯＤＡは八八年度二三億ドルの巨額にのぼるものですが、これはいったい何なのだろうかといった問題です。もちろんＯＤＡは必要なのですが、しかしＯＤＡをふやすこと自体が善であるかのような、それで軍事費一％超過と帳消しにしようとするような、イメージ操作が見られます。このＯＤＡを国民が監視することは非常に重要だと思います。実際に行われているのは、軍事費増に代わるＯＤＡでなく、軍事費増に並行するＯＤＡなのです。こうしたアプローチをとる以上、ペルシャ湾岸からの石油確保のための一千カイリ「シーレーン防衛」といった、短絡した論理が使われ、実際には対ソ目的の米日共同の海軍力増強という政策の実態を隠すといった手法がとられても不思議ではありません。そこには、第三世界へのかかわりにヒズミやスリカエがあるのです。

　中曽根内閣が大型間接税を言い出した時から、日本では税金論争が戦後で最も高まっていますが、私はこれは健全な現象だと思っています。民主主義と税金の問題とが切り離せないのは歴史的にも明らかであって、税金について国民がうるさくなるのは好ましいことです。そうだとすれば、ＯＤＡについても、国民はもっとうるさくなければいけない。

つまり、ＯＤＡがふえるにつれ、これを国民や野党やマスメディアがどう民主的にコントロールするかということは、日本の民主主義にとって重要な問題になってきているのです。そして日本の中でＯＤＡの民主的コントロールを適切に行うことが、援助を受け取る側でも、援助が一部の既得権益や強権政治の維持などのために使われることのないようにチェックする装置の形成を促進することになる。日本の中で民主主義が作動し活性化することが、第三世界の軍事化を困難にし、その非軍事化と民主化を促進することに連動してくるのです。

単に日本の非軍事化だけではなくて、世界の非軍事化を考えた場合、第三世界の軍事化を阻止する上で日本がもっているリソースが非常に大きくなってきた事実を重視すべきです。これは何よりもまず日本自身の民主主義の強化にかかわっている問題なのです。もし世界とのかかわりで、とくに第三世界とのかかわりで、日本国内の民主政治がもっと活性化すれば、「日本は何もメッセージのない国だ」「日本は普遍的な原理としての民主主義について何を考えているのか」「日本は第三世界の人権問題についてどうしてこうも鈍感なのか」といった、これまで日本に向けられてきた批判に答える一番いいメッセージとなるでしょう。内なる民主主義の活性化が、外にも波及効果を及ぼすのです。世界の非軍事化という問題を考えるときに、こうしたわれわれ自身の民主主義の問題にまで枠を拡げて取り組む必要があると思います。

十 日常から世界へ

最後に、私自身への反省をこめて一言申しあげたい。たとえば日本の戦争の侵略性を否定するような奥野発言などを見ますと、とかく私たちは、昔ながらの古い考えがまた出てきたと受け取りがちです。中曾根氏の国家主義的言動についても、昔からああいう体質だったと見がちです。しかしそれだけでしたら、時間が処理してくれる問題です。ところが、その間に若い人の方に類似の反応が出始めてきた。それには、やはり教育、つまりマスメディアをふくめての教育の変化の影響が非常に大きかったのではないか。教科書をはじめとして、日本は暗い陰のないいい歴史の国だという意識が相当大量に浸透する装置ができてしまった。その上、こうした過去の読み替えに加えて、現在の経済的な成功があるために、そうした操作された独善的な歴史観がかなり浸透し、日本が軍事化に伴ってどういう傷を自他に負わせたのかをほとんど意識しないようになってきた。

ですから、表面に出る奥野的あるいは中曾根的な歴史観や国家主義と、いまの若者の間にジワジワと浸透している大国主義や自己満足との間が、教育というトランスミッション・ベルトでつながれているという印象を禁じえないのです。教育ベルト、教科書ベルトのもつ重さは決して過大視しすぎることはないというのが、私の実感です。今日の日本の、方向不明の国家主義も、古い問題ではなく、古くて新しい問題として取り組まなければならないと思います。

それは換言すれば、日本における自由とはいったい何なのだろうかという問題です。歴史上、国家や権力とのきびしい緊張関係に立ってきたのは、「自由とは何か」という問いでした。この問題を日本の若者自身がもう一度考える必要があるのではないか。少し注意して見れば、時に常軌を逸するほどの日本のマスメディアの過当競争の影響ひとつとっても、自分たちは操作の対象にされているのではないかという意識をもつきっかけは、たくさんあるはずです。そういう中で、日本の見えざる権力構造をもっと自覚化していく作業は十分できると思うのです。

こうした日本の異常さを自覚するのに、かつては欧米社会だけが引照されることが多かったのですが、今日では第三世界を体験することによって、日本を逆照射する機会をもった若い人々もふえています。そういう体験が日本を考え直す力となるはずです。

しかも第三世界体験は、日本社会自体の国際化に伴い、日本そのものの内部でも生じるように、急速に変わってきています。いままでは東南アジアに行ってショックを受けたといった体験を契機に、日本を考え直すことが多かったのですが、このごろは外国人労働者の問題などもあって、日常的に日本社会の中で、日本人や日本社会を逆照射し、日本のありようを考えさせられることが少なくないわけです。

それに、実はこうした変動は、日本だけではなく、世界的に起こっているのです。一民族だけから成る国家など、東西南北を問わず世界のどこにもない。異なったエスニック・グループがどの国にもあるわけで、だとすれば、どのようにしてこれらの集団が対等に、しかも多様性を保持して共生していくのかというのは、文字通り世界問題なのです。異民族間の平和共存は、これまで主として国家間の「国際」問題と考えられてきました。しかし今日では、少数民族やエスニック・グループ間に「民主主義の世界化」が浸透した結果、この「国際」問題が、「国内」で異なった民族・文化集団がどう平和共存し共生していくかという身近な問題に、直結することになった。逆に言えば、この日常生活の問題を解いていくことが、また世界的な規模での人間や民族の対等性と多様性に立脚した平和を創っていくことと、不可分につながっているのが現代なのです。

これは基本的には人権の問題に帰着します。そして人権との緊張で、入国管理とか警察とかのあり方を究明していけば、結局国家の暴力機構にぶつかるのです。

今日、兵器体系や軍隊は、とくに先進国では、日常的に可視性をいちじるしく減じています。ですから「軍事化」という問題も、軍備とか戦争といった角度だけからでは、想像力を駆使しない限り、日常的には見えにくい。しかし他面、具体的にいま、日本で、また他の国々で、人権がどういう状態にあるかということから入っていくと、国家権力は鮮明に意識されてきますし、そうした文脈の中で、権力の軍事化、ひいては世界政治の軍事化の構造も、強く意識されるようになります。一見迂遠のようですが、このようにして、軍事化のもつ意味を日常的に理解することが実は本筋であり、これは若い人にとどまらず、私たち大人も心しなければならない点だと思います。

（『新版　軍縮の政治学』岩波新書、一九八八年）

補論　核廃絶への行程

1　軍事化の落とし穴

一九八〇年代のはじめには、七九年にアフガニスタンに侵攻したソ連に対する米国のレーガン新政権の強硬姿勢、またその一環としての西ヨーロッパへの新型中距離核ミサイル（INF）配備を背景に、ヨーロッパをめぐって「新冷戦」と呼ばれる緊張激化が再現した。その反面、西ヨーロッパでは強力な反核市民運動が盛り上がりはじめていた。

一　先進国型軍事化

現在米ソ両国は、全世界を何回か破壊しつくすだけの核兵器をもっている。今から五〇年前には、世界を一度でも破壊しつくす能力をもった国は、一つもなかった。もしそうした破壊力をもとうとすれば、国の全面的な軍国主義化や、その下での人的・物的資源の根こそぎの動員、国民の消費生活のドン底への切り下げなどを行なっても、まだ足りなかったであろう。

日本の軍隊についても同じことがいえる。自衛隊の火力は、すでに一九六〇年代には戦前の日本軍の火力の水準をこえてしまったといわれる。だがそれだけの破壊力を自衛隊にもたせるために、これまでのところ、戦前なみの軍国主義化や消費水準の切り下げはおこってはいない。五〇年前には考えられなかった巨大な破壊力と豊かな消費生活とが、同時に達成されているのが今日の特徴であり、それを支えているのは現代の高度のテクノロジーである。ここからいくつかの問題が生じる。

第一に、恐るべき軍事的破壊力を保持することが直ちには消費生活に影響を与えないため、消費文化にドップリとつかった人々は、この破壊力の存在を忘れがちになる。もちろん軍事力の維持や増強は無償ではすまないから、いずれは国民にツケがまわってくる。ただそれにもかかわらず現代の特徴は、軍事費に対する国民の租税負担感の程度に比べ、ケタ違いに大きい破壊力が生み出されている点にある。米国の国民は軍事費負担を感じてはいるだろうが、それが全人類を何度も抹殺できる破壊力を支えているという実感はもちにくいのである。

このようにわれわれの想像を絶するほど破壊の効率が高いという事実は、二面的な意味を帯びている。一面で、それはいったん核戦争が勃発すれば、きわめて短時間にわれわれの消費文化が廃墟と化することを意味している。いわば破壊セクターのテクノロジーが、生産・消費のそれに対して隔絶した優位に立っているのだ。そのことは、消費文化の日常性がもつ脆さとむなしさを示している。

にもかかわらず、他面で、破壊技術の効率が高いからこそ、現代の軍事技術のシステムは、日常的には消費文化を大きく規制することなしに存続し、その結果多くの人々は、消費文化の脆さを意識せず、また破壊力の存在さえ忘却しがちになる。

第二に、日常的消費文化と非日常的破壊技術との併存・分離は、民衆と軍事エリートとの分離につながる。元来、民主制の下では、軍に対する民衆のコントロールの媒体となるのは大統領や首相といった軍の最高決定者である。

ところで今日、レーガン大統領とブレジネフ書記長ほど強大な軍事的決定権をもった人物は世界にいない。この二人のどちらか一方の決定で、全人類の生死が決まるのであり、これほど絶大な生殺与奪の権力をもった支配者は歴史上存在しない。問題は、この権力者の決定に生死を左右される世界の人間の九割近くが、この決定者の選出に参加する制度的な権利をもっていないということである。西側について見ても、われわれ日本国民の生死はレーガン大統領の手中に握られているが、われわれに米国大統領の選挙権があるわけではない。人類の九割が無権利状態に疎外されたままで、巨大な軍事的破壊システムが肥大を続けている。破壊の決定権を極度に少数のエリートの手中に独占させた現代の軍事・兵器体系が、いかに反民主主義的な構造のものであるかは明らかであろう。

民衆と軍事エリートの分離は、決定権の所在だけでなく、決定の結果についても現われる。それを端的に示すのは、核戦争に突入した時に軍事・政治エリートの生存のために備えられた退避施設である。ワシントン郊外には、水や電力を自給できる、放射能除去装置つきの地下都市ともいえる待避壕が以前から造られていたが、一九八〇年七月には、カーター大統領が「大統領指令58」を出して、政府要人の核戦争からの防護措置の検討を命じた(なおその後の動きについては『朝日新聞』一九八一年七月一一日参照)。ソ連にも同じような施設があるにちがいない。

ここでの問題は、核戦争になった場合に、国民が死滅しても政府要人が生きのびようとすることだけではない。それ以上に、そうしたシステムが平時から常時政府の中にくり込まれていること、またそれに対して、政府要人はもとより国民も疑念をあまり投じないという点にある。昔は、戦争で人民の大量死を招きながらエリートが支配を続けようとする体制は「専制政治」と率直に呼ばれたが、今日では同じ発想に立脚する体制が「民主政治」と呼ばれている。

この虚構こそ、「民主主義」や「自由」を守るために核戦争に備えるという行動が、いかに反民主主義的であるか、現代の宣寡的破壊力のシステムがいかに反民衆的な構造を内包しているかを雄弁に物語っている。核戦争そのものはもとより、核戦争を想定した軍備や戦略も、本質的に反民主的・反民衆的な性格を免れないのである。

第三に、それにもかかわらず多くの人々がこの点を意識しないでいるのは、日常性の次元では曲がりなりにまだ民主主義が続き、戦前型の軍国主義にはなっていないからであろう。だが、実はここに先進国の問題点がある。

いま近代国家の軍事化の歴史をふりかえってみると、そこに三つの型があるといってよい。第一は、対外的に軍事大国になったが国内的には軍国主義化しないですんだ国である。これは一九世紀前半には経済発展を開始した英・仏・米などの先進資本主義国の場合である。第二は、対外的に軍事大国になる過程で国内的にも軍国主義化した国である。これには一九世紀後半に経済発展を開始した独・日・伊などの中進資本主義国がはいる。第三は、対外的に軍事大国になることなしに、あるいはそれに先立って国内的に軍事化した国である。第二次大戦後に経済発展を開始しつつある多くの途上国がこれにあたる。

内外ともに軍事化した第二の型が歴史上典型的な「軍国主義」と見られたのだが、この部類の国々は第二次大戦での敗戦以後「非軍事化」され、第一の型に含まれるようになった。つまり今日の日本は、国内的に戦前のような軍国主義にならなくとも対外的に軍事大国になりうる条件を備えるようになった。こうした「先進国型軍事化」が可能になったこと、これが日本が「先進国」に仲間入りしたことの一つの帰結である。

今日明らかに、日本の国内の政治、経済、教育、文化の軍事化がはじまっている。ただ周知のように、そこには、戦前への反動を指向する勢力と、戦後の既得権益の保守を指向する勢力とがあり、その二つは同じではない。前者は中進国日本の遺産であり、後者は先進国日本の所産である。にもかかわらず次の二点に注意する必要がある。

一つは、この二つの勢力は異なるけれども、実は相互に補強し合う関係にあること。とくに、戦後保守の場合、反共反ソではあっても確固たるリベラリズムが信条化されているとは到底いえない。したがって紀元節、靖国問題といった、リベラリズムとは相容れないイデオロギー的な反動と、政治的・経済的な戦後の既得権益の保守とがセットになって、国内的軍事化を進めるという構図になっている。

もう一つは、戦前指向ではない戦後保守そのものに、国内の軍国主義化には消極的であっても、対外的には強力な軍事力を増大していく先進国型軍事化の危険が内在していることである。ここにある内と外との分離によって、われわれ国民が自覚する以上の軍事化が対外的に進行するという条件が生まれている。

二　軍事化の倒錯

今日、西側諸国の軍事化を促進する要因として「ソ連の脅威」があげられる。たしかにソ連の行動には、外の世界に脅威感を与える点がある。しかし「ソ連の脅威」を最も声高に叫ぶのが米国であるとなると、果たしてレーガン政権がいう意味で脅威があるというべきかは、おのずから別個の問題となろう。

例えばソ連のアフガニスタン侵攻が不当であることは明らかである。だとすれば、エルサルバドルの寡頭独裁政権に対して、ちょうどヴェトナム戦争の初期と同じように「軍事顧問団」その他の軍事援助を与え、ゲリラ根絶を理由に農民婦女子の大量虐殺を支援しているレーガン政権もまた非難されなければならない。もし米国が、その「裏庭」である中米に反米政権ができるのは許せない、というのであれば、自国の国境に反ソ政権ができる危険を看過できない、というソ連と同断というほかない。

また「ソ連の脅威」の実例として米国が強調するのは、西欧に向けてソ連・東欧に配備された、迎撃が困難で命中精度の高い中距離核ミサイル、いわゆる戦域核ミサイルである。これに対して同様なミサイルを西欧に配備することを米国は主張している。これは一見したところ「均衡」をとる発想のように見える。

しかし、ソ連の戦域核ミサイルは西欧だけを射程内におさめ、米国にはとどかないのに対し、米国が西欧に配備する戦域核ミサイルはソ連の心臓部にとどく。したがってもし欧州で「限定核戦争」がこれらのミサイルで行われた場合、ソ連の中枢は壊滅するが、米本国は無傷で残りうるわけである。これを「均衡」と考えるとすれば、そうした米国側の発想に一方的な独善があることは否みがたい。

では相手の「脅威」についてのこうした一方的な誇張はなぜおこるのか。もちろん相手が攻撃的で自分は防衛的と主張するのが外交の常套手段だということはある。しかしそれだけではなく、米国の国内政治そのものが「ソ連の脅威」を増幅するのである。

これまでにも米国の大統領が、自分の支持勢力を増すためにしばしば「ソ連の脅威」を力説したことはよく知られている。またレーガン登場の背景には、ヴェトナムで喪失した自信と威信を回復したいという選挙民の願望があったといわれる。しかし米国はヴェトナムでソ連に敗れたわけではない。

米国が「世界の憲兵」であることに挑戦したのは、第三世界の民族主義、ＯＰＥＣの資源戦略、イスラムの復興その他、ソ連以外にもたくさんある。それを単純化して、脅威をソ連一本にしぼる方式は、国際政治の現実の反映ではなく、国内政治状況の産物というべきである。こうしたレーガン政権の姿勢が米ソ関係を悪化させ、その結果「ソ連の脅威」が増している。

同様なことは日本についてもいえる。昨年(一九八〇年)六月の選挙で自民党が圧勝したのは、「ソ連の脅威」などよりも、衆参両院の同日選挙、大平首相の急死、その他当日の天候といった要因に影響されたところが大きかったといわれる。だが一旦自民党が多数派を占めると「ソ連の脅威」が声高に叫ばれ、それが政府の政策を左右するようになり、そのことが日ソ関係の悪化やソ連の対日態度の硬化をもたらし、結果として「ソ連の脅威」が増すことになった。

もちろん西側の国内政治だけが「ソ連の脅威」を生むのではない。しかし西側の国内政治で「ソ連の脅威」を力説する右寄り勢力が強まることが、本来あったソ連の脅威を格段に増幅していることは否めない事実である。「ソ連の脅威」は西側の内部からも発生することを看過してはなるまい。

今日の軍事化の基底にある、こうした一種の倒錯現象として、もう一つ見逃してならないのは、核兵器そのものである。

もともと核兵器は、まず核戦略理論があって造られたものではない。まず核兵器が造られたのだ。一九四五年七月に初めての実験に成功してから後で、米国政府はこれを使用すべきか、使うとすればどのように使うべきかを急いで検討し、広島と長崎に使用した。じらい今日にいたる三十余年間、さまざまの核戦略理論と呼ばれるものが試みてきたのは、核兵器の出現という既成事実を事後的に合理化し、核兵器を何とかして政治的目的の手段として使えるものにしようとすることであった。

核兵器の使用を前提にして一九五〇年代後半に案出された「大量報復戦略」や「限定核戦争論」が破綻し、六〇年代から核兵器は使用ではなく「抑止」のためのものという合理化がなされた。それ以来、核兵器は使えない兵器であり、使われない兵器であるといった幻想が広く受けいれられるようになった。

しかしそうした戦略理論のつじつま合わせをよそに核兵器体系の「研究開発」が続き、きわめて命中精度の高い核ミサイルが造られるようになった。そこでまた、これを事後的に合理化するために、核兵器の使用を前提とし、先制核戦争による「勝利」を想定する戦略理論が作られている。だがこの戦略は、当面こうした核使用の戦場と考えられる欧州の民衆の抵抗を受け、NATOに重大な亀裂を生むという政治的逆効果を招いている。

こうした核兵器の歴史は、次の二点を明らかにしている。第一に、核兵器は、手段が目的を無意味にし、兵器が戦略に先行するという二重の倒錯関係を生み出し、莫大な人材と資源を投入したにもかかわらず、核兵器の使用を正当化できるような戦略理論の案出はついに不成功に終わっている。しかし第二に、だからこそ使える核兵器を造ろうという懸命の試みがされてきた。事実、核兵器の歴史は、広島・長崎での使用にはじまったのであり、核兵器はもっぱら「抑止」のためだという幻想をよそに、今日まで限定核戦争での使用が考えられている。

いま欧州の多くの民衆が、この危険に敏感に対応し、非核地域化をめざす根強い運動をおこしているが、それにくらべ、日本の民衆の反応は鈍い。かつて世界で最も鋭敏に核問題に反応を示した日本の民衆と欧州の民衆とが所をかえたように見える。それはなぜか。

一つには、欧州の民衆にとって核戦争の舞台となるのは、自分たちの生活の場である陸であるのにくらべ、今の日本人にとり核の所在は、何よりも原潜であり空母であって、身近な空間とは離れた海であることが、問題の切実さを弱めているのであろう。もう一つ、西欧では核ミサイル配備によって緊張が高まる相手方は、地続きの東欧であり、直接的な対峙の関係に立っている。他方、日本の場合、国境をはさんで緊張しているのは中ソ国境であり、いわば日本とソ連との間に中国という大きな緩衝地帯があることも実感を弱めていよう。だが日本人が実感をもつか否かにかかわりなく、日本は米国の核戦略体系に組みこまれており、遠からず戦域核による東アジアの限定核戦争の舞台と想定される地域に編入されるのである。

欧州で非核地帯をつくる運動の原動力になっているのは、生存を要求する民衆のしたたかな権利の主張である。われわれ日本国民も同じ権利をもっている。そしてその権利の実現には、非核三原則の貫徹が不可欠である。また日本自身の非核化は、日本が核軍縮を世界に訴える前提条件にほかならない。

核戦略論の歴史が示すように、核兵器は戦略理論の手にも余る兵器である。抑止であれ使用であれ、これの使い方をコントロールするという発想では到底これを制御しきれない。核兵器は、ただそれを廃絶し根絶することによってのみ、人間のコントロールの下におくことが可能となるのである。

（『朝日新聞』一九八一年七月一六・一七日夕刊）

2　二一世紀へのヒロシマの役割

一九八〇年代の西欧での反核市民運動、東欧での民主化市民運動、そして八九年のベルリンの壁崩壊と冷戦終結という大きな変動の中で、「ヒロシマ」もその役割と課題の再定義が必要になった。これが以下の二論文を貫く問題意識である。

第二次大戦が終わった時、連合国、とくに米国は二つの点で勝者の地位を確立した。一つは軍事的な勝利、とくに原爆の独占者としての勝利であり、もう一つは政治的な勝利、とくに民主主義の守護者としての勝利である。

終戦当時は、この二つは矛盾なく結びついているかに見えたが、やがてここには厳しい相克があることが多くの人の目に明らかになった。

第一に、広島と長崎への原爆投下は、軍国主義の犠牲者、日本の植民地支配や侵略の被害者などを含む市民を無差別に殺傷したが、これは民主主義と両立するのか。原爆使用で戦争終結が促進され、そのおかげで米軍や日本国民の多数の人命が救われ、また日本の民主化が早められたという主張がある。しかし民主主義の一つの基本は「少数者の人権」の尊重ではなかったか。仮に広島と長崎の数十万の犠牲者を「少数者」と呼ぶとしてである。

第二に、その後、米ソ両超大国を軸とする二極体制が世界を支配することになったが、これは諸民族の平等という国際民主主義とは両立しない。それどころか、米ソの一方の最高指導者が核戦争開始を命じれば全人類の抹殺が可能であるという、この体制ほど恐るべき独裁体制は、史上に前例がない。これは人類の絶対的「多数者の人権」を根こそぎ否定するものである。

したがって、この核の支配体制に対して、民主主義の原理に立つ市民の抵抗が始まるのは当然だった。それは当初は、広島・長崎の現地での被爆者を中心とする声と、米国その他の少数の科学者の動きとに限られていたが、やがて世界各国にしみ通っていった。戦後四十数年の米ソ対立の歴史とは、核軍備競争の力学と民主主義の運動とのたたかいの歴史だったといってよい。

この民主主義の運動は、二つの形をとって進められた。一つは反核平和運動であり、人間の生きる権利、人類の生存権を確立する運動である。もう一つは世界各地での市民の民主化運動であり、強権支配に対して政治的、経済的、社会的人権を確立する運動である。

この二つは、どちらも人間としての市民の権利を原点とする点で共通している。さらにこの二つは、一方が核兵器という国際的暴力を、他方が強権支配という国内の暴力を否定する点で共通している。したがって、どちらの運動も、運動自身がますます非暴力を重視するようになってきた。

かつては社会正義のための暴力革命、民族独立のための武装闘争を当然と考えた人も多かった。だが手段であったはずの暴力が、革命や独立の目的そのものを破壊し、解放ではなく抑圧をもたらすという経験があまりにも重なったため、平和・非暴力への世界的な認識が深められている。

この半年、東欧で市民の非暴力的民主化運動が劇的な成功を収め、東西関係が一変し、冷戦終結が一気に加速された。この市民運動の素地の一つとして、実は中距離核ミサイル（ＩＮＦ）に反対する反核平和運動があったのだ。その意味でヒロシマ・ナガサキは、今日の東欧の民主化に通底している。

このことを端的に示すのはソ連のペレストロイカである。ここでは、核軍縮と民主化とが不可分であることは明瞭だ。核軍縮が民主化を進め、民主化が核軍縮を進め、それが世界を変えつつある。つまり、戦後粘り強く続けられてきたヒロシマ・ナガサキの運動が、今の世界の画期的な緊張緩和に、太い地下水脈のようにつながっているのだ。

この新しい平和の創出は、単なる国家間の外交折衝によってではなく、市民運動によって飛躍的に推進された。ベルリンの壁の撤去をはじめ東欧での変動が「予想をこえる早さ」だとだれもが感じていようが、考えてみれば、この「予想」は、国際政治は政府が動かすものだという根深い発想の産物ではなかったか。この点は重要である。というのは、日本では政府が、とかく市民運動を白眼視し、平和運動の意味を理解しようとしなかったからだ。広島・長崎の歴代市長を含む市民の声にも、日本政府は冷淡だった。そしてそうした姿勢が、今これほどデタントが進んでいるのに、日本政府が世界の変動の意味をつかみかねて、依然冷戦構造に埋没している一因であろう。

だとすれば、ヒロシマ・ナガサキの運動は、まず日本政府の姿勢を変えなければならない。世界の核兵器はほとんど手つかずに存在しているのだから、せめてアジア・太平洋の核軍縮の提言ぐらいは日本政府にしてもらわねばならない。

と同時に、平和運動自身も新たな発展が必要である。反核平和が人類の生存権確立をめざすのなら、当然、地球環境破壊の危機に取り組む市民運動に発展すべきだろう。また反核平和が世界の民主化に通底するのなら、当然、南北格差の根絶をめざす市民運動へも発展すべきだろう。これが二一世紀へ向けてのヒロシマ・ナガサキの課題ではないだろうか。

（『中国新聞』一九九〇年一月一日）

3　核廃絶への二つの道

一　五〇年目の問い

戦後五〇年という歴史の節目にあたって、一九九五年には、二つの種類の重要な一連の出来事が起こった。

一つは、広島・長崎被爆五〇年に起こった、核に関する出来事である。一九七〇年に発効した核拡散防止条約(NPT)の期限が九五年で切れるため、これの再検討・延長会議が四月から五月にかけて開かれた。ここでいろいろ議論はあったが、予想されたほどにはNPTへの国際的な反対は起こらず、無期限延長が決まった。これには、もちろん米国を中心とする国々の圧力もあった。しかしそれ以上に、核保有国をふやすべきでないという点では、かなり広範に国際的なコンセンサスがあることの表われだったと考えることができる。他方で、だからこそ核保有国には軍縮を進める責任があるという認識とセットになって、延長が承認されたのだった。

だが会議終了の二日後、中国が核実験を行い、続いてフランスの核実験計画が公表され、大きな国際的批判を呼びおこした。おそらくシラク大統領は、これほど強い反対が世界各地で起こるとは予想しなかっただろう。明らかに政治的な誤算を犯した。こうして九五年の夏は、広島・長崎だけでなく、世界各地で核実験反対の行動が起こり、近年では稀にみるほど反核運動が活性化した。これが一連の出来事の第一の系列のものである。

第二の一連の出来事は、第二次大戦終結五〇年を契機とする、戦争責任の問題にかかわるものである。その一つは、米国のスミソニアン博物館での原爆投下にかんする展示計画が、退役軍人会や議会の圧力で大幅修正された事件だった。そこで日本人に突きつけられた問題は、「日本人は原爆使用の道義的責任を米国に問うているようだが、それなら日本人こそ自分たちの戦争責任を直視すべきではないのか。なぜなら、もし日本が中国を侵略しなかったら日米戦争はなく、広島・長崎への原爆使用もなかったことは明らかだからだ」という反問である。言い換えれば、「ヒロシマ・ナガサキの声を聞くべきだ」という日本人の訴えへの反発や批判が、アジアだけでなく、米国や西欧諸国からも、これまでになく強く出されたのだ。

そして、「日本人は自分の戦争責任をどう考えているのか」という外からの批判を裏付けるような出来事が、日本の中で起こった。六月九日に戦後五〇年国会決議が衆議院でなされたが、これは誰が見ても、責任をあいまいにしたとしか言えないものだったのである。その後八月四日に、フランス、中国を名指しにした核実験反対を衆参両院が決議した。この決議は、すべての国の核実験に反対するという歯切れのいいもので、全会一致で可決された。これに対して五〇年決議は、ひどく歯切れの悪いもので、しかも過半数にみたない議員による議決だった。「唯一の被爆国」という、被害者としての抗議の発言は明確だが、加害者としての謝罪の発言は、きわめて不明確で無内容だったのである。

そのことは、元従軍慰安婦や強制連行労働者に対する国家補償の問題についての、政府の態度にも示されている。九五年という年に設置された、元従軍慰安婦にかんする「女性のためのアジア平和国民基金」も、民間基金を補償にあてるという発想であって、国家補償はしないという立場は変わらないし変えられないという前提で発足したのだった。犠牲者への償いは国家間の賠償(ないし賠償放棄)ですんでおり、それ以上の国際法的義務はないというのが政府官僚の論理である。だが、個人への国家補償をしないことは、そうした補償を実行したドイツ、米国、カナダの先例と見識にくらべて、日本国の国際的な規範意識と人権意識がいかに低いかを露呈するものといって過言ではない。要するに、国家が責任を認めて犠牲者に補償するという思想と意思がないということなのだ。

八月一五日の「戦後五〇年に当たっての首相談話」は、先任者の類似の首相発言より一歩進んだものだったが、しかし村山首相は、外国の犠牲者個人に対する補償という行動で、この言葉を裏付ける意思はないことを明言した。

これとの対比で、「心からの謝罪でなければ、しない方がましです。ドイツの経験では、謝罪と償いの行動は、ときに言葉よりも大切であり、よい効果を生むのです」という、ワイツゼッカー前ドイツ大統領の九五年の東京講演での言葉が、私の耳をうつのだ。

「日本は戦争責任をほんとうにとるのか」という問いは、依然として私たちに向けられている。またここには、「ヒロシマ・ナガサキ」の声を世界に訴えてきたことに対し、「日本人がいう非核、反核とは何なのか」という、きびしい問いが提起されていることは間違いない。

では、なぜこのようなきびしい問いが日本に向けられることになったのか。それは戦後五〇年だからということではなく、冷戦が終結したからだと私は考える。もし冷戦が続いていれば、ＮＰＴについても、米国またはソ連からの核脅威に核武装で対抗するオプションを確保しようという思惑から、ＮＰＴに参加しない国が、もっと多かっただろう。核実験についても、反対の声はあっても、東西の対立と軍備競争あるかぎり、実験を止めるのは難しいのだという空気が支配的だっただろう。また米国の原爆投下についても、もし冷戦がいまも続いていたならば、米国の道義的責任を自問するような声は弱く、「自由陣営」を守るための米国の対ソ核優位の始まりとして、対日原爆使用を誇示することで終わったに違いない。そして日本の戦争責任についても、もし冷戦が続いていれば、米国は在日米軍基地や安保条約の軍事的価値を優先し、日本の植民地支配や侵略の責任を追及するようなアジアの声を抑える側にまわっただろう。

要するに、もし冷戦が続いていれば、九五年の時点で実際になされた、日本をめぐる国際的な論議や問いかけとは、様相が大きくちがっていただろうと思われる。そこに、冷戦時代からポスト冷戦期への変化が見られる。では、この変化は、日本人の関心の中心にある核兵器問題との関連で、どういう意味をもつのだろうか。

二　核兵器と核戦争の間

冷戦時代の特徴を核兵器との関連でいえば、この時代には、米ソの核兵器体系がきびしく対決し、その対決自体が緊張を生み、核戦争を引き起こす危険を常時はらんでいた。つまり、核兵器の存在そのものが核戦争に直ちにつながり、人類の破滅をもたらすという危険が、ずっと続いていたのだ。換言すれば、政治的な対立や経済的な対立がどうであるか、ということとは独立に、核兵器の対決自体が戦争の原因になりうるという恐怖が世界を支配した時代だった。それは、二人の人間が互いにピストルの銃口を向け合っている状況では、こうした事態にいたった原因とか背景とは独立に、とにかくピストルが発射されるかどうかということ自体が重要な問題になるのと似ている。核兵器体系の対峙から生じる一触即発の四五年間が、冷戦時代だった。

したがって、私たちはこの時期に「反核」という言葉をよく使ってきたが、「反核」とは何を意味するのか、「反核兵器」なのか「反核戦争」なのか、その点を厳密には区別しないで語ってきた。それは、この二つを区別する必要がさほどないのが、まさに冷戦時代の特徴だったからである。

ことに一九八〇年代の前半は、ヨーロッパを舞台に「第二冷戦」とか「新冷戦」と呼ばれる深刻な核危機が生じ、欧米では空前の反核運動が市民の間に盛り上がった。日本でも大規模な反核署名運動が行われ、一九〇〇という、世界にも例のない数の非核自治体が誕生した。では、その背景にある危機感の直接の原因は何だったか。

それは米ソ双方が、きわめて命中精度の高い中距離ミサイルをヨーロッパに配備し、対峙した核兵器の一方が先に発射されれば、相手の核兵器を正確に破壊して反撃を不可能にすることができ、したがって「核戦争に勝つ」可能性が生まれたと(相手が判断する危険があると相互に)判断する危険が生じたという危機であった。七〇年代には、デタントと呼ばれた米ソの政治的な緊張緩和があったにもかかわらず、八〇年代に世界がこの新たな核危機に世界が陥ったのは、新しい型の核兵器の対決の発生が原因だった。政治的、経済的対立がどうであるかとは独立に、核兵器の対決そのものが核戦争の危険を恐るべき勢いで高めるという冷戦の構造は、この例によっても端的に示されたのだった。

その後、幸い米ソ冷戦は終結した。それにともなって、核対決という状況は薄らぎ、背景に退くことになった。たしかに今日でも、おびただしい量の核兵器が存在している。九四年末をとってみれば、米国には一万四〇〇〇、ロシアには二万九〇〇〇の核兵器があったといわれる。その意味では、冷戦が終結しても、核兵器は大量に存在している。しかし、米ロでは一日一〇個から一二個の戦略核弾頭の解体が行われており、ロシアでのこの解体を進めるために米国が財政援助をしている。つまり核兵器は依然存在しているが、核兵器体系の一触即発の対峙つまり核対決は、ほぼ終了したのだ。だとすれば、核兵器の存在そのものが核戦争の危険を生み出すという状況は大きく変わり、核兵器と核戦争との間の距離が遠くなったことになる。

　そこから、次のような事態が生じてきた。つまり、核兵器はいったい何のためにあるのか、どのようにその保有を正当化するのか、その答えがはなはだ不明確になってきたのだ。冷戦が終わり、米国がソ連に「勝った」結果、米国が世界で唯一の超大国として残り、米国を頂点とする世界の軍事的一極化が成立したのだから、米国は世界最強の核戦力を大いに誇ってもいいはずだが、必ずしもそうなっていない。冷戦に「勝った」結果「敵」がいなくなった。その瞬間に、米国の巨大な核兵器体系はいったい何のためなのか、それを正当化することが難しくなってしまったのである。

　たとえば、九五年七月一六日の『ニューヨーク・タイムズ』日曜版に、一ページを使って、長い解説記事がのっているが、その表題は「核兵器のたそがれ」である。米国の核兵器にたそがれが訪れている、という認識なのだ。同様なことは、フランスの核実験にもあてはまる。冷戦時代であれば、国を守るため、あるいは敵を抑止するために当然の権利としてまかり通っていたフランスの核実験が、予想以上に強い国際的な反対に直面したのは、いまなぜ核実験かという疑問に対して、それを正当化することがきわめて難しくなったからだ。

　フランス政府は、フランスの核兵器は抑止が目的で使用が目的ではないというが、最終的には使用する可能性がなければ抑止効果をもつわけがない。使用する時には、もちろんフランス国内ではなく、他国に投下することは明らかだ。フランスは「過去一二〇年に三回侵略されたのだから抑止力をもつのは当然」というが（ドイツがまた侵略すると想定するのかどうかは問わないとして）、では、過去四百年余り侵略され植民地化されてきた途上国が核武装する権利を、どうして否定できるのか。フランスの主張に説得力がないことは歴然としているが、それは、その主張が冷戦後の現実から遊離しているからにほかならない。

　こうした冷戦終結後という条件の下で核保有を正当化する、ほとんど最後の理由づけとして残っているのは、新たに核兵器開発を行う国が出てきたときに、核拡散を抑止するという論理である。ここで容易に気づくことは、冷戦時代の「核抑止」とは、巨大な核兵器体系が相手側に現存していることを前提としてつくられた戦略だったが、これからは、相手側に今は存在していないが、もしかしたら造るかもしれない仮定の核兵器に対抗する「核抑止」にすぎなくなるのだ。ここにも、冷戦終結後の核保有の根拠づけが、切迫性に欠け、薄弱になっていることが現われている。

　このように核をめぐる状況が変わり、核兵器保有の正当性が弱まれば、「核軍縮を進め、核廃絶を達成せよ」と要求して、核保有国にかける圧力が、ますます有効性を強めることができるはずである。その意味で、市民の反核運動に有利な条件が生まれている。

三　反核を持続する

　しかし、私はここで、あえてもう一つの面を指摘しておきたい。それは、核兵器の存在が核戦争につながる危険が減ってきた場合、その反面で、早く核兵器を廃絶しなければならないという、切迫した危機感が弱まる危険もあるということである。このことは、反核運動の視点から、しっかり考慮に入れておく必要がある。

フランスが、政治的には愚かとしか言いようのない核実験計画を立てたために、また中国が古色蒼然たるパワー・ポリティクスの論理で核実験を続けたために、九五年には、世界各地で反核意識と反核運動が、非常に高まった。それは、冷戦時代の反核運動のように核戦争の危険に反対する行動というよりも、環境への影響もふくめて核兵器保有の正当性を否定するという、新しい性格の運動だったといってよいだろう。仮に核実験を止めることに成功しなかったとしても、それが、核兵器保有の正当化を徹底的に失敗させたことの意味は大きい。そして、人類は核兵器と共存するしかないという考えが支配的だった冷戦時代に代えて、核兵器との共存は正当化できない誤りだという意識を、非核保有国の市民だけでなく、核保有国そのものの市民にひろげていくならば、核兵器保有体制を内側から空洞化していく、内からの軍縮に役立つに違いない。

また、九六年九月には包括的核実験禁止条約(CTBT)が、国連総会で五大国を含む圧倒的多数で採択された。もし核実験の全面禁止がほんとうに遵守された場合、目立った核実験はなく、全面核戦争の危険は遠ざかったという状況のもとで、日本の世論が、また世界の世論が、どうすれば早急な核軍縮を要求し続けるだけの緊迫感を持続できるか。この点は軽視してはならないだろう。

では、どのような取り組みが必要であり、有効なのだろうか。

一つの道は、核軍縮のために必要な、これまでに指摘されているさまざまな措置や協定を、ねばり強く積み重ねていくように、市民が関係諸国の政府に対する監視を続けていくことである。核兵器体系が対決している、一触即発の状況ではなくなった結果、私たちは以前よりも時間的な余裕をもって、核実験全面禁止、米ロ戦略兵器削減条約(START)IIにつづけて、同条約IIIに英、仏、中も参加すること、核兵器第一使用の禁止、兵器用核物質の生産・保有の全面禁止など、核軍縮の道を一歩一歩進めていくことが可能になっている。また、アフリカの非核地帯化、東南アジアの非核地帯化はすでに日程にのぼっており、これに続いて私たちは、北東アジアの非核地帯化に取り組まなければならない。

このような意味で、核軍縮が進む展望はある。しかし、核兵器の削減が進むとしても、それが核廃絶にまでいくかは別な問題である。こうした将来の問題を、あまり先走って言うのは生産的でないと受けとられるかもしれない。しかし、実はそれは遠い将来のことではなく、次のような理由で、現在の私たちに深くかかわる問題なのだと私には思われるのである。

四　非核戦争と核拡散

米ロで調印されたSTART-IIが実行に移された場合、二一世紀の初めには、双方の核弾頭が約三〇〇〇発に減ることになっている。それをさらに進めれば、二〇〇〇、一〇〇〇、五〇〇に削減されるかもしれない。しかし、そこで止まってしまう可能性がある。それは、もし核兵器開発をする国が現われた場合、それを抑止するために必要だという理由ないし建前からである。つまり、核軍縮は自動的に核廃絶につながらないのであって、そこに核拡散の問題が介在してくる。では核拡散は、なぜ起こる可能性があるのか。

単純化していえば、世界にさまざまの紛争があり、それが武力紛争にまでなるという状況が続くかぎり、紛争当事国のなかに、核兵器開発を進めたり核武装に成功する者が現われる可能性は常にある。たとえば、もう五〇年も続いているカシミール紛争をかかえたインドとパキスタンの「核武装」問題がそうである。またとくに、紛争当事国が国際的に孤立している(という意識をもつ)場合に、核武装の危険が高まる。これまでに核疑惑の対象となってきたイラク、イラン、北朝鮮などがそうであり、イスラエルも大同小異である。つまり、世界にさまざまの武力紛争の種があるかぎり、核武装をする国や集団が出てくる可能性がないとは誰にも言いきれないし、そうだとすれば核廃絶など容易に実現できないということになるだろう。(なお、ここでは国家以外のアクターへの核拡散問題には立ち入らない。たとえば一般市民の中に潜入する核テロリストを核兵器で「抑止」することは、意味がないからだ。)

現在、世界には多くの戦争や武力紛争が続いている。そのために、数万、数十万の人々が、各地で殺されているが、それはすべて非核戦争である。つまり、核兵器が対峙していること自体が引き金になって大量殺戮が行われているのではない。兵器が対峙しているからではなく、さまざまの政治的、経済的、社会的な対立の結果として武力紛争が起こっている。兵器の流入は、紛争の惨害を悪化する要因ではあっても——したがって「兵器移転」の規制はもちろん必要だが——それ自体が、政治的、経済的な対立から独立の紛争原因ではない。そして、こうした非核戦争や国際紛争が続くかぎり、それが核武装や核拡散につながる危険はなくならず、またそれが全面核戦争ではなくても局地核戦争を起こす可能性はゼロとはいえず、したがって核廃絶を至難にするおそれがあるのだ。

換言すれば、現在ある程度進んでいる核兵器削減をさらに前進させ、核実験や核兵器保有の正当化をますます難しくさせ、核軍縮を核廃絶に向けて進めていくためには、いま現に起こっている戦争や武力対立を解決し、国際緊張を緩和して将来に向けて紛争を予防していくことが不可欠なのだ。それらの紛争は、直接には核兵器に関係がないように見えても、それが続くかぎり、紛争当事国が核兵器開発能力をもてば、核武装、核拡散へとつながる危険は消えないのである。

したがって、核軍縮を進め、核廃絶を実現するには、戦争や武力対立をなくさなければならない。これが、核廃絶への第二の道なのだ。

だが、戦争をなくすのは、核廃絶のためだけなのだろうか。というのは、もともと私たちが「反核」を主張してきたのは、核兵器そのものに反対というよりは、核戦争に反対だからであり、核戦争に反対するのは、戦争そのものに反対だったからではないだろうか。言い換えれば、戦争に反対するということがまず根本にあって、それが核時代という場面にあっては、核戦争に反対し、核兵器に反対するという態度決定として現われていたのではないか。逆に言えば、核兵器には反対、核戦争には反対だが、在来兵器で行われている戦争や、非核兵器でなされている大量殺戮には、あまり関心を示さないというのでは、もともとの「反核」という主張そのものに、何か本質的な欠陥があったことにならないだろうか。

この点が、私が冒頭に述べたことに関係するのだ。つまり、日本人は反核、核廃絶を「ヒロシマ・ナガサキ」の声として世界に訴えてきた。それは大切なことだが、では日本は、核兵器は使わないが数千万の犠牲者を出したあの侵略戦争に対して、誠実に責任をとったのか。また現にいま、世界各地で武力紛争のなかで多数の人々が死んでいるのに、日本人はどれだけ真剣な関心をいだいているのか。世界の多くの人々から提起されている、こうした批判や疑問は、突きつめていけば、核兵器であろうが在来兵器であろうが、戦争そのものをなくしていくことが根本であるということを、日本人は自分の責任として、どこまで自覚しているのだろうかという、私たちに対するきびしい問いかけなのだ。

核兵器の問題にしぼって、核軍縮を進めるという議論や運動が一つの道である。同時に、一見、核兵器に直結しないように思われても、戦争や武力紛争をなくしていく、これが第二の道である。そして、この二つの道を進めていくとき、最終的に核廃絶で合流するだろう。この第二の道のもつ意味を重く受けとめること、それが戦後五〇年、広島・長崎被爆五〇年の時点で、私たちが取り組まなければならない課題なのだ。

五　体制問題としての「民族紛争」

では現在起こっている世界の戦争や武力紛争は、どのような性格のものなのか。冷戦という地球規模の対決が終わって、世界に平和がくると多くの人が期待したのだが、その後、地域規模の紛争が多発し、平和への幻滅が広がった。その反動として、冷戦時代の方が、米ソが世界の憲兵として秩序を維持していたから、いまほどの無秩序や殺戮はなかったという、ノスタルジアを口にする人さえ現われた。冷戦時代には、たしかにバルカンや旧ソ連での殺し合いは、はるかに少なかったから、北の世界ではそういう秩序のイメージが流布しただろう。しかし、南の途上国での武力紛争の犠牲者は、おびただしい数にのぼった。アジアでのヴェトナム、カンボジア、アフリカでのエチオピア、アンゴラ、モザンビーク、中米でのニカラグア、エルサルバドルなど、米ソの代理戦争の性格もおびて、恐るべき大量殺戮が行われた。冷戦時代の方が平和だったというのは、北の先進国中心の世界イメージにすぎない。

ところで、冷戦後の地域紛争の代表的なものが「民族紛争」と呼ばれ、長い歴史に根ざした宿命的で不可避的な武力紛争として描き出されることが多い。しかし、このような紛争のとらえ方は正しいのだろうか。国際社会が紛争に適切に対応するためにも、紛争の原因や構造を正確に理解することが必要である。

「民族紛争」という言葉は、民族(全体)が紛争の主体であり、民族の文化的、宗教的その他の差異が、武力紛争の根本原因だという考えを前提にしている。しかし「民族紛争」と言われる対立を具体的に検討してみると、民族全体が紛争にかかわっているわけではなく、また民族間の差異が武力紛争や大量殺戮の原因とは言えない例が多い。

たとえば旧ユーゴスラヴィアの場合、一九八九年以降、東欧やソ連で共産党支配が崩壊していくという状況のなかで、セルビアでは、ミロシェヴィッチ主導下の旧共産党勢力が、その権力を保持するために、共産主義から民族主義にのりかえた。共産主義と民族主義は、強力な集権体制と結びつく点で類似している。この政権は、クロアチアやボスニアのセルビア人をも支配下におさめることをめざす、大セルビア主義を掲げた。これが旧ユーゴの解体と武力紛争激化の決定的な原因となった。また、この集団が煽り立てた「民族主義」とは、民主化と市場経済化を「外国からの圧力」と描き出し、外圧への「民族的」抵抗という形で、旧体制下での自己の権力を正当化するイデオロギーという意味をも持っていたといわれる。

もちろん、これ以外にも、旧ユーゴのなかでは経済的に豊かで、欧州先進国との貿易の窓口として旧連邦関税の七割を得ていたスロヴェニアが一方的に独立したこと、同じく経済的先進地域のクロアチアで、民族主義的な大クロアチア主義を掲げるトゥジマン政権が独立を断行し、それをドイツが逸早く承認したことも、連邦解体を促進した。しかし、西欧化(民主化)したスロヴェニアは切り離してしまい、クロアチアとの間で旧ユーゴを再分割して獅子の分け前を確保することは、実のところミロシェヴィッチには計算ずみのことだったとも見られている。いずれにしろ、セルビアの体制の独裁的な構造という要因が、民族の差異が武力紛争にまで転化する契機であったことは重要である(Vasic, Milos, “Greater Serbia”, *Balkan War Report*, no. 31, Feb. 1995 その他を参照)。

またルワンダの場合、フツとツチ両民族間に歴史的な差異があり、とくにベルギー支配下の分割統治政策で対立関係に立ったという事実がある半面、言語は同じ、宗教はキリスト教で、民族間結婚もふえ、両民族共存を主張する勢力も双方に育っていた。九一年、国内で両民族共存を支持し、また多党制や人権擁護を主張する穏健派がふえ、またウダンガに亡命していたツチ族武装集団が蜂起するという事態に当面し、フツ族の軍や過激な民族主義の民兵などを支えとしたハビャリマナ政権とその後継集団が、激烈な民族主義調のラジオ放送でフツ族を扇動しながら、フツ族穏健共存派とツチ族非武装市民の大虐殺を開始した。その死者は五〇万人をこえたと推定されている。ここにも、少数の過激民族主義集団が、権力維持を目的として殺戮を行なったという、強権政治体制の問題がある(Block, Robert, "The Tragedy of Rwanda", *The New York Review of Books*, Oct. 20, 1994 などを参照)。

この二つの事例に共通に見られるのは、民主化の未成熟と挫折である。旧ユーゴ以外の東欧諸国も、すべて民族問題をかかえているが、民主化された新しい政権は、民族主義に火がついたときの破局的事態のおそろしさを知るがゆえに、民族紛争が暴発しないように配慮し、平和を維持しながら経済発展を進めようとする慎重さをもっているように見える。しかし、ミロシェヴィッチ政権は逆に、権力保持のために民族主義を煽り立てたし、ルワンダにも類似の行動が見られた。より一般化していえば、ある民族のなかの誰が、いかなる目的で国民の民族主義感情を扇動して利用するかを見きわめることが大切であり、そうした体制の構造に起因する紛争が、民族主義を燃え立たせる結果として、民族間の殺し合いという様相を帯びた集団行動が生じることが多いのだ。

ワイツゼッカー前大統領は、五〇年前のドイツの敗戦は、敗北である以上に解放だったと繰り返して述べている。その場合の「解放」とは、もちろん異民族支配からの解放ではなく、同じドイツ民族であるナチスの支配体制からの解放である。五〇年前の日本国民の多くも、そうした「解放」を経験した。共通に見られるのは、「民族の戦い」として描き出されていた戦争が、じつは国民と対立する支配エリートの強権体制の産物であったこと、そしてこの「民族間武力紛争」は国内民主主義の弱さの所産であり、したがって戦争の終結は、新たな民主化と人権確立のたたかいの始まりだったということである。

民主主義の欠如は、経済的な不公正や格差と重なる。そして、いわゆる「民族紛争」は、内に経済的不公正をかかえた民族の間の経済的格差と、密接に関連する例が多い。また、将来の武力紛争の根として、もう一つ考慮に入れなければならないのは、資源の有限性であり、エコロジカルな限界の問題である。たとえば、今日のところ世界の飢餓は食糧の配分、つまり所得の配分の不公正によるのであって、総量は不足していないが、しかし、世界人口の増加に食糧生産の増加が追いつくかは、必ずしも確かではない。とくに、耕地の劣性化、表土の流失、砂漠化、水源の枯渇など、環境条件は時とともにきびしくなるだろう。他面で、人口増加だけでなく、増加人口の所得増にともなう食事内容の変化、とくに動物性蛋白質の摂取増加は、穀物の消費を数倍に増やすだろう。このすべてをみたす量の穀物を生産する能力は地球にはないかもしれない。食糧をめぐる紛争が深刻化する危険を、単なる杞憂とは言えない。

また、水の確保も容易な問題ではない。私は八三年に、当時はまだエジプトの外務担当国務相だった、のちのガリ国連事務総長にカイロで会ったとき、「一番心配なことは何か」とたずねた。彼は「ナイル川の水の将来だ」と答えた。彼によれば、ナイル川の上流流域は七カ国以上におよんでおり、「近い将来、これらの国の農業が改善されて多量の灌漑用水を使い、さらに発電や工業用水にもあてるためにダムをあちこちにつくり始めた場合、下流のエジプトの水が枯渇する危険がある。この死活問題に当面して、エジプトは上流の国のダムを、武力を使っても破壊するのか。そうならないように、紛争の予防をいまから考えておかなければならない」というのである。

六　紛争防止の三条件と国連

以上を要約すると、武力紛争や戦争を防ぎ、またなくすためには、少なくとも三つの条件をみたさなければならない。第一は政治的民主化、第二は公正な経済発展、第三は環境・資源の限界への上記二つの条件をみたした適切な対応、である。

第一の民主化について言えば、五〇年前に、日本やドイツは敗戦の結果、民主化した。その後、両国は欧米民主主義諸国とは平和を維持してきた。それから四五年たって、ソ連圏で民主化が始まったが、その過程で東西冷戦が終わり、東西の軍縮も起動を始めた。ソ連の民主化開始以前は、いくら「軍縮交渉」を行なっても、軍備管理以上には進まなかったのである。平和の条件として、民主化がもつ重要性については、これらの例を見れば明らかだろう。

次に第二、第三の課題を考えるために、その手がかりとして国連をとり上げてみよう。というのは、これらの課題は一国の枠を超えた問題であり、そうした問題と取り組む場としては、実際上、国連以外にはないからだ。

しかし、国連にもいろいろな問題がある。なかでも最も根本的な問題は、それが政府の代表の組織であり、市民の代表が不在だということである。そのうえ、一八〇以上におよぶ加盟国政府のなかで、形式的な制度上はともかく、体制の実態の点では、その六割近くが民主主義とはほど遠いといわれている。この二重の意味で、国連には民主主義が欠けているのだ。それは、冷戦が終わり、民主主義が普遍化しつつあるという現実と矛盾しており、だからこそ「国連の民主化」が議論されることにもなった。しかし、国連の民主化の最も重要な課題は、安全保障理事会のメンバーの増加や、国連総会の権限強化などにあるのではない。もちろん、こうした改革提案にも理由がある。しかし、それは「国家主権の平等」の論理であって、「人権の平等」の主張ではない。したがって、市民の視点からは、このレヴェルの「国連の民主化」で止まるわけにはいかない。最も基本的なことは、国連の意思決定にどれだけ市民が参加する権利をもつかである。世界の民主主義や人権確立を国連が言うのであれば、国連自身が民主化する必要がある。

もちろん世界の市民は、国連憲章上認められたNGOの活動を通して、国連にある程度の影響は与えてきた。しかし、私がとくに重視するのは、憲章に明文規定があるかどうかとは別に、興味深い役割を果たしてきた一連の「国連特別会議(U. N. special conferences)」(グローバル・コンフェレンスなども呼ばれる)であり、またこれと似た趣旨の「国際年」というプログラムである。特別会議が世界の市民やメディアに注目されるようになったのは、七二年の国連人間環境会議からなので、それ以後の主なものを別表にまとめた。この一連の会議は、山積する議題の処理に追われる通常の国連総会では十分議論できないような特定問題にしぼって開かれるが、それには次のような特徴がある。

第一には、これは一国の利益を超えた、世界あるいは人類全体の利益にかかわる問題をとり上げるという意味で、国家指向・一国指向ではなく世界指向である。

第二には、すでに重要な世界問題になっているとしても、まだ破局にはいたっていない、しかしこのまま放置すれば、子どもの世代、孫の世代に破局的な事態になりうるような問題に、いまから取り組むという意味で、未来指向である。

第三に、二度の軍縮特別総会を除くと、ここでとり上げるのは、戦争、和平、領土、軍備といった、いわゆる「政治問題」ではなく、ほとんどすべてが国連でいう「経済・社会・人道問題」である。表を一見しただけでも、特別会議や国際年の主題として、環境、人口、食糧、女性、居住、水、砂漠化、児童、身体障害者、ホームレス、麻薬、識字、先住民、人権、家族などがとり上げられていることがわかる。換言すれば、戦争か平和かといった非日常的な問題ではなく、市民の日常生活に直結する世界問題と取り組むという意味で、日常指向である。

別表　国連特別会議および国際年

1972	国連人間環境会議(ストックホルム)……③
1973-82	国連第3次海洋法会議………………①③
1974	世界人口会議……………………………②
1974	世界食糧会議……………………………②
1975	国際婦人年世界会議 (メキシコ・シティ)…………………④
1976	国連人間居住会議………………………②
1977	国連水会議……………………………②③
1978	国連砂漠化防止会議……………………③
1978	国連軍縮特別総会(SSDI) ……………①
1979	開発のための科学技術国連会議………②
1979	国際児童年……………………………④
1980	婦人のための10年国連第2回会議 (コペンハーゲン)…………………④
1981	国際身体障害者年………………………④
1982	第2回国連軍縮特別総会(SSDII) ………①
1982	南アフリカ制裁国際年…………………④
1983	世界コミュニケーション年………①④
1985	国際青年の年…………………………④
1985	婦人のための10年国連最終会議 (ナイロビ)…………………………④
1986	国際平和年……………………………①
1987	ホームレス住居問題国際年………②④
1990	国連麻薬特別総会……………………②④
1990	国際識字年…………………………②④
1992	国連環境開発会議(地球サミット)……③②
1993	国際先住民年…………………………④
1993	世界人権会議…………………………④
1994	国際家族年……………………………④
1994	国連人口開発会議…………………②④
1995	世界社会開発サミット……………②④
1995	世界女性会議(北京)…………………④
1995	世界寛容年…………………………①④
1996	国連人間居住会議II ………………②④

①＝平和・安全保障　②＝開発・福祉　③＝環境　④＝人権

そして、このこととも関連するが、第四に、これらの特別会議では、政府代表の会議と並行して、例外なしに、世界の市民代表やNGOの会議が開かれるという慣行が確立している。市民の日常生活にかかわる問題に、市民が発言するのは当然だからだ。並行会議、対抗会議、フォーラムなどとも呼ばれるこのNGOの会議は、世界の市民のネットワークを強化する場になるだけでなく、ロビイング、政府代表を招いて行う討論、政府代表への情報投入など、さまざまな形で政府代表会議に圧力をかけ、政府代表が世論に対して、多少とも説得力のある言動をとらざるをえないように仕向ける機能を果たす。九二年の地球サミットでは、政府間会議の議題を決める過程にも、市民組織が参加するまでになった。

このように、政府代表会議と市民代表会議とが並行して開かれ、両者の間に一種の政治力学が生まれているというこの仕組みは、国連憲章上の正式の制度ではないが、やや先走りして言えば、機能的には事実上、二院制の萌芽的な形態と考えてもよいかもしれない。イギリスの下院は「庶民院(House of Commons)」だし、米国の下院は市民代表の「代議院(House of Representatives)」なのだ。国連民主化のためには、あまり生産的でない制度改革論議に時間やエネルギーを費やすよりも、すでに存在して機能しているこの仕組みをいっそう強化していく方が、よほど賢明だし現実的ではないかと思われる。

さらに第五に注目すべきことは、次の点である。すなわち、これらの特別会議や国際年が、①平和・安全保障、②開発・福祉、③環境、④人権、という四つの問題領域のどれを主にとり上げてきたかを見ると、時とともに「人権」の比重が大きくなっていることが、一目瞭然である。それは、平和とか開発とか環境という問題に取り組む場合に、結局のところ、人間が人間らしく生きる権利という基本的視点に立って問題の意味づけをし、人権を原点として解決の道を構想するという思想が、国際的な常識、世界的なコンセンサスになってきていることを示すと言ってよいだろう。いったい何のために国連を改革し、強化するのかといえば、それは、人権の地球的な実現と保障のためであるという意識が、広く確立されてきているのだ。市民が、市民のための世界秩序を下からつくっていくという思想である。

　もちろん本来国連総会から派生した特別会議であるから、ちょうど総会自体の憲章上の地位がそうであるように、政府に対して、必ずしも強い拘束力のある決定ができないという制約はある。その意味で、いずれは制度改革が必要である。しかし、そうした形式的な制度上の制約にもかかわらず、この二十数年の間に、たとえば環境、女性、先住民などについて、世界の人々の意識は大きく変わり、多くの国で新しい立法がなされるという成果をあげてきた。これは、動かしがたい現実である。このことを考えれば、これらの会議を一つの結集点として市民やＮＧＯが巻き起こした変革のうねりを、決して過小評価できないことは明らかである。

　そのことを、さらに劇的に示したのは、九七年九月の対人地雷全面禁止条約の採択にいたる「オタワ・プロセス」でＮＧＯが果たした、目ざましい役割である。在来型のジュネーヴの軍縮会議は、全会一致を原則とするために、大国の賛同がなければ延々と不毛な議論が続くことになりがちだ。これに対して、ＮＧＯは、カナダ政府を押し立てて、大国が不参加でも、賛同する国だけでまず禁止条約を発足させるという方式を推進し、また会議でも、オブザーバーとして各国政府代表団と同様に席を占めて発言権をもつという、二つの点で、伝統的な外交慣行からすれば型破りの実績をあげた。この条約には、米国、ロシア、中国などが参加しなかったから、その意味では拘束力に限界があるが、賛成した百余の国に対して拘束力をもつことには変わりがない。ここで重要なことは、在来型の外交では考えられなかったような、また国連憲章では想定もしなかったような形で、市民が世界の意思決定の過程で果たす役割が、予想以上の速さで増しているということである。四半世紀におよぶ、国連特別会議で経験を蓄積した世界のＮＧＯは、二一世紀に、ますます大きな力を発揮するに違いない。

そして、こうした市民の運動と世界の変動とは、先に述べた戦争や武力紛争を防ぐ三つの条件という課題とのかかわりで、次の二つの重要な意味をもっている。

一つには、この一連の国連特別会議は、貧困克服と公正な開発、環境保全と資源の公正な配分という課題に取り組んできているが、国連でしばしば「非政治問題」と呼ばれるこれらこそ、武力紛争の根にある高度に政治的な問題にほかならない。つまり、南と北の各地の草の根でたゆみなく進められ、これらの特別会議に結集される市民運動は、実は公正な経済発展と、有限な環境・資源への公正な対応という、前述の第二、第三の条件実現の運動である。それは紛争や戦争をなくし、核廃絶への道をめざす運動にほかならないのだ。狭義の反核運動だけが平和運動ではない。紛争の根に取り組むこれらのＮＧＯ活動も、重要な平和運動なのである。

もう一つは、人権の視点の顕著な比重増大に見られるように、これらの国連特別会議は、世界の市民の人権確立を目的として、市民が主体となって実質的な参加の権利を確立していく過程だということである。それは、民主主義と人権とが、地球的に普遍化しつつある現代世界の大きな変動の一環をなしている。つまり、こうした市民やＮＧＯの運動は、実は地球的な民主化運動なのである。狭義の政治的民主化運動だけが民主化運動ではない。貧困、開発、環境、資源などの問題に、市民が、市民のために取り組んでいくことは、実は高度に政治的な民主化運動なのだ。それは、紛争や戦争をなくし、核廃絶に進むための第一の条件を実現するという意味をもった、市民の行動にほかならないのである。

（『世界』一九九五年一〇月号）

4 「核と人類」を国連の討議へ

一九九八年五月、インドとパキスタンが核実験を強行し、世界に衝撃を与えた。

「アジアは一つ」ではない。文明の歴史を見ても、儒教、仏教、イスラム教、ヒンズー教、キリスト教など、実に多様で異質な遺産が多くの紛争と結びついてきた。植民地支配の歴史を見ても、スペイン、ポルトガル、オランダ、英国、フランス、ロシア、米国などの帝国主義国すべてが侵入した上に、日本というアジアの帝国主義支配も受けた点で、アフリカやラテン・アメリカにはない多様で異質な遺制と傷痕が残っている。経済発展の格差も多様である。

この多様性と異質性は、二一世紀のアジアにとって二つの可能性をはらんでいる。

一つは、異なった国家や民族が紛争や殺し合いの泥沼に落ち込み、世界のほかの地域までも紛争に巻き込むという、アジアのバルカン化である。今日、朝鮮半島、中国、インド、パキスタン、イラン、イラク、イスラエルなどの「核地雷原」ともいうべき地帯、また二一世紀に中東に代わる産油地帯となるカスピ海地域をめぐる激烈な競争などを見れば、バルカン化は単なる杞憂《きゆう》とはいえない。

もう一つの可能性は、アジアの人々が、世界の多様な政治文化と発展格差とを刻印された、異質な国家・民族・文化の共存と協力に成功する場合である。それはアジアが、世界の諸文化の対話と交流の場となり、ほかの地域の対立を緩和・仲介する役割を果たす「世界の結び目」になることにつながるだろう。これは容易な道ではない。だが、バルカン化を防ごうというのなら、この第二の方向に一歩でも踏み出すしかない。

では、こうした観点から、日本はインド・パキスタンの核武装に対して、何をすべきだろうか。

第一に、米国のような広範な経済制裁は賢明でない。しかし、政府の途上国開発援助（ODA）などは停止すべきだ。日本は、核拡散・核武装する国には援助しないという原則を、頑固なまでに堅持すべきである。国際社会へのメッセージを明確に持った国は、国際的に一目をおかれる国である。そうした上で、援助再開の条件について折衝の余地を残し、相手の姿勢の変化を促せばよい。

第二に、政府は核軍縮についての少数の専門家による国際フォーラムを提案しているが、これが、これまでの議論の繰り返しにならないことを目ざして推進してほしい。だが他方で、冷戦後の憂うべき傾向は、核軍縮の議論が少数の専門家の間に限られ、市民の関心が薄くなったことである。そうした国際的な世論の弱さが、核保有五大国の核軍縮への真剣な取り組みを怠らせ、印パに核武装正当化の口実を与えた。

そこで、第三に、日本が立場を共にする諸国と協力して、二〇〇〇年を目標に「核と人類」という主題と取り組む国連の特別会議を開催するために、行動を始めることを提案したい。

国連の特別会議では、例えば一九九二年の国連環境開発会議（地球サミット）や九五年の世界女性会議などのように、人類の差し迫った関心の焦点である問題を集中的に審議する。その上、政府代表が一堂に会するのに並行して、世界の非政府組織（NGO）が集まって意見や情報を交換し、政府代表に働きかけて、市民の世界的ネットワークを強化するという方式が、すでに定着している。

仮にそこですぐに政府レヴェルの結論が出なくても、その後、市民の根強い運動が立法などの成果をあげてきたことは、環境や女性の運動が示す通りである。近年は、政府レヴェルの会議を準備する段階から、NGOが参加することも珍しくない。

私は、この会議では核兵器だけでなく、できれば原発や地球環境も含めて、議論すべきだと考える。印パの核実験にも原発の技術や素材が関連しているし、市民の関心を広く喚起するのにも役立つだろう。こういった会議なら、インドの数多くのNGOと、パキスタンやイスラエルの市民組織が参加し、また核軍縮で最も肝心な米国、ロシア、英国などの市民組織も参加するだろう。

意見の違いを超えて相互理解と連帯を深め、そして、それぞれに自国の内部から核軍縮の声を強めて、政府が無視できない力になる、そういう市民の世界的ネットワークがあって、はじめて核廃絶に向かって世界が動き出すだろう。

（『朝日新聞』一九九八年六月一七日）

III　歴史と展望

1　文明と戦争

これは一九八〇年一〇月、東京大学公開講座で述べたものである。

一　歴史としての戦争

文明——人間と動物　人間という存在を他の動物と区別する特質としては、いろいろあげられようが、その一つは、人間が文化とか文明と呼ばれる営みをする能力をもっている点にあるといえよう。もちろん文化とか文明という言葉の意味は非常に多義的である。そこで、ここではどういう意味で文明という言葉を使うかということを断っておきたい。人間は自己の生存や安全、あるいは福祉やその公正な配分、また精神的な生きがいとか、存在の意味などを価値あるものと考えているが、そういう価値を実現する目的でなされるさまざまな行為、またそれらを実現するための手段、そしてその行為の結果としての成果などを総称して、文明と呼ぶことにする。

こういう文明を創りだすということは、人間には動物とは違って歴史を形成する、いちじるしい能力があるということでもある。もちろん動物に全く文化がないということは言えないようであり、動物にも学習とか、ある種の文化と呼ばれる営みがあるといわれている。たとえば、ニホンザルの研究によれば、宮崎県の幸島のサルは、いもを食べるとき海岸の塩水の中で洗って食べる。そこには〝洗う〟という行為と、適度に〝塩味をつけて食べる〟という行為がある。もちろん初めにそういう習性はなかったのだから、ある時、あるサルが、そういう学習をし、じらい、それがだんだん仲間に伝わっていって、新しいサルの文化ができたと考えられるわけである。

したがって人間だけが文化をもっていると思うのは、人間の思い上がりであろう。しかしそれにしても人間の場合には、単にたまたま結果的にある学習行動をしたということだけではなくて、ある目的をもち、望ましい未来の状態のイメージをもって、それを前提にして環境に働きかけたり、自分自身を変えたりする。そういう点では他の動物と非常に違った面をもっていると思われる。これが人間の世界に文化・文明と歴史とを生み出してきた基本的な条件であったといってよかろう。

戦争——人間と動物　他面、もう一つ人間と動物との相違点としてよく指摘されるのは、人間以外の動物の場合には、同一の種の中での相互殺戮という行動が、皆無ではないにしろ、ほとんど見られないということである。たとえばサルなどの中にそういう相互殺戮行動をとるものがあるといわれるが、しかし、人間の場合には、単にある個人が他の個人を殺すという単発的な現象だけではなくて、人類という同一の種の内部で、戦争という社会的な組織的行動により、組織的な相互殺戮を行うというところに、他の動物とは顕著に違った特徴があるといってよかろう。

そういう意味で人間の歴史は、一方で文明の創造の歴史であるが、他方で戦争による破壊の歴史でもある。この二つは対照的であるが、しかしどちらもが共通の根をもっている。それは、人間には環境と自分自身とを変える能力があるということである。

文明と戦争が同根であるという事実は、一面でわれわれの心を暗くする。しかし、それは他面で、ちょうど文明が人間の営みによって歴史的につくられ、歴史的に変化していくように、戦争も、人間が歴史的につくってきたものであり、したがって歴史的に変わりうるものだということでもある。これまでに文明のあり方が人類の歴史の中で大きく変わってきたように、戦争のあり方も歴史的に非常に変わってきた。したがって将来、戦争そのものの廃絶ということも、歴史的可能性としてはあると言えるだろう。その意味では、戦争を人間の動かしがたい宿命であるかのように受け取ることは、正しくない。

「闘争本能」への疑問　戦争を人間の宿命のように理解し、あるいは主張する一つの論拠として、しばしばあげられてきたのは、人間には「闘争本能」があるという考え方である。闘争は人間の本能の現われであって、人間が人間である限りは変え難いものがそこにあるという主張である。これは昔からよく言われてきた意見である。

しかし、この考え方には大きな疑問がある。三点だけここであげておきたい。第一に、そもそも本能とは何かということは、学問的にそれほど明確ではない。それは通例、学習によらず、もともと人間が遺伝的にもっているある行動様式を指すわけであるが、しかし本能と学習との境目というのは極めてあいまいである。これは私の専門外なので詳しいことはわからないが、要するに生物の発生の過程を見た場合にも、たとえば人間が母親の胎内にあるときから、母親が置かれている社会環境や自然環境から全く独立して胎内の子どもが育つということはあり得ない。だから、生物の発生のごく初期の段階から実は環境の影響が加わっているということが言われる。その意味で、そもそも厳密に何が本能であるかは、学問的にそう簡単には言えないということが第一点である。

第二に、仮に人間に「闘争本能」があるとしても、それが人間の行動を常に支配しているわけではない。たとえば人間が互いに協力するという現象は、いくらでも見られる。あるいは人間が相互に愛情をもつという関係もいくらでもある。時として人間が自分を他の人間のために犠牲にすることもある。なぜそういうことが起こるのかは、闘争本能からは説明できない。このように、仮に闘争本能があるとしても、それは常に人間の行動を規定しているとは言えない。

第三に、仮に「闘争本能」というものがあるという主張を前提にするとしても、そこから戦争が説明できるかどうかは別問題である。つまり人間の世界における闘争は、さまざまな形をとっている。たとえば競争というのは、一つの闘争の現われである。

たしかに企業の間の経済的な競争は、明らかに一つの闘いである。しかしそれは戦争ではない、つまり組織的に相手を殺すわけではない。あるいはスポーツなども一種の闘争であるが、戦争ではない。場合によっては学問とか芸術なども、かなりの程度に人間の競争心に依存している場合があるから、やはり一つの闘いであるかも知れないが、もちろんこれは戦争ではない。そのほかたとえば美人コンテストなども、一つの闘争であって、時に深刻な闘争かも知れないが、これも戦争ではない。だとすると、仮に「闘争本能」があるとしても、そこから直ちに戦争が説明できるわけではない。したがって、そういう本能があるといえるかどうかは疑わしいという問題に加えて、仮にそれを前提にした場合でも、何がそれを戦争にまで転化するのかということは、その本能そのものからは説明できないのであって、他に何かが加わらなければいけない。つまり社会的、経済的、政治的、軍事的、その他いろいろな条件が当然そこに加わらなければならない。ところで、まさにそういう意味での社会的、経済的、政治的、軍事的諸条件とは、人間の文明の歴史的所産なのである。

文明の自己分裂　この点からすれば、文明とは、前に述べたような意味で、人間のいわばプラスの価値をめざす営みであるという面をもつと同時に、他面で時として、あるいはかなり多くの場合に、そうした価値に対して破壊的な機能を営むような条件を生じることもあると言わなければならない。そこに戦争をふくむ破壊的な社会的紛争や、自然に対する破壊が起こる。それはちょうど犯罪というものが、古くから文明の影をなしているのと同じである。そして文明の様式が歴史的に変わるのに応じて犯罪の様式も変わってきたのである。

したがって、これを言い換えると、文明自身が自己分裂をしていると考えることもできる。つまり正の文明と負の文明がある、と言ってもいいかも知れない。正の文明とは、前述したような安全、独立、福祉、人間の生きがいなどを実現する方向での営みの総体を表わす。負の文明とは、それを否定するような破壊的な営みを指すわけである。そういうふうに文明の概念を定めれば、実は戦争は負の文明という意味で文明そのものだということにもなる。

戦争を文明という概念にふくめるかどうかは、一つには言葉の定義上の問題であって、どちらでもよいが、ただどちらの意味に言葉を用いるかだけは、はっきりしておく必要がある。私はここでは先に述べたように、文明という言葉でプラスの文明、正の文明だけを考えるという前提で話を進めたい。そしてそれが戦争という、いわば人間社会の破壊的な側面とどう関係するかを考えてみたい。

他面、戦争は負の文明であるという考え方には、単に言葉の定義以上の意味がふくまれていると言ってよい。つまりそれは、前にふれたように、文明と戦争とは同根である、という面を示唆している。したがって両者の間には極めて微妙で密接な関連があると同時に、そのゆえにこそまた非常に厳しい緊張関係も生まれる。

「戦争原因」としての文明

では、文明と戦争の間にどのような関連があると考えられるだろうか。私は次の二つをあげておきたい。一つは〝戦争の合理化〟、もう一つは〝戦争の否定〟である。実はこのほかに、もう一つ考えられる。それは〝戦争の原因〟としての文明という考え方である。

この考え方には二つあると思う。一つは人間の世界は常に異なった文明の単位から成り立ってきており、文明の間の差異が文明の間に対立を生み出し、それが戦争を生み出すことにもつながるという考えである。

一例をあげると、戦後長い間、いわゆる中東問題が続いているが、その一番深い根はイスラエルとアラブの国々との間の緊張であり、それは何度か戦争として爆発してきた。この中東問題を説明する場合に、要するにユダヤ人はユダヤ教と呼ばれる文明の単位をなしており、アラブ人はイスラム教の文明をなしており、このユダヤ文明とイスラム文明との対立というのは二〇〇〇年近く続いているものであるから、この対立は極めて根が深く、ほとんど宿命的なものであって、簡単には解決できないだろうといった解説がなされることがある。

しかし、こうした説明の妥当性について、私は疑問をもっている。というのは、第二次大戦が終わって、一九四七—四八年にパレスチナと呼ばれる地域で、いまのような武力紛争がアラブ人とユダヤ人との間で起こる以前には、長い間多くのアラブ人とユダヤ人とがこの地で平和的に共存していたのである。なぜある時期までは共存していた二つの文明の持主が、ある時点から闘争を始め戦争を始めたのかということは、文明の差からは説明できないのであって、別な要因がなければならない。あるいはかつてキリスト教徒が十字軍を編制して、遠征を行なった。これも文明が違うというだけでは説明できないので、むしろたとえば当時の社会・経済的な条件から説明するほうが無理がない。現にオスマン・トルコの中でキリスト教徒が平和的に生活してきたという事例はいくつもある。したがって文明の差異があるから戦争が起こるという命題には、無理があると言わなければならない。

第二に、文明が戦争の原因だという場合に、文明の間の関係ではなくて、ある文明の内部構造に問題があるという点に着眼する考え方がある。

すなわち、ある文明が、ある集団の対外的膨張の行動を促進する性質をもっているという見方である。たとえばキリスト教とかイスラム教とは、いずれも一神教であり、また普遍宗教である。つまり国籍とか民族の差に関係なしに、世界中に当てはまると主張する。そこで、こういう考え方の宗教あるいは文明は、国境を越えて膨張したり、他者を侵略することの原因になるのではないかという解釈が生まれた。現にキリスト教の場合にもイスラム教の場合にも伝道には際限がないので、無限に布教を続けるという内面的なダイナミズムを内包している。

これは実は宗教だけの問題ではなく、世俗的なイデオロギーにも当てはまる。たとえばフランス革命のときのスローガンは「人間の自由・平等・博愛」で、それの実現のために革命を行うというイデオロギーが生まれた。「自由・平等・博愛」という観念には国籍がない。だからどこの国にでも普遍的に当てはまるはずのものである。したがってフランスの革命軍は、その後ナポレオンの下で、ロシアまで遠征するという対外的膨張につながっていく契機を含んでいたのである。あるいは共産主義の場合、「プロレタリア革命」を旗印とするわけだが、プロレタリアートというのは国籍がない普遍的観念である。そこで、こうしたイデオロギーが対外的無限膨張を生み出す機能を営むのだと言われることになる。この場合には、宗教の伝道を政治化した〝革命の輸出〟の問題が指摘されているのである。

たしかにそういう面がないとはいえないが、しかし、実際の対外的膨張の過程を子細に見てみると、イデオロギー自体が原因になる比重は小さいというのが現実だと言ってよい。ここで詳細に立ち入る余裕はないが、むしろほかの原因——たとえば軍事的要因、あるいは経済的な要因、政治的な要因——で対外膨張が起こるときに、そのようなイデオロギーが、格好の正当化や合理化の手がかりを提供するという側面のほうが強い。つまりイデオロギーは副次的な要因ではあるかもしれないが、主要な要因だとは言い難いのではないか。そういう意味では、文明が戦争の原因だと見える場合というのは、実はほかの理由で起こっている戦争を合理化するために文明とか宗教とかが引きあいに出されるというのが、むしろ普通だと考えたほうがいいと思われる。

二　戦争の「合理化」としての文明

そこで戦争の「合理化」として、文明がどういう機能を果たしてきたかという点に話を移したい。ここでいう〝合理化〟と〝正当化〟とは、必ずしも同じではない。すなわち、戦争遂行という目的にとっての障害や抵抗などを最小限に食いとめて、戦争遂行の手段の能率を最大限に高めるような方式が、ここでいう〝合理化〟である。したがって、戦争の目的が本当に正しいか、正しくないかということは、ここでは関係がない。そうではなくて、正しいと思わせるということが、ここでの重要な点である。つまり戦争の当事者、とくに味方の側に、戦争への抵抗感や拒絶反応が起こらないようにする方法が、ここでいう〝合理化〟である。これは歴史的には、通常三つのレヴェルで行われてきた。

戦争目的の合理化　第一は戦争の争点の合理化である。つまり何をめぐって、何のためにこの戦争をするのか、という問題について、いま述べたような意味での合理化を行うということである。そもそも戦争は、大量の殺人行為であり、また殺される危険に身をさらす行為であり、また大量の物的破壊を伴う行為であるから、何らかの意味で、もっともらしい理由づけがされてなければ、普通の人間ならば、相当の抵抗感をもつのが自然である。そこで、そういう抵抗感をなるべく減らし、できれば積極的な支持を調達できるように仕向けていくために、戦争目的の合理化がいろいろな手だてでなされる。まことにグロテスクなことであるが、人間がつくってきた文明とか文化と呼ばれるもののかなりの部分が、実はこういう目的のために転用され、悪用されてきたことは否めない事実である。

たとえば宗教がその一例であって、いわゆる「聖戦」という考え方は、必ずしも宗教的な理由で始まったのではなくて、実は権力者の野心とか、戦略的あるいは経済的な理由などから始まったものを、宗教のカプセルをかぶせて「聖戦」として描きだすことによって、その宗教・宗派の人々が抵抗感なく戦争を支持するように仕向ける機能を果たしてきた。こうした例はキリスト教の歴史に非常に多く見られるが、イスラム教においても、いわゆる「ジハード」と呼ばれる聖戦の思想がある。これらによって戦争を正当化する。もちろん「聖戦」とされた戦争が、すべて正当化不能のものであったとは言えないにしても、「聖戦」イデオロギーの危険が、侵略戦争や征服戦争を容易に正しいと信じ込ませる点にあることは言うまでもない。それは戦争目的への自己の批判力を失わせるだけでなく、批判する人を異端視する行動を生み出す。日本の場合においても、第二次大戦中に「聖戦」という言葉が使われた。日本の軍隊は「皇軍」として、神聖な軍隊であると描き出されたのだった。これは日本の国家神道と結びついた天皇制が、戦争目的の合理化を容易にしたことを示している。

さらに宗教ばかりでなく、学問もそういった機能をもつことがある。たとえば、一九世紀の半ばにダーウィンが提唱した進化論は、本来、全く生物学上の理論だったが、これがやがて社会現象にも拡大されて、社会進化論あるいは社会ダーウィニズムと呼ばれるイデオロギーが主張されるようになった。要するに、適者生存、優勝劣敗という概念を社会現象に転用し、生き残っている者は優れた者である、ゆえに力が強い者は価値の点でも優れているのだ、という主張がなされた。このイデオロギーは、当時の帝国主義戦争を正当化ないし合理化するために利用された。とくにそれが合理化の装置として有効性を発揮したのは、適者である白人の優越を「科学的」に裏づけて、有色人種への植民地主義的支配を、いわば自然法則として当然視する考え方を助長した場合である。軍事的・経済的あるいはテクノロジーの面で西欧が優位に立つことが、当然に文化・文明の面でも優れているかのようなイデオロギーが、その後今日に至るまで根強く支配することになった。これが非西欧諸民族に向けられた軍事的支配や殺戮の合理化を容易にしたことは否めない。

こうしたイデオロギーが、ヨーロッパ人の内部に逆流して現われたのが、ナチのイデオロギーである。要するにゲルマン民族は他の民族よりも人種的に優れているという疑似生物学的な神話を主張した。いったんこの「科学的」命題を前提にすれば、ゲルマン民族が生き延びるためにはユダヤ人などは殺してもいい、ポーランド人その他のスラヴ人などを犠牲にしてもかまわない、という結論は容易に導き出されるわけで、他の民族を大量に殺戮することに「生物学的」な合理化が施されたのである。

若干性質が違うが、歴史学も、しばしばこういう合理化に使われることがある。たとえば最近日本で非常に「ソ連の脅威」が力説されて、反ソ大合唱が起こっているが、なぜそれほどまでに「ソ連の脅威」が強調されるのだろうか。いろいろ理由はあるが、よく言われるのは、ソ連は信頼できない国だということである。そのいい例として引かれるのは、ソ連が第二次大戦末期に日ソ中立条約を一方的に破棄して、当時の満州に侵入したということである。私はこの事実の指摘は、その限りでは誤っていないし、その限りでこの対ソ批判には理由があると思うが、ただ問題は、そこで落ちている歴史的な事実があるということである。つまり、対日戦争での自国の犠牲をへらすために、ソ連の対日参戦を強く要求したのは、実は米国だったのである。米国は一九四五年のヤルタ会談で、なるべく早くソ連を対日戦争に巻き込もうとして、取引をした。千島のソ連への引渡しの約束もその一つである。その意味では今日の「北方領土問題」の一つの根は、米国の政策にあった。ところが、こうした事実は伏せておいて、ソ連だけが中立条約違反、対日攻撃の犯人であるかのように描き出すのは、一面的である。ところが歴史的事実のある面は落としてしまって、歴史はこうであったと断定的に書く「歴史学者」が時折でてくるのである。史実や資料を選び出すことには、本来歴史家の主観的選択が伴うだけに、こうした危険がおこりやすい。このように、学問というものは、学者自身が意図しない場合もふくめて、ある政治状況のもとで、国際紛争を激化することを正当化ないし合理化するような役割を果たすことが決して少なくないのである。

いうまでもなく文学にも、非常に「愛国的」な戦争文学などが少なくない。昔から多くの「英雄」の物語がそうであった。英雄の物語というのは、たいていどこかに征伐されるべき敵や悪役がいて、多くの場合それにカリスマ的な能力をもつ主人公が勝つという筋書きになるのだが、こういう構図の物語もまた、戦争の合理化に使われることが多い。

最近の例でいうと、テレビ番組、それから日本社会に特有の「劇画」なども微妙な役割を果たしている。テレビ番組のさまざまの暴力の場面とか、宇宙戦争といった人間不在の破壊とかが、人間のメンタリティにどういう影響をおよぼすかについては、必ずしも意見が一致していない。つまり、テレビや劇画のシーンは、抑圧、挫折感あるいは「闘争本能」などを発散して、実際の暴力の代替機能をもつという説もある。たしかにマスメディアの暴力シーンが直ちに、あるいは必ず暴力行動や戦争を引きおこすとは限らないだろう。しかしそれが、暴力や戦争のもつ問題性に対する、みずみずしい感受性を鈍磨させる効力をもつことが多い点は否定できないであろう。

音楽が戦争に重要な役割を果たしてきたことはいうまでもない。狭くは軍歌や軍楽隊などの形で、軍隊に音楽が付属しているという状態は今日でも続いている。広くは民衆の動員のテコとして威力を発揮する。私自身も記憶しているけれども、ナチは音楽の使い方が非常に巧みだった。音楽によって民衆の心理的な興奮を引きおこし、そして個人が集団に埋没し、一人ひとりの自主的な判断能力が麻痺させられてしまう。そうした状況を造出していくうえで、音楽のもつ演出力はなかなか大きい。

神不在の神話

このように、文明と呼ばれる人間の営みが、しばしば戦争を合理化するために利用されてきたということは否めない事実である。そして一般的にいうと、近代になるとともに、戦争の争点や目的が次第に宗教的な性格を薄めてくる。中世には戦争を宗教的に正当化するということが合理化の手続として必要だったが、近代においては戦争目的の「世俗化」現象が見られる。いわば「神のない神話」が非常に多く使われることになった。

たとえばナチのゲルマン民族の優越という人種的選民意識は、神のない神話の一例である。一般に、現代に近づくほど神の意思などはあまり引照されなくなり、「独立」「安全」の擁護といった国家の「主権」を軸とするシンボルか、あるいは「自由」や「平等」の擁護といった人民の「人権」を中核とする「民主主義」や「社会主義」のイデオロギーが引照されることが多くなる。つまり神話の世俗化である。世俗化がさらに進むと、完全雇用、失業の減少、あるいは経済成長といった即物的な要求も、植民地支配や戦争の合理化に用いられる。

これを端的に示すのは、軍需産業がいったん膨張して既成事実に化してしまうと、その規模の縮小に最も強く抵抗するのは、実は多くの場合に企業家よりはその産業の労働者だという現象である。そこに、

「食えなくなる危険があるなら、武器をつくったり輸出して何が悪い、少しぐらい戦争があって何が悪い」といった合理化の発想が生まれてくるわけだが、ここに軍備や軍需が既成事実になってしまうことの恐しさがある。これらはもはや神聖な目的とは関係がなく、きわめて世俗的な価値や利害を戦争目的として争うという状況を意味する。ただ中身はもはや世俗的でしかない場合でも、それを主張する仕方そのものは、昔に変わらずきわめて狂信的な様相を示すことも少なくない。ナチズムやファシズムに見られるような疑似宗教的な狂信性は、現代でも決して消え去っているわけではない。

戦争主体の合理化　第二のレヴェルは、戦争主体の合理化である。近代以前の、とくに中世の戦争の場合には、戦闘は基本的に個人を単位にして行われた。つまり、一人ひとりの騎士が戦争の主体であった。したがってそこでは個人の武技や智略がかなり決定的な意味をもつし、個人差という要因が意味をもつ時代であった。それが近代になるにつれて、戦闘の単位が集団化し、組織ないしは集合体の衝突という形をとる。これは、貴族や傭兵が軍隊を構成していた時期が終わって、「国民」が徴兵によって軍隊を構成し、軍隊が国民軍と呼ばれる形に変わったことに対応している。

この傾向はその後産業化が進むにつれて、さらに高度化した。第一次大戦をはじめとする現代戦争は、「全体戦争」あるいは「総力戦」と呼ばれるが、それはもはや貴族が戦争の主体でないばかりか、軍隊だけが戦争の主体でもなく、国民全体が戦争の主体になるという構造を指している。戦場に行かない者も、工場で働き生産をすること自体が戦争の一環をなす。したがって、国民全体が戦争の主体になる。ということは、逆に言うと、国民全体が戦争行為の対象になることでもある。したがって、戦闘員と非戦闘員との区別は消滅し、兵隊だけでなく、婦女子も爆撃や銃撃の対象にしていくという、皆殺しの戦略がますます当然視されるようになる。全面核戦争はその極限であり、相手側の国民を大量無差別に人質にする「核抑止」戦略も同じ発想に立脚している。

ここに見られるのは、戦争の主体の〝大衆化〟という現象であって、大量の人間が戦争の組織の歯車として動員されることになるために、それをどのように効率よく組織化して強力な戦争装置を作動させるかという意味での「合理化」が、ここに必要となる。その際、市民的な日常性と戦闘員の非日常性とのギャップがあるので、それをできるだけ埋めて、非日常性を日常化する政策が組織的にとられる。学校や地域社会での軍事訓練とか、教科書やマスメディアの操作による「愛国心」や戦意の昂揚などがその例である。

ところで大量の人間を処理し、組織化するという場合に、ほとんど必然的に発生するもう一つの特徴は〝官僚化〟という現象である。つまり人間の社会全体が機械のように動くことが必要になってくると、機械の操縦者が、上位者として必要になってくるが、その操縦者自身も機械の一部分をなすという組織ができてくる。それがここでいう官僚化である。戦争の主体の〝大衆化〟と〝官僚化〟が裏腹をなして、敵対する国々の国民全体が一つの巨大な機械のような組織をなして激突する、そういう意味での「合理化」が進行するのである。

最近、女性が職業軍人――ゲリラや民兵ではなく――になるという現象がとくに先進国に見られ、これは女性解放という観点から果たして望ましいことかどうか、いろいろ議論があるようである。女性解放が男女平等だけを意味するなら、男性と同様に戦争装置の歯車になるのが女性解放ということになろう。けれども、もし女性解放が人間解放を意味するなら、戦争装置の廃絶が女性解放になろう。しかしその点の議論は別として、女性が職業軍人の職域に進出をはじめたのは、一つには女性の側の態度の変化という主体的側面の変化があるが、もう一つには、軍隊や戦争組織がきわめて官僚化してきたという客観的な条件の変化がある。つまりテクノクラートが戦争を遂行するという条件が時とともに強まっているということである。ボタンを押して核兵器を発射するのには、別に腕力は必要ではない。女性であっても容易にできることである。こうして女性が軍人になり、しかも単なる兵隊ではなくて、だんだん上級の将校から将軍にまで進出していくということが、これからアメリカなどでかなり進むと思われるが、そういうことが可能になる一因は、軍事組織の官僚化、テクノクラート化ということにある。これも「合理化」の一面である。

戦争手段の合理化　第三は、戦争手段の合理化である。これは相手方、つまり敵方を最も効率よく――つまり大量に、また確実に、そしてできるだけこちら側のコストを少なくして――殺戮あるいは破壊することを指す。そういう兵器と軍事組織の開発生産のために近代科学や近代技術が動員され、また資本や労働が大量に投入されることになる。

いうまでもなく近代国家形成のプロセスは、火薬を使った銃砲が、戦争の主要な兵器として使われるようになったこととかなり密接な関連をもっている。この兵器の変化が封建社会を崩壊させる一つの要因になったが、これは当時における兵器の技術突破だった。その後、兵器の技術開発が進み、第一次大戦では、それまで使われたことがなかった戦車、航空機、潜水艦、毒ガスなどが登場した。第二次大戦では、ロケット、レーダー、原爆などが登場した。そして今日では、さまざまのミサイル、水爆、あるいは最近の中性子爆弾、ビーム兵器などがある。

中性子爆弾というのは、人間だけを殺して、物はこわさない核爆弾で、それを使えば相手の軍隊は皆殺しにできるが、建物や工場などはそのまま保存して入手できるというわけである。これなどは、先ほど述べた「合理化」の一つのグロテスクな現われと言ってよい。なるべく「無駄」を少なくして「成果」を大きくしようという発想である。

今日の一つの問題は、軍事的テクノロジーの発達に、ほとんど際限がないということである。ソ連については正確にはわからないが、アメリカについていうと――そしてアメリカが行なっていることはソ連もしていると思って間違いないのだが――いま自分が、ある兵器を開発している場合、必ずそれに対抗する兵器を相手がつくるだろうと想定する。そこで、その相手がつくるであろう対抗兵器に対抗する兵器をいまからつくることを考えるということになる。つまり、現在ある兵器をつくっているときには、実は一〇年、二〇年先の兵器開発を同時に始めるという構造が現在の軍備競争の基底をなしている。R&D(研究開発)と呼ばれる作業が自己運動化して、未来兵器の先取り的な研究開発が無際限に行われる。これは戦争手段の「合理化」の一つの極限であり、こうした技術的高度化を現在典型的に示しているのが、いわゆる熱核兵器体系である。

目的と手段の倒錯　熱核兵器の開発は、そもそも兵器とは何のためのものかという根本的な問いを提起することになった。もともと兵器とか戦争とか軍事というものは、ある政治的な目的を達成する手段であった。ところが、熱核兵器を使えば、下手をすれば人類の大半が死滅するのであるから、その目的は目的としての意味を失う。その意味で、目的と手段との倒錯現象が、この熱核兵器の出現によって明白になった。いったいこれは人間にとって意味のある手段なのかが、きわめて疑わしくなったのである。その意味で「文明」と核戦争とが全く背反関係に立つことが、今日、極限的な形で現われており、「ヒロシマ・ナガサキ」がもつ人類の文明史の上での意味は、まさにこの点にある。

ところが、人間による「合理化」の追求は、ここで断念されているわけではない。すなわち、現在、アメリカやソ連で、核兵器体系やそれを合理化する戦略理論を開発している人々が考えていることは、なんとかして核兵器を、使える兵器にしようということである。何らかの意味で、手段として合目的性をもつ核兵器にしようという発想である。その一つとしていま実際に始めているのは、こちらの核兵器で相手の核兵器をいち早く破壊することができれば、勝利ということがありうる。つまり共滅ではなくて、一方が勝つという可能性がある。そういう兵器をつくろうということが、いま懸命になされている。それは一つには、核ミサイルの命中精度をいちじるしく高めることによって、相手の都市ではなく核基地をシラミつぶしに破壊することができるような先制攻撃能力を強めること、もう一つは、相手のミサイルを途中で破壊撃墜できるような対抗能力を強めること、などである。この二つは論理的には文字通り矛盾するが、軍事技術的には、それらを相手より早く開発することによって優位に立つことができるという考え方に立脚している。こうした動きの底にあるのは、目的と手段の倒錯関係というディレンマから何とかして脱却し、戦争における「勝利」の実現という、伝統的な戦略を復権させようという、根強い「合理化」の発想である。

もう一つ今日、戦争手段の技術的合理化が高度に発達しているのは、マクロの核兵器とは逆のミクロの面での、ゲリラに対抗する兵器と戦略の類である。これはとくにヴェトナム戦争の過程で実験が積み重ねられ、急速に開発が進められたものである。「枯れ葉作戦」などと呼ばれて、全部木を枯らしてしまう方式、赤外線その他の装置を使って、隠れている一人のゲリラでも確実に探知できるような装置など、要するに文字通り、シラミつぶしをねらった軍事技術である。これは、一人の人間も逃がさずに「索敵殲滅」できるような兵器体系であって、核兵器のように無差別に大量の人間を殺すのとは違って、一人ひとりを徹底的に抹殺するという、ミクロのレヴェルでの「合理化」である。

もう一つ同じ系列で、今日国連やアムネスティ・インターナショナルなどによって、国際的にも問題とされているのは、反ゲリラ戦略と結びついた拷問の技術が精密化してきていることである。人間に耐えがたい肉体的・精神的苦痛を与えながら、情報を吐きださせたり転向を迫ったりするための技術、これは多く先進国で開発されて、現在、途上国に急速に「技術移転」が行われている。こういう形で、一人ひとりの人間から人間性を奪うような技術や装置がいろいろ開発されている。

こうして現代の戦争装置は、一方において無差別的な大量の破壊と殺戮を生みだし、政治目的との倒錯関係を生じるところまで来ている。また他面では、人間の一人ひとりを物理的に抹殺するだけではなく、精神的に破壊するという技術も今日いっそう精緻化している。このように戦争の手段が、およそ人間の文明が本来指向すべき営みとは反対の方向に、高度の「合理化」をとげてきているのである。

三　戦争の否定としての文明

これまで、戦争の合理化としての文明の機能について述べてきた。しかし、戦争と文明とのかかわりは、もちろん合理化だけではない。もう一つは、まさに戦争と文明とが本質的に両立し難い要素をもっていることから、戦争の否定として文明が営むさまざまな役割が生まれてきたという側面である。こうした戦争と文明の相剋の歴史は古い。戦争という行為を通して人間が殺人を犯すということは、やはり人間にとって、倫理や良心との相剋を生みださざるをえない。自分の属する社会――部族、都市国家、民族、国家等――の内部では殺人が悪として禁じられているにもかかわらず、外の集団に対しては殺人が時として賞揚されるという状況は、倫理や良心の使い分け、ダブル・スタンダードを必要とする。それは何らかの形で良心の不安や反文明の自意識を生み出さざるをえない。そこで戦争を防ぎ、平和を強化することが文明の課題だ、という考え方や、またそういう考え方に基づいた行動が、古くからとられてきた。

歴史上とくにそれが顕著に見られるようになるのは、主権国家と呼ばれる近代国家が形成されて以降である。近代の主権国家からなる国際政治の体系は、まずヨーロッパで形成されたのであるが、このシステムによってそれぞれの国が主権性を主張する場合、その主権性を端的に示すのは、それぞれの国が軍備つまり暴力手段を独占するという事実であった。これは一方で国内での権力の集中を意味すると同時に、他面では世界は一種の無政府状態《アナーキー》であることの公認でもあった。これは必然的にきわめて不安定で危険な状況を発生させる。そこで、まさに国家の主権性を主張するがゆえに戦争が続発するという現実に当面し、だからこそ無政府状態から起こる戦争の危険や惨禍をできるだけ食いとめなければ、個別主権国家の利益にとっても好ましくないという認識もまた強まることになった。したがって、一七—一八世紀頃から、戦争を防止し、文明と平和を維持するためのさまざまの構想が、ヨーロッパの多くの思想家によって打ちだされることになった。

平和構想——三つのレヴェル　こうした構想には、大別すると三つのレヴェルのものがある。第一の部類は、戦争を防ぎ平和を強化するためには、国家主権を制限しなくてはならず、そのためには国際機構を強化することによって、国際的無政府状態のもつ危険性を極小化する方向に国際政治のシステムを変えていく必要があるという考え方である。国際機構強化論というべき発想である。

第二の考え方は、戦争の原因は国家間の関係というより、それぞれの国の国内体制にあるのだから、それを変える必要があるという視点に立つ。体制の変革によって、国内にある戦争の根を除去するという考え方である。具体的にいうと、国内に独裁政治とか、専制政治などと呼ばれる政治体制があると、対外膨張や侵略が起こりやすい。したがって、そうした体制を変革する必要があるというアプローチである。

第三は、戦争や平和を生みだす究極的な根源は、人間性、つまり一人ひとりの人間の意識とか心にあるのだから、それを変えなければ有効な答えにはならないという考え方である。ここから、人々の意識や国民の世論を変革すべきであるという主張がなされる。この場合、とくに広義の教育によって、一人ひとりの人間の考え方を変えていく必要が重視されることが多い。

国際機構強化論　現実にヨーロッパの一七世紀頃からの歴史を見ると、ほぼいま述べた順序で議論が展開されてきた。一七世紀から一八世紀の初めにかけて、いろいろな人が、国際機構の強化によって永久平和を達成しようという、国際機構強化による平和構想を打ち出した。そうした構想の中には、単に思想として主張されるだけではなくて、しばしば国王とか為政者に影響を与えて、ある程度政策化されたものもある。この構想にも人により考え方や力点の違いがあるが、それにもかかわらず、ある共通の流れを見ることができる。

第一の共通性は、国家間の組織化を強めることが不可欠であり、そのためには国際機構をつくり、強化することが必要だという認識である。

第二に、そこで、いったいだれが国際組織のメンバーとしての資格を認められるのか、どこまでの範囲をその組織がカバーするのかが当然問題になってくる。この点をめぐる議論で興味深いのは、今日の言葉でいうと、イデオロギーの違う国をも含めて、国際的な組織化が必要だという考え方が現われていることである。

当時の状況でいうと、キリスト教国だけではなくて、トルコもメンバーに加えよ、あるいはペルシャも仲間に入れよ、というような、異教徒――つまりイデオロギーの違う国――をふくめた国際組織を創設するのでなければ平和を強化することにはならないという主張である。ヨーロッパのキリスト教の世界だけを考えた場合でも、当時はプロテスタントとカトリックの対立がたいへん深刻だったのだが、この両者をふくめなければ意味がないという考え方が打ち出されてくる。これらに共通に見られるのは、イデオロギー的な差異は前提にしたうえで、平和共存の方式を考えることが必要だという発想であると言ってよい。

第三の特徴は、時間が経てば経つほど、つまり一八世紀になるほど、すべての国が平等であるという考え方が定着する。つまり国際組織の中で、すべての国が一票をもつべきだという主張が次第に強くなってくる。これはのちに民族自決主義などにつながる発想である。

第四の特徴は、当時のヨーロッパにおける支配層あるいはエリートの横の団結を非常に重視するということである。つまり国王同士、貴族同士が戦争をすることをできるだけ避けようという主張である。当時、戦争の主体といえば、王侯貴族だったから、彼らに戦争をやめさせ、互いの連帯を強めさせようという点が力説されたのである。またこれら国際的エリート層の平和を維持するための条件として、それぞれの国の内政には干渉しないことが強調される。たとえば相手の国に宗教的あるいは政治的な少数集団などがいて国内で叛乱を起こした場合に、隣国の支配層が、仮にたとえば宗教的に同じであってもそれを支援することを控えよう、という主張である。これは今日の言葉でいえば、内政不干渉の原則である。それは、ある意味では国際秩序を安定するために賢明な方法であるかも知れないが、その半面で、それぞれの国の支配体制の固定化を、国際的に正当化し補強するという考え方をも含意している。その結果、ある国内に反乱が起こった場合、国際エリート層の共通の利害を反映する国際組織を通じて、反乱鎮圧に加担するという可能性が含まれてくる。その点で、国内体制の現状維持の国際的保障という意味を帯びてくることになった。

第五には、これも時の流れとともに、単に戦争の防止ということのほかに、非政治的なレヴェルでの協力関係を強化しようという主張が強まってきた。たとえば貿易とか、人間の交流などを促進するためにいろいろな方法を講じる。その一つとして度量衡の統一が提唱されるが、これは商取引の促進を目的としている。その他、貨幣の統一、暦の統一など、今日流にいうと、ヨーロッパ共同市場をつくる前提条件とでもいうべき手だての必要性が力説されるようになった。

ところで今述べた第四点と第五点とには矛盾がある。というのは、第四点で力説された支配層の国際的協調とは、具体的には、絶対君主や貴族の支配体制の維持を狙いとしている。他方、第五点の貿易や国際的交流の促進という要求は、商業資本とか、当時次第にブルジョアと呼ばれて台頭してきた階層の利益と必要とを反映していたのである。

国内体制変革論　この二つは明らかに矛盾する。そこで国際機構の強化による平和という主張が、一八世紀中葉になると転換をはじめる。その転換の代表的役割を果したのが、ルソーであった。彼はここで、いままでの平和構想は、国際関係つまり国家間関係については、「国家主権の制限」という形で重要な変革を主張しているけれども、国内体制については現状維持を主張しているという点を衝いて、「国内体制を変革することなしには平和はあり得ない」という考え方へと視点を転換した。彼の力点は、外交あるいは国際関係の面での戦争や征服は、内政面での専制政治による抑圧と、相互に補強関係に立っているという点にある。

彼は、こう記している。「他の民族を征服する国の国民は、征服される国の国民と同じように被害者なのである。」ここにあるのは、市民は国を超えた共通の立場をもっているという考え方であり、またひとを支配抑圧する者は、支配抑圧される者と同様、システムの犠牲者であり、疎外のとりこであるという発想である。そしてそれぞれの国で市民が政治権力を担うという変革が起こらない限りは、戦争は終焉しないと主張する。

しかし、同時に彼は、それぞれの国での体制変革は、必ず王や貴族による強力な抵抗や破壊を伴うであろうから、したがって永久平和は実現できないだろうと考えた。その意味では、彼の結論は悲観的であった。ただここで大切なのは、彼の結論そのものではなくて、そこに至る彼の考え方である。

このような国内体制重視の考え方は、そのあとカントに引き継がれた。カントは、ヨーロッパの国家の一種の国家連盟あるいは国際連盟をつくることが、永久平和の実現には必要不可欠だと述べているが、その前提として、それぞれの国が共和制であることが必要だと主張する。ここで共和制という意味は、君主制の否定というよりも、今日の言葉でいうと、立憲制に近い。そして彼の場合には、そうした国内体制の形成が可能であると考えたという意味では、ルソーより楽観論であった。いずれにしても、これを現代の文脈になおしていえば、国内体制の民主化が平和のための必要条件であり、それは十分条件ではないとしても、不可欠の条件だという主張になる。

ブルジョワ的市民層を基盤とする国内体制と国際関係とを、より具体的なイメージをもって構想した代表的な人物の一人がベンサムである。彼の構想の特徴はいろいろあるが、一つには、彼は強力な国際機構などはないほうがいい、という考え方であった。強力な国際組織とは、王や貴族が、自己の利益のために国際秩序を維持しようとするための道具になってしまうから、ないほうがいい。むしろ理性的な市民の世論が、それぞれの国で十分に機能する、そういう国内の条件が形成されることが、平和や戦争防止の条件であると考えたのである。

ベンサムの考え方は、周知のとおり、各人それぞれが、自分の最大利益を判断する能力があるという前提に立っている。それぞれの個人が、自分の最大の効用あるいは利益を追求すれば、社会の利益が全体として最大化される。だから各人の合理的な利害の判断が自由にできるような条件をつくり、それの集合としての「世論」が支配するようになれば、最大の社会的利益が実現される、という考え方である。そして、各人がその利益の計算をして、それを最大に実現していくという行動様式が基本に想定されているから、人間類型のモデルは「経済人《ホモ・エコノミクス》」であり、したがって政治よりはむしろ経済を社会の基礎条件として重視することになる。そこから、国内の経済成長と国際的な自由貿易とが平和の基礎であるという主張がなされることになった。ここから引き出される一つの帰結は、植民地の軍事的支配への反対である。つまり政治的・軍事的に植民地を支配領有することは、戦争の原因になるだけではなくて、経済的にも不利益である、という先進国型の自由貿易主義の考え方につながっていくのである。

人間意識変革論　このようにして、各個人の考え方や意識をできるだけ合理的にすることが平和の条件だという思想が、一八世紀の終わりから一九世紀初めにかけて強まってくる。それを受けて一九世紀になると、個人の意識の変革の必要性という主張が、学者や思想家の提言にとどまらず、一種の市民運動として展開されるようになる。一九世紀の二〇年代、三〇年代頃からイギリス、フランス、アメリカを中心的な舞台として、今日の言葉でいえば平和運動と呼ぶべき市民運動が、活発に展開されるようになる。英米では平和協会《ピース・ソサイエティ》と呼ばれる市民団体が多数形成された。これは、市民のレヴェルで、戦争の防止、一人ひとりの人間が自分の理性的な考え方を培い、それを政治に反映していくことによって、戦争の防止、平和の強化が可能になるという発想に立脚した運動であった。この平和構想と、当時の英国のような先進国に見られた経済主義、つまり軍事や政治よりは経済を重視する発想、それに自由貿易主義などが重なって、相乗効果を生み、かなり強い影響力を発揮したのであった。ここに見られるのは、国内体制の市民化と個人の意識の合理化とが、平和と繁栄を導きだすという考え方である。

以上のように、一七―一八世紀から、波を打つようにして、平和構想がまず国際機構の強化という考え方から、次に国内体制の変革を重視する考え方へと移り、さらに人間の意識の変革を重視する考え方に移行していったと言ってよい。同時に、そこで起こった重要な変化は、戦争と平和の問題を議論する主体が、初めは国王や貴族ないしはその周辺側近だったが、時とともに市民に移っていったということである。こうして、国際レヴェルの機構をどうするかということよりは、まず市民レヴェルでの意識と行動が最も重要であるという考え方が、一九世紀の中頃には顕著に現われてくるようになる。

平和構想の三重奏　このあとの歴史は、ここでとくに詳しく述べないが、一九世紀後半になって、いわゆる帝国主義の時代、そして第一次大戦という大戦争を経て、国際連盟が生まれた。国際連盟には多くの問題があったが、しかし、とにかく一七世紀以来議論だけされてきた国際機構が、曲がりなりにも実際に創設されたという意味では、画期的な出来事であった。そしてこのときに、国際関係のレヴェルで国際連盟という組織化がなされると同時に、ヨーロッパの主要な国での政治体制の民主化が、国により多様性をもちながら進んだのである。またそれと同時にそれらの国の中で、さまざまの市民運動や大衆運動が昂揚した。政治の大衆化の時代が、第一次大戦後の世界を特徴づけることになった。ここに見られるのは、先に述べた三つのレヴェル、すなわち国際、国内、個人の三つのレヴェルが、同時に連動しつつ作動し始めるという状況である。これがその後今日まで続いている、世界政治の基本的な構造の特徴であると言っていいと思う。

第二次大戦後には、国際連合という国際組織がつくられた。たしかに米ソあるいは東西の対立が激化したが、ソ連の国連からの脱退は起こらなかった。なぜそうだったのかは、興味ある問題だが、ここでは立ち入らない。それはともかく、イデオロギーの違う国々を包括した国際組織の形成の必要性という、早い時期からの平和維持構想の主張が、今日のきびしい冷戦下でも崩されずに続いているということは注目してよいだろう。

国内体制の変革と呼ばれる政治的変動は、第二次大戦後ほとんど世界のいたるところで発生した。それは一国の内部での民主化という形をとって、日本もふくむ多くの国々で多様な形で進行した。それと並んで重要なのは、植民地の解放という形での、いわば国際的民主化のめざましい進行である。今日国際的なもう一つの焦点は、戦争や平和の問題を考えるときにも、もはや単に国家間のレヴェルや国内体制のレヴェルで問題に取りくむだけではなくて、一人ひとりの人間のレヴェルで考えるというアプローチである。つまり人権が、平和とのかかわりでも重要な国際的な議論の焦点になってきているのである。

それが直接に政治にかかわる領域の人権だけではなく、もっと根深く、いわば世界という社会のレヴェルにおいてとらえられているのが、最近のいちじるしい傾向だといえよう。たとえば女性の権利や地位についての国連主催の大会議が、一九八〇年にコペンハーゲンで開かれた。これは一九七五年の国際婦人年世界会議を受けて開かれたものだが、性の差異による差別をなくそうという要求である。あるいは人種差別をなくすという課題との取組みも活発である。また一九八一年は身体障害者年だが、これも身障者であることから起こる人権侵害を世界的に問題にしようという趣旨である。これらに共通なのは、一九世紀や二〇世紀の前半には、個別の国の中でとり上げるのが常識になっていた、一人ひとりの人間の人権の問題を、今日では世界全体で議論するという枠組みができ上がっていることである。これは先に述べた第三のレヴェル、つまり市民あるいは人間のレヴェルで、それぞれの人が人権意識を持ち、自分の意見や選択を政治に反映できるような権利を確立することなしには、平和も実現できない、という考え方の延長にあるということができよう。それは、単に国家間の平和だけでなく、人間の間の平和の構想だといってもいいし、それが平和と文明の接点であるといえよう。

こうした現代の変化に顕著に見られる大きな流れは、世界という人間の社会全体の中での不平等を否定し克服していくという、人間の営みであり闘いである。それが民族の間であれ、個人の間であれ、人種の間であれ、男女の間であれ、不平等という条件を極小化していこうという大きな流れが現代の世界を貫いていることは、誰にも否めない事実であろう。

そのことが一つには、戦争を拒否し、戦争に抵抗するような文明の担い手の基盤を急速に拡大し深化させてきた。もはや王侯貴族、政治家、知識人だけでなく、非常に幅の厚い層をなす市民が、そうした動きの主体として歴史の舞台に登場してきたのである。

そうした主体の拡大・深化と裏腹をなして、核兵器の出現という客観的条件の変化に対応して共滅の意識が生まれ、人類の「種」としての自覚が普遍化してきた。つまり、われわれは人類という種として、どのように生存し、生き延びていくのか、そういう問題意識が非常に厚い層に浸透していくことになった。そして、人類という種の一員であるという意識は、われわれは同質であるという意識を強化し、同質であるという意識は、われわれは平等であるという意識に結びつく。そして逆に、すべての人間が平等であり同質であるという意識が、人類の運命と問題の共有性の意識を強める背景をなすことになった。

このようにして、戦争と平和の問題をめぐり、戦争の否定という意味での文明の発展は、かなり著しい成果をあげてきたということがいえる。ことに、人類の生存と文明を否定する核兵器の出現が、戦争への強烈な抵抗感と危機感を広範に生み出してきた。そこに、人類としての文明が、歴史上、いまだかつてなかったほど広い範囲の人々の共有資産となりつつある兆候を見ることは難しくない。

「人類同質」の陥穽

こうして、長い歴史を貫いてきた戦争についての強い関心が、人類的な共有資産として普遍化するところにまで今日の世界はいたっている。しかし、ここで注意すべきことが一つある。というのは、一七世紀以降のヨーロッパだけをとっても、何とかして戦争を防ぐべきだという問題意識から、さまざまな努力がなされてきたことは事実であるが、なぜそうであったのかを、少し突っ込んで考えてみる必要がある。つまりなぜ多くの人が、戦争にそれほど抵抗感をいだいたのか。それは結局のところ、戦争は同じ仲間の相互殺戮だ、という意識やイメージが成立していたということの現われであろう。

換言すれば、戦争という観念あるいはイメージが成り立つ前提として、相手が自分と同質であるという観念がある。そういう条件が存在する関係では、戦争の防止が真剣に議論された。しかしそれを裏返していうと、もし相手は同質でないと考える関係においては、あまり「戦争」の問題は議論にならなかったということでもある。つまり同族殺戮のイメージが成り立たない場合には、「戦争」という観念さえ生まれてこないのである。もっと具体的にいえば、文明を共通にする者の間での戦争については、非常に敏感な反応や鋭い抵抗感が生まれた。ヨーロッパ人がヨーロッパ人を殺すことについては、深刻な反省や議論が古くからある。だが非文明とみなされている世界に対しては、そもそも「戦争」をしているという意識さえないということが少なくなかった。換言すれば、戦争の問題が議論されてきたことには、たしかに積極的な意味があったのだが、実はそこに盲点があったのである。文明ではなくて、「野蛮」とか「非文明」とみなされているような社会や集団に対しては、およそ戦争の意識さえなしに戦争をするということが、しばしば行われたのだった。

今日、先進国と呼ばれている社会と、後進国と呼ばれている社会との関係は、近代において、その意味では「国際」関係でさえなかった。相手を「国家」とみなしていないのであるから、もともと国家間の行為としての戦争は成り立たないのである。そのことの結果、たとえばヨーロッパ人相互の間では許されないような行為が、非ヨーロッパ社会との関係では許容され、大量の殺戮、暴行、搾取が免罪・許容される。しかも単にそれが見逃されるだけではなくて、文明の名において正当化されることも決して少なくはなかった。

「戦争」でない戦争　その一つの具体的な例をいえば、たしかに人間の社会には奴隷制が古代から存在したが、奴隷が大量の商品として「世界システム」に組み込まれるのは、一五〇〇年頃から一九世紀の半ば頃までの奴隷貿易の時代である。これは今日の「先進国」が経済発展を開始する上で、一つの重要な資本形成の要因になった。この奴隷売買がどのように行われたかについては、不幸にして奴隷になった側の資料がほとんど遺されていないために、正確にわからないことが多い。しかし一般にいわれているところによると、一五〇〇年から一九世紀の半ばまで、一五〇〇万人近くのアフリカ人が、南北アメリカ大陸に強制的に移動させられた。

約三五〇年間に一五〇〇万人の人間が大西洋をこえたのだから、一日当たり約一二〇人になる。そのうえ通説によれば、アフリカの村から狩り集められた人間が集結港にくる間に、抵抗して殺傷されたり病死したりし、またアメリカ大陸への奴隷船に身動きできないほど詰めこまれた航海中に死亡したりして、三人に一人以上が命を落としたといわれる。

これは、約三五〇年にわたって、毎日約二〇〇人のアフリカ人が村から強制的に消されていたということである。こうした行為が組織的に行われているのであるから、これは誰が見ても戦争といわざるをえない。これはアフリカに対する三五〇年戦争だったのである。だがわれわれが読む歴史の本の中に、これを戦争として書いたものは皆無といってよい。ヨーロッパには「百年戦争」と名付けられた戦争があるが、この三五〇年戦争は、ヨーロッパ人のいう「戦争」に入ってないのである。彼らにとって、これは戦争ではなく非文明への事実上の武力行使以上の意味をもたなかった。そして、われわれ日本人も、同じ認識の枠組みを受けいれて、これを戦争とは考えないできた。アフリカ人は戦争の対象ではなかった。なぜならアフリカ人は「人間」という観念に入っていなかったからである。

こういう意識や認識の構造は、奴隷貿易の場合に限らず、他の場面にもあり、それが今日の南北問題に深くつながっている。その意味では、いままで書かれてきた多くの戦争についての研究、また平和についての議論は、その文献が厖大であるにもかかわらず、非常に大きな盲点をもっていることは否めない事実である。

これは単に過去の歴史の問題ではない。同じ問題が、今日も続いている。たとえばいまわれわれが生きているこの時点でも、一九七九年一年間で世界の軍事費が五〇〇〇億ドル使われたといわれている。それは「安全」のためとか、「平和」のためといって使われているのだが、これは一分間当たり一〇〇万ドルに相当する額である。私がここで一分間話している間に、一〇〇万ドルずつ使われていることになる。

だが、同じ世界で、たとえば国連食糧農業機関（FAO）の統計によると、一年間にほぼ三〇〇万人が今日の世界で餓死している。これは食べものがなくて死ぬ人々と、強度の栄養失調のために死ぬ人々との両方を含めてである。これは、一分間に約六人が死んでいるということである。私が一分間話している間に、地球のどこかで六人の人間が餓死していることになる。他方で、一分間に一〇〇万ドルの金を「安全」とか「平和」という名の下に使っている。ということは、いったい「戦争と平和」という枠組みで、われわれは何を問題にしているのかという点について、基本的な発想と認識の前提を問い直す必要を示唆しているのではなかろうか。

現代の変革と展望　しかし、今日の世界では、いままで従順に奴隷になっていた人間、あるいは無言で餓死していった人間が、これまでの状態を甘受するという時代は終わりつつある。長い歴史を通じて沈黙していた人々が次第に声をあげ、その人々が、われわれも人間ではないのか、と考え始めているのが現代である。われわれもまた同種の人間ではないか、もし、同種だとすれば、われわれが一分間に六人死ぬということは、殺戮ではないのか――そういう問題意識が途上国の側から提起されてきている。民族解放運動、いわゆる石油戦略や資源戦略、あるいはイスラムその他の土着文化の復権などの動きが、そういう変化の現われなのだ。

この点を念頭におくならば、今日、戦争と文明という問題を考えるときに、文明の枠組みを世界という単位に広げなければならないことは明らかである。ヨーロッパ文明だけが現代的意味をもつ文明で、他の文明はいわば文化人類学的関心の対象だと思っているなどということでは、現代の戦争と文明の根本問題を見落としてしまうことになろう。

日本をふくむいわゆる「先進国」とか「文明国」と呼ばれてきた国々の文明は、いま自己変革を要求されている。われわれが長い間慣れてきた、途上国の非人間的に低い賃金とか、不当に安い値をつけられてきた資源とかを前提に成り立ってきた文明は、大きく変わらざるをえない時点にきている。その意味で、世界全体を含めた、人間らしい文明とは何かという問題を考えなければならない時代に、われわれは当面しているのではないだろうか。

他面で、非常に長い時間と歴史を通して、幸いにして人類という種が今日まで生き延びてきた。それは、初めに述べたように、人類に環境のみならず自分自身を変革する能力があるから可能であったと言えよう。だとすれば、これからも多分われわれ人間は、生き延びていく智恵と意志を持ち続けていくと希望していいのであろう。もしそういう意味で、われわれが自分自身を変えていくことに成功するとすれば、それは単に戦争のあり方を歴史的に変えることだけではなくて、戦争のない歴史をつくるという可能性をもふくむことになろう。

先ほど奴隷制に言及したが、これは古代から長い歴史をもって存続していた。それが、制度としては一九世紀の半ばに廃止され終焉した。なぜ戦争という制度だけは永久に終わらないと、われわれは信じなければならないのか。何万年と続いてきた制度や慣行であっても、歴史のある時点で終わるということはありうる。それは結局のところ、人間に自分自身を変える能力があるということによって起こる変化である。たしかに、これまでの歴史では、戦争と文明とのかかわりには暗いかげがつきまとっていた。しかし未来については、もしわれわれが、われわれ自身を変える能力を失わない限り、希望をもつこともできるのではないだろうか。

（平野龍一編『文明と人間』東京大学出版会、一九八一年）

2　近代としての核時代

これは、内外の研究者による二年間の共同作業の成果をまとめた論文集、坂本義和編『核と人間I　核と対決する二〇世紀』(岩波書店、一九九九年)への寄稿である。

「核時代」というのは、独特の呼称である。歴史における時代区分には、さまざまな基準があるが、王朝君主の代替わりを別にすれば、中世、近世、近代、現代、あるいは農業社会、産業社会、ポスト産業社会など、広く社会の構造的変化に着目するのが普通である。これにたいして「核時代」とは、核エネルギーの開発・使用という技術的変化を始点とする。それに相当するものを歴史に探しても、「火薬時代」「蒸気機関時代」「電気時代」といった言葉は聞きなれない。強いて言えば、石器時代、鉄器時代などが想起されるだろうが、エネルギー源を指しているわけではないから、時代区分の性格が異なる。確かに「電気時代」という言葉が一九世紀に使われたことはあるが、それは生産力の飛躍的上昇を指したのであって、新たな破壊力の幕あけを語っていたのではない。

このように、「核時代」に匹敵する、誰もが認める時代区分が歴史にはないのだが、実は、そのことこそ、一九四五年八月六日の原爆使用が、人間の歴史で、どれほど空前の出来事であったかを端的に物語っている。

原子爆弾の使用を知った人びとの衝撃は、まず「原子時代(atomic age)」という言葉を生み出した。

さらに一九五〇年代の熱核兵器（水爆）の開発・実験によって、「世界の終焉・人類の絶滅」という夢魔が迫真性を高め、「核時代（nuclear age）」という観念が、人びとの意識に定着した。「明日という日がある」と人びとが信じて生きるためには、核戦争、とくに全面核戦争が起こらないという前提が必要だった。その意味で、人びとが「核」を意識から消し去ることができない生活、それが「核時代」であり、「核と対決する二〇世紀」なのだと言っていいだろう。

そのように「核」が、われわれが生きることと、深く、また複雑にかかわる時代になっただけに、「核」という言葉で意味されることも多義的・多面的になり、時に混乱も生じている。そこで、まず「核」という言葉の意味を、明らかにしておく必要がある。

一　「核」の意味——その区別と関連づけ

「核」という概念は、少なくとも次の四つのレヴェルに分けて考え、同時にそれらのレヴェルを関連づけて考えることが必要だろう。

1　核兵器、核実験

「核」の時代を代表するのは、もちろん「核兵器」である。これのもつ、史上に前例のない破壊力・殺傷力が広島・長崎で示されたこと、それが「原子時代」というイメージが生まれる決定的な要因となったことは、言うまでもない。この兵器には三つの特徴がある。

一つは、破壊の効率がきわめて高いということである。たった一機のB29爆撃機が投下した、たった一発の爆弾で、都市全体が灰燼に帰し、一〇万以上の人命が奪われた。同じ四五年三月一〇日の大空襲で、東京の中心部は焼け野原になり、一〇万人近くが死亡したが、この破壊のためには、米軍は三〇〇機を超えるB29を動員し、一九万発の焼夷弾を雨あられと投下したのだった。

その後、冷戦下の米ソの核軍拡競争が進み、両国は世界を何回も破壊できる「過剰殺戮(overkill)」の能力をもつようになった。もし核兵器以前の「在来兵器」で、世界全部を一回でも破壊しようとしたならば、米国といえども、その経費を負担することは至難だったに違いない。この恐るべき破壊の効率、それが「在来兵器」と区別される核兵器の決定的な特徴である。

これに関連する二つ目の特徴は、核兵器は、とくに都市の攻撃に使用された場合、幼児から老人まで、無差別に無数の市民を殺す「大量殺戮」の能力をもっていることである。トルーマン大統領は、「軍事的目標の攻撃」を命じたと『回顧録』の中で主張しているが、広島にいくらかの軍事施設があったにせよ、破壊の最大の犠牲者が、多くの非戦闘員であったことは事実である。つまり、軍事施設と一般市民とを区別しないで破壊・殺戮する、その無差別性こそが、対都市核兵器の特徴なのである。

たしかに在来爆弾による「戦略爆撃」も、無差別の破壊殺傷を目的としたが、しかし在来爆弾の被害は、通常は都市内の場所の違いによって不均等であり、市民は退避の仕方により、被害を逃れることも不可能ではない。しかし、核兵器はその大量破壊・殺戮力を、瞬時に広範囲にわたって均等に刺し通すため、市民の退避はきわめて困難である。

三つ目の特徴は、核兵器は、灼熱する熱線で人や物を焼き払い、猛烈な爆風で建造物などを破壊するのに加えて、強力な放射線を発し、その結果、被爆者が深刻な後遺症に長期にわたり苦しむことになるという点にある。しかも、原爆の地獄から生き延びて、一応人並みの健康を回復したように見えている人に、被爆から数年、十数年たったある日、突如、白血病その他の致命的な放射能障害が顕在化するのであり、被爆者は、一生この不安から逃れられないのだ。

こうした、これまでにない破壊力と殺傷力をもった原爆の出現が、人びとに強烈な衝撃を与えた結果、「核」といえば「核兵器」を指し、「反核」といえば「反核兵器」を意味し、「核時代」といえば一九四五年八月以降の時代を指すことが広く行われるようになったのは、当然であった。

さらに、核兵器のこうした性格を反映して、「核兵器」に準じる意味を付与されてきたのが、「核実験」である。それは、二つの点でそうであった。

一つには、とくに一九六三年の部分的核実験禁止条約までの時期に、大気圏内での核実験そのものが、放射性降下物を大量に地球に撒き散らし、人間や動物に被爆に似た悪影響を及ぼしたことがあげられる。日本での反核運動のきっかけとなった、五四年の漁船第五福竜丸の被曝事件がそうだった。また六〇年代に、英国や米国で盛り上がった「反核」運動は、なによりも「反核実験」運動だった。核実験で大気中にまかれたストロンチウム90などによって汚染されたミルクが子どもに与える影響を憂慮して、核実験反対に立ち上がった女性の運動は、その例である。兵器の実験そのものが、自国内での広大な領域で、また自国をこえた広範な地域で、人体への被害と環境破壊をもたらすという例は、史上になかったのであり、核兵器に特有の危険である。

もう一つは、核実験が、核兵器の開発・保有の指標だということである。それは、すでに核を保有している国の天井知らずの核軍備「現代化(modernization)」政策の現われであるか、新たな核保有国の出現の宣言であるか、そのいずれかの形をとる。つまり、「垂直的核拡散」か「水平的核拡散」か、そのいずれにしろ、核実験は、とどまることなく続いてきた世界の核軍事化(nuclear militarization)を公示する指標という意味をもつ。「反核」運動が「反核拡散」運動を指す例は、九八年のインドとパキスタンの核実験の際にも示された。

なお、四五年には核爆弾は爆撃機で運搬されたが、五〇年代末までには、米ソともに相手を大陸間弾道弾(ICBM)で直撃する能力をもち、その後は、ミサイルの命中率を飛躍的に高めるという質的向上をはかった。こうした背景の下で、「核兵器」とは、核弾頭だけでなく、ミサイルやその誘導装置を含めた「核兵器システム」を指すことになった。九八年に、インドとパキスタンが、核弾頭の爆破実験とともに、中長距離ミサイルの激しい開発競争を開始したことは、これを物語っている。

2　核戦争、核戦略

以上は、「核」が「核兵器」を指す場合だが、第二のレヴェルは、「核」が「核戦争」を意味する場合である。この両者の区別と関連は、二つの点で重要である。

一つは、米ソの核対決がきびしかった冷戦期には、双方の核兵器システムが一触即発の状態で対峙し、したがってそこでは、システムの機械的な誤作動か、相手の行動にかんする人間の判断の錯誤か、いずれにしろ「事故」によって、引き返し不能なミサイル発射が行われ、その結果核戦争に突入するという危険が、つねに存在した。換言すれば、細心の判断の積み上げの結果として戦争が開始され、その手段として核兵器が使われるというのではなく、核兵器システムそのものが戦争開始の発端になるという危険に、常時さらされていたのだ。それは、核兵器と核戦争との峻別は困難だという想定で、米ソ双方が行動するという状況だった。したがって、「反核」とは「反核兵器」なのか、「反核戦争」なのかという区別が成り立ちにくい面があり、反核運動も、この区別をつけずに「反核」を目標にかかげることが少なくなかった。その意味で、この区別が不明確であることこそ、最もきびしい核対決をともなった冷戦ピーク時の特徴だったのである。

しかしその半面で、注意しなければならないもう一つの点は、このの区別のあいまいさ、また、この区別をつけないで「核」や「反核」を議論するという思考の持続は、思想としての問題を次第に表面化することになったという事実である。というのは、「反核」の第一義的な目標を「反核兵器」と考えるか、「反核戦争」と考えるかということには、重要な思想の違いがあるからだ。もともと冷戦のピーク時に、「事故」による「偶発戦争」の危険が人類を脅かしたにせよ、それは、双方が臨戦態勢にあることから生じたのであって、冷戦期であっても「デタント」という名の緊張緩和が進めば、「偶発戦争」の危険が減ったことは確かである。だとすれば、問題の根本は、核兵器体系の危険というより、戦争の危険にあると考えるべきだろう。もともと「ヒロシマ・ナガサキ」は、原爆の使用、つまり米国による局地核戦争から生じた惨害であって、原爆そのものがもたらしたものではなかった。

この点で示唆に富むのは、一九五五年の「ラッセル・アインシュタイン宣言」である。この宣言は、パグウォッシュ会議に受け継がれたが、この会議は、核兵器開発が人類にもたらした危険にたいして強く責任を感じる核物理学者を中心に運用されたこともあって、「核軍備管理」や「核軍縮」を中心課題として掲げた。そして、それを反映して、「ラッセル・アインシュタイン宣言」も、核軍縮あるいは核廃絶を訴えたものであるような印象が、広くいだかれることになった。しかし、この宣言の表題は「戦争廃絶の訴え」だったのだ。この宣言が、水爆戦争による「人類の終焉」にたいする深刻な危機感に発することは言うまでもない。しかし、そこからこの宣言が提起した問題は、「われわれが人類に終末をもたらすか、人類が戦争を放棄するか」という二者択一なのだ。さらに、こう述べている。「軍備の全面的削減の一部として核兵器を放棄する協定は、最終的な解決を与えるものではないけれども、一定の重要な目的には役立つであろう。」否定されるべき根本問題は、兵器ではなく戦争だという論点を、明確に整序した思想がここにあったことは記憶すべきであろう。

冷戦ピーク時の核兵器観を固定することの問題点は、東西冷戦の終結によって、いっそう明確になった。つまり、米ロの核兵器は依然として過剰殺戮の能力をもったまま存在しているにもかかわらず、かつてのような全面核戦争の危険が大きく減ったために、米ロ間で核兵器が使用される危険も大きく減った。現に、ロシアの核兵器解体のために、米国が財政的、技術的に援助をしているのだが、これは冷戦時代には考えられなかった変化である。その限りで、こうした変化は、「反核」の立場からいって喜ぶべき事実であるはずだ。しかし、実際には「反核」の立場に立つ人が、こうした変化をなかなか認めようとせず、事態が変わっていないことを反核の根拠にする傾向を示した。それは、戦争ではなく兵器に力点をおく思考の産物だろう。

仮に五核大国が、現在保有している核兵器を大幅に削減しても、戦争の根となる紛争（例えばカシミール紛争）がある限り、新たに核兵器がつくられることは、印パの核武装が示したところである。そして、印パの核実験が世界に衝撃を与えたとしても、それは、南アジアでの局地核戦争への恐れではあっても、かつてのような世界核戦争の恐怖ではない。全面核戦争の危険は減ったからである。

このように見てくれば、ポスト冷戦の「反核」の立場に必要なのは、戦争と兵器とを区別した上で、核戦争の危険が減ったにもかかわらず核兵器が減らないという現実をどうとらえ、それをどう変えていくか、他面、核軍縮をもっと進めるためにこそ、世界の戦争の根をいかにして絶やしていくか、という複眼的な視点であろう。つまり戦争と兵器を区別した上で関連づける、という課題に取り組むことである。

その点では、核兵器と核戦争を区別しつつ関連づける必要に迫られたのは、むしろ核兵器保有国の当事者だった。ここから、この両者をどう関連づけるかを課題とする、「核戦略」が生まれた。周知のように、まず核戦略があって核兵器が開発されたのでは全くなく、造られた核兵器をどう政治的・軍事的に意味あるものとして提示するかという、事後的な合理化(*post facto* rationalization)が、核戦略の役割だった。そして、核兵器開発先進国アメリカでは、一九五〇年代の「大量報復戦略」や「限定核戦争論」など、実際に核兵器を使用する戦略がどれも意味をもたないことが判明した結果、核戦争をしないで、また相手に核戦争を起こさせないために、核兵器を有効に用いることを目的として掲げる「核抑止戦略」が打ち出された。この戦略の問題点については後述するが、ここで着目すべきことは、核戦争は自国の破滅であるから意味をなさない、しかし戦争の根がある以上、核戦争の危険を完全に度外視はできない、だから、核兵器を戦争抑止の手段として合理化するしかない、という認識が生まれたということであり、その意味で、核兵器と核戦争との区別と関連づけとの必要に迫られたことの産物が、抑止戦略だったということである。戦争での兵器の使用は戦略の失敗であるという発想は、過去の戦略の歴史にはなかった、核時代に特有のものである。

そこから、実際には行うつもりのない、イメージの上での核戦争が、シミュレーションとかゲームという形で代行されることが流行するようになった。かつてウィリアム・ジェームズが「戦争の精神的等価物(moral equivalent of war)」という有名な言葉を用いたが、これにならって言えば、六〇年代以降流行した核抑止戦略は、「戦争の主観的等価物(perceptual equivalent of war)」だった。ここから、実際に戦争を行う役目を担う軍人とは別な、イメージ戦争を専門にする「戦略論者(strategists)」という職業が繁栄し、「think tank」という、グロテスクな名詞で総称される機関が、軍や軍需産業に密着して、また大学の一角に陣取って、隆盛を誇ることになった。ここに、第三のレヴェルとの接点がある。

3　核科学技術・産業システム、原子力発電

このように言えば、ただちに「軍産複合体」が連想されるだろうし、それが問題であることは後述するが、それはどちらかと言えば結果であって、問題の根は、もう少し深い。ここでは、第三のレヴェルとして三点あげておきたい。

一つは、原爆の開発・製造・実験にあたったマンハッタン計画が示したところである。つまり、これは、一流の理論物理学者を総動員した、当時における先端科学の集約であり、また、原爆という理論的可能性を現実化するための先端技術の集約であり、そして、この二つを結合するために科学・技術と国家とを結合した巨大科学(big science)の所産だった。これは、それまでに累積された長い歴史をもつ、近代の科学・技術・産業の成果の集約である。

もう一つは、原爆の開発と並行して、核開発を正当化する根拠としてあげられてきた期待、つまり核分裂の「平和利用」によって、この「無限」と思われるエネルギーを人類の経済発展に役立たせることが可能になるという、バラ色の期待だった。原子力を軍事利用ではなく「平和利用」に確実に流し込む、それが「原子力の国際管理」の目的であり、そのためには強力な権限をもった原子力国際管理機関が必

要だというのが、四六年のオッペンハイマーの主張であり、同年に米国が国連に提出したバルーク案の趣旨であり、その考えは、今日の国際原子力機関(IAEA)に、引き継がれている。ここに見られるのは、「豊かさ」を実現するための原子力の正当化であるが、これらはすべて、近代の科学・技術・産業の発展を支えてきたエネルギー源開発という事業の延長としての、原子力開発に基づいている。

三つ目に、こうした「平和利用」がもたらす人類的な利益という言葉にもかかわらず、あるいはそのようなレトリックを施しながら、現実には、「国家利益」のための軍事利用が圧倒的な比重をもって遂行された。そこに生じたのは、核兵器開発体制の構造化であり、換言すれば、産業・経済の軍事化であり、軍事の産業化である。それを通じて、軍事が利潤確保のメカニズムとなり、その半面で、軍事による産業社会の大規模なとりこみ(cooptation)が進む。つまり、軍事の産業社会的な基盤における、受益者の増大と定着である。これも、近代以降の高度産業社会の力学の延長上にある。

このように見てくると、核兵器開発や核戦争の問題点は、必ずしも核時代や冷戦時代に新たに現われた現象なのではなく、近代の歴史に深く根ざしていることが分かる。これが「核」という問題の第三のレヴェルである。

4　核支配体制、核管理体制

このように、長い近代に根ざしていることは確かであるが、他面、核時代に特有の「核」問題がある。それが、第四のレヴェルの「核」であり、それは、軍事利用ではもちろんのこと「平和利用」の場合にも見られる、政治的支配の体制である。つまり核兵器のコントロールは、必然的に軍事テクノクラートが構成するハイアラーキーをなし、最終的には一人の決定者に、万人の生殺与奪の権限を与えることで成り立つ。それは、どんな「民主主義」国であっても不可避である。「平和利用」の場合でも、原子力発電、とくに再処理や高速増殖などは、高度の技術に依存することもあって、おのずから少数のテクノクラートに管理権が握られ、閉鎖性が高まり、市民にとっての透明性、市民による日常的なコントロールがいちじるしく乏しいという現実を生み出す。

近代の科学・技術・産業が、常にこうした非公開で閉鎖的な支配と管理の体制と結びついているわけではない。普遍性をめざす科学は、当然に公開性を指向するし、技術も、早晩は広く伝播し共有されることによって社会的利益を生み出してきたし、産業社会は非軍事社会だというサン・シモン的な考えに、まったく根拠がなかったわけではない。

にもかかわらず、近代の延長上にある「核」開発とその管理が、このように、きわめて反民主主義的な支配の体制を不可避とするという矛盾、これが「核」とか「反核」という時に、意味されている重要な問題の一つなのである。

以上に述べた四つのレヴェルは、相互に複雑に関連しているが、しかし、その間に明らかな差異があり、それらを区別して考えることは、思考の無用な混乱を避けることに役立つだろう。ところで、この四つのレヴェルのなかで、核時代という時代を歴史に刻み込み、われわれが「核」問題を避けることができないという状況を生み出す上で、最も基本的な原動力となったのは、近代の科学技術・産業システムの歴史的発展の力学である。他の三つのレヴェルは、いずれもこの変動の所産だと言うことができる。では、近代の科学技術・産業システムが、なぜ「核」という不安と恐怖の時代を人類にもたらすことになったのだろうか。次に、その点を検討してみよう。

二　「核」科学技術・産業システムの背景——価値観の相克と生産力

1　宗教戦争の不安

近代科学は、一七世紀のヨーロッパで、その基礎を確立したといわれる。この時期にいたる「科学革命」の起源や背景を、ルネサンス、中世、ひいては古代などの、どこまでさかのぼって考えるかについては、いろいろ解釈があるにせよ、一七世紀に新たな変化と画期的な展開があったことについては、異論はないと思われる。こうして、一七世紀に科学的思考が、力学、天文学、数学、医学などの基礎を築き、その上に、一八世紀以降の化学、生物学、物理学などの発展が続くというのが、普通、科学史が描く科学発展の歴史である。たしかに、そうであろう。

しかし、一七世紀というのは、近代的な合理的・経験的思考が飛躍的な形成を見た時代であると同時に、ヨーロッパ大陸では三十余年にわたる宗教戦争が戦われた時代であり、イギリスでは、ピューリタン革命などを通じての宗教的・思想的な動乱の時代だった。もちろん宗教戦争が、宗教だけを争点としたものでないことは周知のとおりだが、しかし、それは宗教が正統性の支柱をなし、したがって正統性の相克が宗教の言葉で語られる時代を表わしていた。では一体、信仰をめぐる血なまぐさい相克と「科学革命」とは、どのように関連していたのだろうか。この点を、以下に試論的に述べておきたい。

宗教的対立と科学的思考の形成との関連を見る場合、二つの流れに着目することができると思われる。一つは、主としてヨーロッパ大陸を舞台とする、カトリックとプロテスタント(その中のルター派対カルヴァン派)の間の正統と異端の相克、そこから生まれる深刻な懐疑と不安である。この時代は、経済は停滞し、異常気象が続いた上に、宗教戦争では、ドイツの人口が、一説では三人に二人が死ぬことによって激減し、他の説では、地域差によって、ある都市では人口流入で補足したにせよ、最低五%、平均して三〇—四〇%の人口減があったことは間違いないという。(第二次大戦の参戦国で最大の死者数を出したのはソ連だったが、それは一〇人に一人だった。)社会も経済も暗い時代に加えて、これまで唯一の真理であったキリスト教が分裂し、何が確かであるのか、確実性の見えない思想状況だった。

一六世紀末のモンテーニュなどの懐疑はその現われだったが、この時代の不安と懐疑を、むしろ方法的に徹底したのが、デカルトだった。すべてを疑うことによって、疑う自己の確かさを定礎するという「明瞭で明晰」な合理性、それは、価値観の相克、確かさの崩壊のなかから、確実性に基づいた共通言語あるいは普遍言語を構築していく知的作業であり、その現われとして、数学を「一般科学」とする機械論的自然像の演繹的体系化の試みを構想したのだった。

また同時代人パスカルは、数学、物理学などの知的作業で、透徹した合理的思考を発揮したが、他面で、人間の原罪と神の恩寵の絶対性を主張する反合理主義的な信仰・ジャンセニスムを擁護した。彼は「数学は歯痛をまぎらす気晴らし」と述べたことがあり、また「気晴らし(divertissement)」は人間存在にとって最も本質的な神の問題からの逃避であると記している。これは、数学的・科学的な確実性を知りながら、それは基本的な価値観の相克・分裂を超えるものではありえないと強調する点で、デカルトと同じ時代的問題状況を、デカルトと表裏をなして表わしていたと言ってもいいだろう。

ここに共通に見られるのは、数学的に記述できる自然が実在であり、数学的合理性に基づく解釈によって自然は理解可能となるという、自然認識における知的確実性の追求である。

これにたいして、第二の流れは、ピューリタニズムの強い影響の下に、イングランドに顕著に見られた経験主義的な近代科学の形成である。クリストファー・ヒルが説得的に記しているところによれば、この時代の精神的・思想的危機によって、ここでも伝統的知識人は不安と混迷に陥り、終末論的な空気さえあった。しかし、これとの対比で、自己教育の成果を積み上げた職人や商人たちが成長し、ラテン語ではなく英語を使って、またオックスフォードやケンブリッジではなくロンドンの自前のグレシャム・カレッジで、近代科学の基礎を築いたのだった。数学・幾何学の応用は職人の技術向上に寄与し、天文学や地理学は船乗りに欠かせず、医術はこの新興階層で需要が急増していた。そして、この人びとは国内での宗教的抗争では、おおむね国王・国教会に抵抗する議会派だったし、対外的には、彼らの台頭は世界システムでのイギリスの覇権の素地をつくったのである。上記カレッジの教授陣でのピューリタンの比重が、近代科学の形成にピューリタンが果たした役割を重視する「(マクス)ウェーバー・(ロバート)マートン・テーゼ」が含意するほど大きかったかどうかは別として、このカレッジでの実用重視の科学技術活動を支え、推進した、新興階層の生活文化の特徴は、ヒルの指摘のとおりであろう。

この経験的な実用性に重点をおく科学に目的意識を与え、科学と宗教は矛盾せず、科学はそれ自体に価値があることによって神の栄光を表わす、というプロテスタント的な意味づけをしたのが、経験と実験に基づく知識の体系としての科学という思想を打ち出したフランシス・ベーコンだった。そしてこの思想が、王立協会(Royal Society)の科学研究の基調をなしていく。あえて図式化していえば、大陸の合理主義的・演繹的な科学観にたいする、経験主義的・帰納的な科学観である。そしてベーコンは、学問の進歩が、宗教的な熱狂の火を消し、価値観の相克による戦乱を防ぐことを期待したといわれる。科学による、科学という共通言語の追求である。

だが、こうした経験主義的な科学や技術の発達の底に、功利的な動機があったことは否定できない。職人や商人が、神の栄光の証だけのために、科学や技術を学習・推進し、海外進出を行なったとは考えられない。むしろ、プロテスタンティズムの倫理が、彼らの私利追求を合理化する機能をもっていただろう。ここで重要なのは、普遍的な神の秩序と規範が分裂していく過程で、人間のエゴ・自我の正当化がさまざまな形でなされた、ということである。

大陸では、デカルトは合理的な「自我」を認識の原点とし、パスカルは人間存在の「自己愛」の問題性を意識していた。他方、イングランドでは、ホッブズは個人の利己心から国家権力の正当化までにいたる、政治の科学の構築を試みていた。それらは、この時代に、思想の領域では人間が「自我」の正統性を認め、また資本主義の形成が進行していた社会の現実生活の領域では、利己心の正当化が共通言語になっていったことの現われだった。

以上を要約すれば、科学革命は、その始点において、価値相克の下での確実性の追求と、自我の利益関心の追求との二つを重要な原動力としていたのであり、これがより合わさって、近代科学の歴史に大きな特徴と問題を刻印することになったと思われる。

この論文では、科学史そのものの概観が課題ではないので、以上のような問題意識に立って、それ以後の科学技術・産業の展開にたいして、問題史的に光をあてることにしたい。

2　啓蒙的合理化

一七世紀末からの一世紀、科学革命は、科学そのものの発展というよりは、科学的思考にともなう合理的で批判的な啓蒙主義的思想として、重要な影響を及ぼすことになった。それは、一七世紀には宗教との厳しい緊張関係に立っていた科学的思考が、二つの形で世俗化を進めた時代だと言うことができよう。

一つは、フランスでの思想運動である。デカルトとベーコンは、前述のように、本来は異なった思考様式を代表していたが、しかし、前者がルイ一四世時代の知識人に広く受け入れられ、後者が百科全書派の思想的先駆者として強い影響力をもつようになったのは、どちらもが、それまでの思想的伝統への懐疑と批判の有力な武器として、共通の知的インパクトを発揮したからだった。そして、科学的思考が、フランスではむしろ文人による科学運動として浸透することによって、その影響は科学をこえて拡大し、知識人による政治批判にまで及ぶことになり、フランス革命の一つの素地となる。その底にあるのは、科学を典型とする啓蒙的合理主義が、人間の解放に結びつくという楽観論であり、事実、当時において、科学運動はそうした思想的解放の機能をもったのであった。

もう一つは、一八世紀後半にスコットランド啓蒙学派として登場してくる思潮である。アダム・スミスを最も著名な例とする、この一連の人びとの知的活動は、周知のように、とくに政治経済の分野で重商主義批判として現われたが、その基底にあるのは、個人に自己の利益を判断し追求する合理的能力があるという人間観である。そして、人間の利己心を、単に個人的モラルの次元で正当化するだけにとどまらず、「私利の追求は公益の実現」という、社会的利益の次元での正当化が行われたのである。「商業と産業(commerce and industry)」を重視するこうした思潮が、初期産業化の時代の、生産力の増大を公共善とする発想の現われであることは言うまでもない。ここで重要なのは、近代の科学技術が、産業と結びつくという構造の端緒が生まれたことである。産業革命がイギリスより遅れていたフランスでも、一七九四年のエコール・ポリテクニク(École polytechnique)の設立が、そうした変化のさきがけとなった。こうした背景の下で、もはやそれまでのようなアマチュアあるいは「自然(哲)学者(natural philosopher)」とは異なった専門的職業人としての「科学者」が生まれ、また手工業的職人とはちがった、高度の基礎理論と実験的手法とを体系的に結合した「技術者」の養成、およびそれの産業との連繫が進む素地が作られた。こうした科学の職業化によって、科学の世俗化が一段と深まることになったのである。

そして、この二つの流れに共通なのは、人間の啓蒙的合理性についての確信であり、科学技術の発達がもつ、政治的、経済的、社会的意味についての楽観論だった。換言すれば、科学は、世界観や価値観の相克のもとで確実性を追求するというよりは、合理的思考そのものが新たな世界観となり、科学は、アンシャン・レジームの思想にたいするこの世界観の優位を基礎に、確実性を積み上げて「進歩」をめざす作業となった。いわば、ブルジョワ的世界観に内在する啓蒙的普遍性への信仰が、科学の普遍性への信仰と重なり合った時代だった。

3　ブルジョワ的人間像の分裂

だが、世界観と科学との、この「予定調和」は、科学技術と産業の「進歩」そのものによって、破られることになる。周知のように、一九世紀半ばからそれ以降を通じて、産業化の進行が、国内的には格差の増大と階級対立の激化を生み出し、国際的には「列強」の間の帝国主義的抗争や「植民地再分割」と結びつくという形で、内と外とでの亀裂を深めることになった。この抗争状況を「説明」し「正当化」する上で、強い影響力をもったのが、疑似「科学」としての社会ダーウィン主義だった。

ダーウィンの進化論は、彼自身の意図とは別に、科学の二重の世俗化の機能をもつことになった。一つは、ダーウィン自身は言動に慎重だったと言われるが、進化論は、神による人間創造の信仰と両立しない。つまり、科学は、もはや物理学や化学の領域をこえて、人間を含む生物の世界を、脱宗教化し、科学の世俗化を一段と進めた。第二に、その世俗化のゆえに、科学は逆に、社会的イデオロギー化される傾向を強めることになった。ダーウィン主義は、「適者生存」の概念の世俗化によって、一方で、国内での支配階級・支配エリートの優位を正当化し、他方で、国外での支配民族・支配人種の優位を正当化するイデオロギーと化した。

同時に、進化論は、マルクスや社会主義者がそれを評価したことに現われているように、現在の社会が歴史的「進化」という変動を通じて、よりよい社会になりうるという思想とも結びつく面をもっていた。つまり、それは、現存支配の正当化の機能に力点をおけば、現状維持のイデオロギーと化し、現存支配の非正当化の機能を強調すれば、現状変革のイデオロギーに化するという差異はあるが、しかし、どちらも社会を抗争・分裂の枠組みでとらえる世界観である点、またその世界観を「科学」の装いで正当化する点では、同じことの裏表であった。

換言すれば、啓蒙的合理主義の時代には、科学は、同質的で平等な人間の解放という世界観と結びついたのにたいし、この時代には、科学は、異質で不平等な人間の抗争という世界観の支えへと変質したのである。ここでは、科学の世界観化そのものが、価値観の相克を増幅したのであり、その意味で価値観の亀裂は一層深まったのであった。それは「世紀末」のニヒリズムへとつながるが、科学は、もはやそれを超える普遍言語とはなりえない。逆に、物理学における相対性理論や量子力学のように、科学自体が、観察者との相関を自覚するようになる。

にもかかわらず、一九世紀から二〇世紀にかけての、科学の発展はめざましい。しかし、それはもはや、デカルト的な自我の確かさ、ニュートン的な宇宙秩序の確かさに立脚する、科学理論そのものの確実性への不動の信念に基づくものではない。科学の「確からしさ」を支えたものは、むしろ、科学技術が、高度資本主義のもとで示す、産業技術との結合、その結果としての生産力の上昇、「科学的マネージメント」と大量生産(テイラー・システム)、そしてそれらのもたらす空前の豊かさであって、それらは世界観の亀裂にもかかわらず、社会の共通言語となり、世俗化された共通価値となったのである。つまり、電報、電話、蓄音機、映画、自転車、自動車、飛行機、ガス炊事器具、アスピリンなどが、こうした大量消費価値を体現したのだった。産業システムは、ヨーロッパの中心から周辺(ロシア、北欧)へ、また米国、さらに日本へと「グローバル化」することにより、それが普遍言語の性格をもつことを一段と顕示した。南北戦争での北軍の勝利、日露戦争での日本海軍の勝利は、技術と産業化での優位が大国の共通言語となっていくことを、世界に印象づけたのである。

こうして科学は、それ自身の確かさのゆえにというよりは、科学技術と生産システムが、個人の富の追求や帝国の富強の追求に見られる、とめどなく拡大していくエゴや利己心の要求を満たす装置として目ざましい成果をあげたことによって、社会の共通言語となったのだった。ここに、近代科学形成の第二の流れの力学の持続を見ることができる。こうして科学技術と生産システムとの結合は、非可逆的な深みへと進むことになった。

4　科学技術とイデオロギー国家対立

以上に述べた一九世紀末までの科学技術と産業システムの結合は、ＧＤＰに占める政府支出の比率の低減にも見られるように、基本的には、民間資本主義の枠内にとどまっていた。だが世紀の終わりには、ウィリアム・マクネイルのいう「戦争の工業化(industrialization of war)」、とくに海軍の建艦競争を軸に、緊密な軍産関係の構造化が始まる。この構造は、第一次大戦という、はじめての近代的「総力戦(total war)」の過程で全面的に高度化し、産業とともに科学技術も国家の枠組みに編入されていった。この傾向は、第一次大戦後の一時期には自由経済的な「平常への回帰(back to normalcy)」を見せたが、やがて一九三〇年代に、準臨戦総力戦態勢の制度化としてのファシズム、ナチズム、スターリニズムなどの「全体主義体制」として著しく強化され、第二次大戦に突入するにいたった。ここに見られるのは、戦争または戦争準備を目的とする「国家プロジェクト」への、科学・テクノロジー・産業の総動員である。それも、狭義の軍需産業に限らず、民需産業もまた国家の体制に組み込む、高度の科学技術国防国家の出現である。

他面、「総力戦」においては、すべての国民が戦争の主体となり、したがって戦争の破壊・殺戮の対象となる。それだけに、国民の自発的支持や協力を確保する必要が、これまでになく高まった。そこから、国民を内面的に支え、また国民の内面を操作する、イデオロギーの重要性も、これまでになく高まる。こうして戦争は、単に国家間の戦いであるだけでなくイデオロギー間の闘いとなった。

換言すれば、一九世紀後半の「世紀末」のように、国家自体が、世界観、イデオロギーの抗争で内部分裂するという状況に代わって、また、まさにそうした状況を防止・根絶するために、「総力戦」のもとでは国家単位で、ナショナリズムと体制イデオロギーとの組織的統合が強行された。したがって科学技術も、科学者個人が意図すると否とにかかわらず、こうした文脈での政治化と軍事化を避け難い。これは、科学技術が、イデオロギー国家の壁によって無残に分断された時代であり、その意味で、科学は普遍言語ではなく、個別国語(「アーリア人種優越」の生物学、ソ連での「ルイセンコ学説」など)の機能を、国家権力によって課せられる時代であった。もちろん三〇年代までは、例えば物理学者が、核物理の分野においてさえ、国境を超えて共通言語を語ることが行われていたが、やがてその人々の多くは亡命者として自国を離れるか、自国で収容所へ行かなければならなかった。科学は、世界のアナーキーを超えるのではなく、世界観の分裂抗争を再生産する、戦争の武器に化したのである。

にもかかわらず、総力戦国家は、激しく競争・対決すればするほど体制の類似性を高めるという、逆説を生み出すことになった。全体主義であろうと民主主義であろうと、人的・物的資源の総動員体制は、意識すると否とにかかわらず、科学技術・産業の類似した体系的な編成を生み出した。大量生産と大量破壊のシステムである。前者の代表は、フォーディズムである。後者は、一九三七年のドイツ軍によるゲルニカ爆撃で世界に衝撃を与えた無差別爆撃が、その数年後には、日本軍の重慶爆撃、ドイツの対英爆撃、イギリスの対独爆撃などで、現代戦の「常識」となってしまった例に示されている。そして、第二次大戦中の米国での極秘の原爆開発プロジェクトと、日本の科学者による原爆開発の研究とが、相互に相手の計画の進行を具体的にはまったく知らないままで行われたことは、この時期における科学が、「国境を超える」共通言語としてもっていた役割がもしあるとすれば、どのようなものだったかを端的に物語っている。共通言語としての科学技術が何であるかは、大量生産の裏返しとしての大量破壊を、身をもって体験した交戦国の国民の共通経験となったのである。この最も破壊的な世俗化を通じて、イデオロギー国家の神々の対決を超えた、科学技術の普遍性が貫徹されたのだった。

この時代の科学技術の普遍的な確実性は、交戦国が戦争を実際に行うことで実証された。そうした確かさの「実証」の頂点が米国による原爆投下だったが、それは同時に、その時代の終焉を予示するものであった。

5　対立する体制の共通イデオロギー

核兵器開発のレヴェルの点で、米ソ間に若干の差があったにせよ、したがってスパイによる機密入手活動の余地が若干あったにせよ、デイヴィッド・ハロウェイが詳細に検証したように、ソ連での研究開発の蓄積も高い水準を行くものだったと考えられる。つまり、欧米とソ連には、核物理学の分野では、二〇年代から普遍言語が共有されていたのだ。しかし、核開発の特質は、それがイデオロギーと国家の対立を超えた共通言語に立脚していただけではなく、開発された兵器が、国家を超えた破壊力、つまり人類そのものを抹殺する破壊力をもつという意味で、イデオロギー国家を超える性格を帯びるにいたった点にある。

ただ、ここで注意を要するのは、核兵器の「超国家性」の観念は、科学技術そのものの論理から自動的に出てくるものではない、ということである。核兵器の破壊力が大きいという事実は、それを「国家」の観点から、どう利用するかという思考を排除するものではない。現に、原爆は対日「限定核戦争」で使用された。対ソ戦略として、とくにNATOによる核兵器の先制使用を支持する米国の科学者もいたし、ソ連の狭義の軍事戦略では、核兵器の使用による勝利という在来戦型の思考が、消えたわけではなかった。さらに、巨大な破壊力をもつ核兵器とそれを運搬する精密なミサイル、またそれを正確に制御するC3(指令、コントロール、コミュニケーション)システムなどを開発・生産する軍需生産システムが、米ソ双方に「軍産官複合体」や「官僚ポリティクス(bureaucratic politics)」を生み出し、最高政治指導者のコントロールが十分に及ばない「体制のガン」となって増殖した。つまり、核兵器科学技術体系は、国家の下位システムの権益保持にとっても、有用な武器となったのである。

核兵器の大量破壊・殺戮能力、過剰殺戮能力を、人類の生死という観点から考えるためには、国家、狭義の軍事戦略、国家の下位システムなどの視点を超えるような、人間的な価値観の転換による意識の変革と、それに基づく高度の政治戦略の形成とが必要だった。しかもこうした意識の変革が、東西の一方だけに起こったのでは足りない。例えば、五三年三月のスターリンの死後、新任のマレンコフ首相が一時「核戦争は文明の終焉を意味する」と発言したが、米国側での反応はなく、多分ソ連内でも強い反対があったためであろう、そうした言葉は二度と彼から聞かれなくなった。その後アイゼンハワー大統領が、五三年一二月の国連演説で「今や平和以外の選択肢はないのだ」と述べたが、ソ連の積極的反応はなかった。

つまり、意識の転換が双方で起こるということは、いかにして可能だったかという点は、きわめて重要な問題であり、それを明らかにするには、米ソの国家イデオロギーの共通言語は何であり、いかなる条件の下でそれの表面化が可能となったかを検討することが必要だが、これは詳細な分析と実証を要する作業なので、ここでは立ち入らない。ただここでは、こうした共通言語がなければ――例えばソ連がナチズムの体制だったなら——、米ソのミサイル・宇宙開発競争の一環として六一年に成功したソ連のガガーリン飛行士の初の有人衛星飛行が、「地球は青かった」という公式発言を生み、これに見合って西側で「宇宙船地球号」というイメージが打ち出されたということ、つまり「国家」ではなく「地球」という言葉の共有は、おそらくなかっただろうということを指摘しておきたい。換言すれば、ナチ流の「民族の生存圏(Lebensraum)」ではなく、「人類の生活圏(habitat)」としての「地球」という言語の共有は、なかったに違いないのである。

こうした萌芽があったにせよ、冷戦のさなかの核をめぐる科学技術は、価値観の相克のゆえに知の普遍的な確かさを追求するというのではなく、国家プロジェクトという枠内での限定された確実性を追求・開発したのであった。そのために、世界の価値観やイデオロギーの相克にともなう不確実性に加えて、人類の生存そのものの不確実性を、かえって高めることになったのである。

それにもかかわらず、科学技術・産業は、イデオロギー国家を超えた共通言語として世界に浸透したという面がある。それは科学技術が、東西双方に共通な「経済成長」という言語を媒介として発展した結果である。レーニンの「社会主義はソヴィエトに電化を加えたもの」という発想以来、資本主義に「追いつけ、追い越せ」というスローガンが示すように、西側との成長競争がソ連の基本的国策だった。

しかも、自国の経済成長は、単に自国一国の成長だけではなく、世界の経済開発にとっての普遍的モデルを示すものなのだという、普遍言語としての意味づけをする点では米ソは一致していた。ここから、途上国における開発イデオロギーをめぐる東西の競争、つまりグローバルな開発モデルの競争が生まれた。ここに、東西のイデオロギー的亀裂の普遍化指向が、かえって類似した科学技術・産業の普遍化指向を促進するという逆説が見られる。

こうして、世界のイデオロギー的分裂を超えて、科学技術が普遍言語としての機能を確立した。ここに近代科学の第二の力学、つまり利己心と富の追求の正当化としての科学技術の流れが見られることは言うまでもない。そして、世界の完全な分断を防ぎ、経済成長という共通言語を東西間に維持し、第二次大戦後の世界の経済復興・発展を達成する上で、科学技術と産業が果たした役割を過小評価してはならないだろう。しかし、まさにそれが普遍的な浸透力をもつものであったために、そこから二つの普遍的でグローバルな基本的問題が生じることになった。一つは、開発成長競争が生み出す、グローバルな貧富の格差であり、もう一つは、地球的な「成長の限界」の顕在化である。これは、利己心の正当化としての科学技術が、成長指向の産業システムと結合して普遍性を獲得することの、不可避的な帰結だったのである。

このように、近代の価値観の分裂を背景とするからこそ、自我による自然認識の確実性の追求と、利己心による実利の確実性の追求という、エゴの二つの正当化と科学技術の二つの流れが近代の普遍言語を形成した。そして、それが産業と結合することによって、史上空前の生産力と極限的な破壊力という、恐るべき矛盾を生じることになった。それが「核時代」である。

だとすれば次に、こうした破壊力を、誰が何のためにいかにコントロールし、行使するかという、核を軸とする権力構造を検討しなければならない。

三　核支配体制・核管理体制——核の権力構造

1 主権国家

核兵器は、マンハッタン計画という「国家プロジェクト」として、しかも米国民、米国議会にさえ機密とされた戦時プロジェクトとして開発された。ということは、核兵器は、国家主権の思想が最も極限的に現われる状況で開発されたことを意味する。

近代の国家主権の観念によれば、カール・シュミットなどが言うように、国家の生存のために戦争という手段に訴える決断の権利という形で、その「主権性」が端的に顕示される。それはまた、その反面で、国際的アナーキーが端的に露呈される状況である。こうした状況では、国家は正義を目的として行動するのではなく、自己の生存や権益そのものを目的として行動することが正義となるとされる。

したがって、一方で、主権国家の「国家理性」は、国家の利害得失の冷徹な計算を、政策決定者に命じる。「原爆を投下することで、何人の米兵の命が救われたか、もし原爆を使用しなかったら、どれだけの米兵の命が失われたか」という、トルーマン大統領、スティムソン陸軍長官などの、原爆投下の「算術」は、この国家理性による正当化の論理だった。だからこそ、ロバート・リフトンなどが描いたように、国家理性の思想を容易には受け入れず、普遍的なヒューマニタリアニズムを信条とするアメリカの世論指導者の間に、深刻な苦悩と批判が生まれたのだった。

他方、国家主権は、国際関係は基本的にアナーキーであるという観念に立脚しているから、自国の生存という「至上命令」のためには、他国の生存を否定しても、それを正義に反すると裁定する法廷も規範も存在しないことになる。しかし事実としては、自国の国力に限界があるから、他国が小国でない限り、その生存を否定することは実際上難しいし、権力のエコノミーからしても賢明でない。したがって近代の主権国家システムでは、他国の生存を前提にした上で、あるいは前提にせざるをえないことを前提にした上で、「勢力均衡」の枠内で、限定的な戦争で自国の利益を追求するのが常習とされてきた。そして、この枠をこえて「世界帝国」を樹立しようとした国家は、ナポレオンにせよ、ヒットラーにせよ、失敗して自壊する運命をたどったのだった。

だが、核兵器は、この条件を大きく変えた。国際的アナーキーの下で相手の生存を抹殺する能力の保有が、事実として可能になったのである。軍事的国力の限界が、大幅に取り払われたのだ。もちろんそれを実行に移すことは、とくに相手も核兵器を保有している場合には、リスクが高い。しかし、五〇年代前半までは、米国がソ連より圧倒的に大量の核兵器をもち、ソ連の核兵器は米国に届かないという条件を利用して、対ソ「大量報復」とか、対ソ「予防戦争」とかが本気で議論された。また、八〇年代には、米国の量的優位ではなく質的優位、つまり、命中精度の向上した核ミサイルでソ連の核ミサイル基地を先制攻撃して壊滅できる優位に立ったのだから、「核戦争に勝つ」ことが可能になるという発想が有力になった。前者の戦略は、ソ連の物理的生存の否定、後者はソ連の政治的生存の否定だが、核兵器は、そうした戦略と結びつくことを可能にする(あるいは、可能にすると一方または双方が思い込むことを可能にする)能力をもった兵器なのである。つまり、国家主権が極限的に強化されたために主権国家システムが崩壊し、したがって「世界帝国」樹立の企図が、軍事的には失敗せずに実行に移される科学技術的可能性が生まれたのだ。

もともと「善悪の彼岸」に立つという思想の点で、近代主権国家と近代科学技術とには、ある親和性があった。その延長にある核兵器は、大量殺戮を、国家理性に基づく主権の「算術」に還元し、また主権の強大化による「敵」の生存の否定を可能にすることによって、主権国家のもつ悪魔的な特質を極限にまで押しつづめたのである。

2　ナショナリズム

ところで、近代主権国家の政治的基盤をなす最も強力な要因は、ナショナリズムである。右翼にも左翼にもナショナリストがおり、そのどちらがナショナリズムの独占あるいは動員に成功するかによって、右翼と左翼のどちらが権力を掌握できるかが決まる場面が少なくなかった。その意味で、ナショナリズムが、左右や保守革新のイデオロギー以上に国民意識の深層に根ざしているのが、近代の特徴だった。そして、ナショナリズムは「わが国“my country”」への帰属意識、ことに同一民族から成る国家への一体感――民族自決主義――を支柱とするために、自国の「強大化」への同調を生みやすい。とくに、自国が主権国家であるためには自らの軍事力をもつのが不可欠だ、というのが近代国家の通念だったから、ナショナリズムは本来的に「国民皆兵」を指向し、国家や社会の軍事化との親和性をもちやすい。

ここに、核兵器が、国家の国際的な地位と威信を高めるものとして、ナショナリズムとの格段に強烈な共鳴を呼び起こす理由がある。米ソ英という核兵器先進国はもとより、核兵器を「フランスの栄光と偉大さ」の象徴とするド・ゴール将軍とフランス国民、核実験成功に続いてキノコ雲が残る実験場で人民解放軍が歓声をあげて突撃していく映像を何度も見せて、国民の自尊心を鼓舞した中国、そして核実験成功に国民的な高揚と歓喜を示したインドとパキスタンの国民など――、これらの事実は、核兵器開発後進国にとって、なかでもかつて植民地化の屈辱を経験した国にとって、核保有がいかに熱烈な「栄光と自立」のシンボルとなるかを、よく物語っている。こうした核ナショナリズムは、近代の軍事的ナショナリズムの極限的な形態にほかならない。

しかし他面で、ナショナリズムは「想像の共同体」のイデオロギーであって、「民族国家」とその「力」への一体感・同一化(identification)によって、あたかも個人の力が強化されたかのような共同幻想をもたせる瞬間、国家に忠実な国民こそ、国家権力のシステムを支える部品と化する。徴兵に服する兵士個人の無力、命令一下で消耗品として消えていく兵士(つまり国民)の運命は、その典型的な例である。核ナショナリズムに、この幻想が端的に現われてくる。この点を検討してみよう。

3　核権力とデモクラシー

核兵器開発最先進国である米国は、またデモクラシーと人権を最も強調する国である。それだけに、核権力とデモクラシーとの矛盾が、米国に最も顕著に現われたのだった。

第一に、核兵器体系は、政治的決定権の高度の集中独占と結びつく。もともと軍事的決定は、在来兵器体系の場合にも、権威主義的な指揮命令のシステムであり、いかに民主主義的な国家であっても、少数のエリートによって和戦の決定がなされるのが常態だった。兵士の討論と決議によって作戦を決めるという近代の正規軍は、まず存在しない。「民兵」の伝統をもつ米国でも、民兵で現代戦を戦うわけにはいかない。そうした命令システムが非民主的ではないという形を整えるためには、戦争支持への世論操作を行い、一見下からの支持を表わす国民的高揚を盛り上げることによって、「民主主義の軍事化」が組織的に行われてきたのである。

このように、それがいかに世論操作であるにしろ、デモクラシーの下での在来戦争の場合には、とにかく世論を操作することが必要だった。しかし、核戦争の場合、とくに双方が核保有国である場合には、核兵器体系の技術的性質そのものの制約からして、和戦の決定は、きわめて短時間に、きわめて少数のエリートによって、なされなければならない。そこに世論や民主的コントロールが介在する余地はないのだ。在来戦争の場合には、国民が戦争を支持したとしても、核戦争を行うか否かの決定は、白紙委任する「民主的」な選挙で最高決定者を選んだあとは、国民が生き残る公算は、結構大きかった。しかし核戦争の場合には、国民が支持か否かの意思表示をする機会もないまま、死滅しなければならない公算が小さくないのだ。これは、最悪のエリート支配であり、ここに、核権力構造とデモクラシーとの矛盾が、極限的な形で現われている。

以上では、民主主義国米国の国民の、自国の核権力との関係について述べた。同じ問題は、米国の民主主義的同盟国の国民にもあてはまる。デモクラシーの共有で結ばれたはずの同盟国の国民は、いかに自国が民主的であろうと、また自国が米国の「核の傘」の下にあると否とを問わず、米国の決定者が核戦争に突入すれば、もはや選択の余地はない。米国国民の場合には、まだ選挙で決定者を選択する機会があったが、民主的同盟国の国民には、その機会もない。その上、ソ連という権威主義的な国家の最高決定者は、世界のどの国の国民によっても、民主的に選ばれたのではないが、その決定——誤った決定をふくめて——によって、世界の市民の生死が決まる。世界の市民が、たった二人の決定者のうちの一人に、生殺与奪の権利を与えざるをえないという、これまでの歴史にない極限的に反民主的な世界、それが核権力の産物なのである。

その上、核戦争の決定過程が反民主主義であるだけではない。核戦争、とくに対都市核攻撃は、必然的に無差別大量殺戮という結果をもたらし、相手国あるいは世界の市民の人権を大規模に侵害・抹殺するのであって、その意味でも、反民主主義的性格を露呈する。このディレンマに、仮定の議論としてではなく、現実の問題として直面したのが、米国による原爆使用である。

米国の対日戦争目的に、デモクラシーの防衛と普遍化という面があったことは事実である。しかし、その目的のために選択された手段としての、広島・長崎への原爆使用は、両市の市民の人権を無差別的に蹂躪する行為だった。またこれは、非核保有国にたいする核兵器の第一使用《ファースト・ユース》の唯一の例を、歴史に遺した行為だった。この二つの行為を、デモクラシーの名によって正当化することは容易ではない。文明国アメリカが、反文明的軍国主義日本を破るために用いた核兵器は、アメリカを反文明的文明国として、歴史に刻み込むことになった。だがそれは、アメリカだけの問題でなく、およそ核を軸とする支配体制は、核兵器を生み出した近代文明の反文明性と、核権力の本質的な反民主性とから逃れられないことを物語っている。

しかも、こうした核権力の反民主性は、敵国の市民に向けられるだけでなく、自国の市民にまでも向けられるのだ。例えば一九九三年、新聞による追及に答えて、米国エネルギー省(旧原子力委員会)長官は、過去五〇年間、自国の市民にたいして、プルトニウムの人体への影響を調べるために、本人に知らせずにプルトニウムの注射を行うなど、放射性物質を使った人体実験が少なくとも八〇〇件行われたことを認めた。実際には、二万三〇〇〇人をこえる一四〇〇件の人体実験が行われたと推定されている。自国の市民さえモルモット扱いして人体実験を行うという事例は、核権力の反民主性が、いかに根深いものであるかを不気味に露呈しており、誰しも慄然たる思いを禁じえないであろう。

その上、核権力のこうした反民主性と不平等性は、国内体制だけでなく、国際システムにも刻印される。

4　大国支配・覇権システム

大国による小国・小民族支配の歴史は長い。とくに、一九世紀の欧米で科学技術・産業が世界に卓絶する発展を見せたとき、欧米中心の帝国主義支配は、世界を支配するシステムとして確立された。しかし二〇世紀には、二度の世界大戦で、とくに欧州の帝国が共食いによって弱体化するにつれ、植民地の独立・解放を目指す運動が大国の植民地支配を脅かすまでになった。ここに、一連の植民地独立戦争が始まり、それが第二次大戦後、一段と大国覇権システムを脅かすようになると、それへの対抗策として核兵器の使用が考えられるようになった。

朝鮮戦争のさなかの五〇年末、マッカーサー将軍だけでなく、トルーマン大統領を含めて米本国でも、原爆使用の主張が現われたが、その主な標的は、半植民地的地位から脱却したばかりであり、兵士をアリのごとく消耗する「人海戦術」を意に介さない非文明的「後進国」であると見なされた、中国だった。また五三年、仏領インドシナの反植民地闘争が仏軍を窮地に陥れるまでになったとき、米国政府内では、原爆使用が議論された。米国政府のなかでは、そうした核使用のオプションはソ連を中心とする「共産主義の膨張」への対抗と描き出すことで正当化がなされたが、実態としては、中国でもインドシナでも、抗日あるいは反仏の反植民地的民族主義と結びついて、はじめて共産主義は民衆に根づいたのだった。事実、このように民族主義が原動力であると認識していた専門家は、当時の西側でも少なくなかったのである。しかしアジアの民族主義と共産主義は、植民地主義的大国支配への挑戦である点では同じだったし、だからこそ、その挑戦に対抗して西側の大国支配体制を維持する武器として、原爆が意味づけられたのだった。また、アルジェリアの民族解放闘争に直面して、植民地戦争の泥沼に陥り、国内政治に深刻な亀裂を生じていたフランスが、六〇年にアルジェリア南部のサハラ砂漠で核実験を行なったのも、植民地主義的大国支配への執念の現われだった。なお『マクナマラ回顧録』によれば、ヴェトナム戦争で手詰まりに陥った米国の統合参謀本部などの軍部は、中国やソ連への核攻撃を行なってもヴェトナムを米国の勢力下におくことを、何度も提案したという。

しかし、ソ連の核戦力の増強とともに、西側大国の覇権体制維持としての核使用の主張は、意味を失うことになった。だが、まさにその時点で、米ソを「超大国(superpowers)」という言葉で別格視する、新たな大国覇権体制が定着することになった。米ソを「超」大国と認めさせるのは、言うまでもなく核戦力であり、それが、国際的なハイアラーキーを規定する新たな指標となったのである。その延長上に、核不拡散NPT体制という、世界的核管理体制がある。

人類を何回も絶滅できる核戦力を保有した米ソ二国を頂点にすえることによって、大国支配体制は、その極限的な形をとることになったのである。

5 核とドルの優位体制

核戦力だけをとれば、たしかに六〇年代には、米ソが超大国として、おおむね比肩する地位に立つことになった。しかし、世界での経済的ヘゲモニーという点を加味すると、米国の優位は、第二次大戦終結時のブレトン・ウッズ体制樹立の時から明らかであった。ついでマーシャル援助が東西の経済的分断を確定してから六〇年代末までは、核とドルの優位に基づいた「アメリカの世紀」の絶頂期だった。七〇年代には、ニクソン大統領の金・ドル交換停止政策が、とくに西側諸国との対比での米国経済の弱化を露呈したが、対ソ核戦力の面では、少なくとも「同格(parity)」を維持する能力は保持した。八〇年代の「新冷戦期」には、米ソの核軍備競争が再び激化し、米国は戦略核防衛SDI構想でソ連にブラッフをかけたが、総体として米ソともに核の手詰まりに陥ったのだった。しかし他面、必ずしも米国の経済が強化されたわけではなかったが、ソ連圏の経済の弱体化が進行したために、米国の相対的優位が維持された。このように、核とドルの組み合わせの在り方は変化したが、総じて米国の優位が一貫したと言ってよい。

しかし、この時期までに二つの重要な変化が起こった。一つは、核戦力の優位かパリティかといった問いが、ほとんど無意味であることが、双方に明らかになったことである。米ソ間の交渉の主題が、戦略兵器制限条約(SALT)から戦略兵器削減条約(START)に変わったことが、それを物語っている。それは、一九四五年以来の核時代を通じて、核軍備増強・核軍備競争を正当化してきた根拠がゆらぎ始めたことを示している。

もう一つは、これに重ねて、東の国家社会主義体制下の指令経済が頭打ちになるにともない、経済体制の機能不全の基底に政治体制の正統性の欠如を見る勢力が、一部のエリートだけでなく、むしろ広範な市民を主体として、体制の民主化を推進したことである。核兵器削減の交渉や合意だけでは、ソ連の体制がどうなるか、ことに中欧・東欧の体制がどうなり、中欧・東欧を含むヨーロッパの国際体制がどうなるか、なかでも東西ドイツの地位(その再統一や中立化など)はどうなるのかは、長期の外交交渉を必要とし、その間にいくつもの国際緊張を醸成する懸案として残されたであろう。だが、こうした懸案の多くは、外交によってではなく「市民革命」と市民の文字通りの「行動」によって、基本的に解決されてしまった。これは、かつて第一次大戦末期、ロシアの新革命政権がドイツによって単独講和交渉に追い込まれたのにたいして「戦争せず、和平せず」と時間稼ぎをしていたとき、ロシアの兵士が大量に戦線を離脱し、レーニンの表現によれば「兵士が足で投票した」結果、ロシアの敗北が決定的になったのを想起させる。旧体制とその戦争との正統性の崩壊による終戦であり、これがイデオロギー対立と核対決との二重映しとしての冷戦の終結でもあった。こうして核時代の歴史は、大きな転換点を迎えることになった。

だが、ここに見られる、市場経済の優位と指令経済の崩壊とは、新たな問題を提起した。つまり、市場経済の優位は、西側において経済自由化、規制緩和によって、「小さい政府」という名の国家の弱体化をもたらしたが、旧東側では、国家の脱力化の帰結として、核管理の市場化が急速に進み始めたのである。これまで、国家プロジェクトとしてきびしい国家管理の下にあった核兵器や核技術が、商品として核の闇市場に流出する危険である。すでに、在来兵器から小火器にいたるまでが国際闇市場に流れ、世界の内戦・紛争地域で、女性児童を含むおびただしい人命を奪っているが、かつて保有国で最高の国家機密に属していた核兵器や核技術までが、冷戦後は商品化される危険を強めているのである。ここでも、近代の科学技術による確実性の追求が生み出した極限的な破壊力が、利己心の正当化と富の追求に基づく市場経済と結合することの問題性が現われているのであり、その意味では、冷戦終結後にも歴史は「終焉」せずに持続している。では冷戦後の世界に、どのような問題が予想されるのだろうか。

6　ポスト冷戦の核状況

冷戦終結後の世界では、核をめぐる二つの変化が予想される。

一つは、ポスト冷戦の核軍備問題である。つまり、競争の力学の産物である過剰殺戮核戦力を保有することの無意味さが、誰の目にも明らかになり、軍事的エコノミーの観点からの核兵器漸減が行われるとともに、核保有の正当化の根拠を再定義する必要が増してきているのが、ポスト冷戦の特徴である。核保有五大国が、基本的に「市場経済と民主主義」を旗印とし、その相互関係が、米ロ、中ロ、米中によって一様ではないにせよ、「パートナーシップ」という共通の言葉で規定される国際関係では、冷戦期のような、核大国の核攻撃を抑止するための核保有という論理は、根拠を弱めざるをえない。

いわゆる「ならず者国家」による化学兵器や生物兵器の使用を抑止するためという論理が米国によって使われるが、はたしてこれを有効に抑止できるのかは、きわめて不確実である。「核抑止戦略」は、相手の一定の合理性を前提にした発想だからである。「ならず者国家」への対応という論理で、NMD（米本土ミサイル防衛）とかTMD（戦域ミサイル防衛）といった、相手が発射したミサイルを撃墜する対抗ミサイル網で自国を防衛しようとする発想が現われてくるが、これは「抑止」の不確実さの告白にほかならない。また、有効性だけでなく、化学兵器や生物兵器の使用に核兵器で報復するという政策はどうして正当化できるのかという、正当性の問題にどう答えるのか。これは、すでに存在している核兵器の合理化（*post facto* rationalization）の論理ではないのか。つまり、端的にいえば、この論理は、核軍備体系にからむ既得権益擁護のためではないのか、あるいは、半世紀におよぶ冷戦以来の、核のない戦略を考えられなくなった思考の惰性の産物ではないのか――こうしたきびしい批判にさらされていかざるをえないだろう。

新たな核保有国への抑止という論理も、五大国の核保有独占こそ核拡散の正当化の根拠だというインド式のレトリックの前では、説得力が弱い。したがって、核保有五大国は、インドやパキスタンの核保有について、かつて自分たちについてしてきたのと同じように、既成事実の追認という道をとるしかないだろう。しかし他面で、五大国の核保有の根拠が弱まるということは、新たな保有国の立場も強くないということでもある。かつて六四年の中国の最初の核実験成功にたいして、途上国の多くは好意的な反応を示したが、インドやパキスタンの核実験にたいしては、九八年九月の非同盟諸国会議を含めて、途上国でも支持や共鳴の声が少なく、批判や不支持が支配的だった。この事実は、およそ核兵器保有そのものの正当化の根拠が、一般的に薄弱になってきていることを示している。

もちろん上述のように、核兵器・核技術の商品化の危険、その意味での核拡散の危険は、決して軽視できない。また「核の覇権」を堅持したい米国では、実際に使用しやすい戦術核、例えば地下深くの軍事施設の破壊を目的とするB61‐11型核爆弾の開発などが続けられている。ただ、冷戦時代にあった、こうした核保有や核拡散を「必要悪」として支持・容認する世論が、冷戦終結とともに、国際的にも、またジョナサン・シェルが記すように唯一の核超大国米国の中でも、弱まってきていることは注目に値する。

他面、核保有の根拠が変化し弱まるということは、核保有批判、核廃絶の主張にも、微妙な変化をもたらしてきた。つまり、破局的な全面核戦争の危険があるから核軍縮を急ぐべきだという主張が、必ずしも冷戦期のような緊迫性をもたなくなるにつれ、核戦争の危険があるからというより、核兵器は「不必要」だからなくすべきだという論理の比重が増してくる可能性がある。例えば米国においてさえ、不必要な核兵器の維持・更新の財政上の負担が重荷であるので、この無駄を省くためにSTART‐IIを早くロシアに批准させせよ、という声が軍部にもあるし、ロシアではこの負担は一層深刻である。「不必要」「無駄を省く」という財政上の論理は、「大砲かバターか」と言われた時代以上に福祉国家への期待が定着し、他方、構造的失業や高齢社会化が切実さを深める二一世紀には、有効な問題提起であることは間違いない。しかしそれは、核戦争防止と核軍縮が、人類にとって絶対的な至上命令であった冷戦期にくらべ、予算配分の相対的優先順位という論理が比重を増してくることを意味する。反核の立場がこの変化にどう対応して核軍縮を推進するか、新しい発想による対応が必要だろう。冷戦終結により、核時代は第二期に入ったと言っても過言ではあるまい。

第二の変化は、ポスト核兵器時代のハイテク兵器開発がどう進むか、ということに関係する。核兵器は、米国だけをとっても、その開発・製造などのために、これまでに五兆五〇〇〇億ドル(一九九六年換算)という巨額の費用を要したとされるが、広島・長崎以後、さまざまの理由で使用されなかった。その意味では、核兵器は非常に効率の悪い兵器である。とくに根本的な問題は、戦略核が無差別大量殺戮の兵器だということである。そこで、一方で「対ミサイル防衛システム」の開発によって相手の核ミサイルを無力化し、他方で、こちらからは選択的に軍事的目標だけの破壊・殺戮をねらうことを目指して、ハイテク兵器の開発を進めるという政策を、すでに米国は既定の路線としてとっている。そして、これが結果的に核兵器削減——核廃絶ではない——の促進に役立つという可能性もあるかもしれない。

また、核兵器後に開発されたわけではないが、核兵器に代えて使用あるいは開発される大量殺戮兵器としての、化学兵器や生物(細菌)兵器の危険も軽視できない。これは、人類を抹殺できる戦略核兵器のような、いわば無限大の「破壊と大量殺戮」をもたらす意図や能力に基づく兵器ではない。その物的な「破壊」はきわめて限定的だが、しかし人間にたいする「限定的な無差別大量殺戮」を目指す兵器であり、それだけに「使いやすさ」をともなう危険がある。その上、これらの兵器は、おびただしい死者を出すだけでなく、仮に死を免れた人も、生涯、寝たきりの障害に冒されるなど、被爆者と同様な被害を生む点で、核兵器に劣らない残虐性を帯びている。その意味で、もし核兵器を「絶対悪」と呼ぶのであれば、これらも同じく「絶対悪」と見なされなければならない。これらの兵器は、その「限定性」のゆえに、国家の戦争手段としてだけではなく、社会でのテロリズムの手段としても拡散する危険が少なくないことは後にもふれる。

世界に、主権国家間の紛争があり、排他的ナショナリズムがあり、非民主的な軍事システムがあり、大国の覇権・支配体制がある、つまり近代の国際権力構造がある限り、近代の科学技術がポスト核兵器の「確実な破壊・殺傷力」を追求し続ける可能性は、否定できないのである。

四　近代合理性の倒錯

以上私は、近代の科学技術・産業システムが、その極限として核兵器を生み出すにいたった内在的力学が何であるのか、また、近代国家システムの権力構造が、その極限として核権力に結びつくにいたった内在的条件は何であるのかについて、述べてきた。では科学技術と主権国家という、近代の二つの柱が、このような自滅的な破壊力に収斂することになった、その基本的な問題点はどこにあったのだろうか。私は、それは次の三つの面での、近代合理性の倒錯であると考える。

1　目的喪失と手段の自己目的化

第一は、近代の科学技術の基底にある、手段の自己目的化である。前述したように、近代の科学技術的確実性の追求は、普遍的信仰の世界の分裂、そして普遍的価値観の断念をふまえて、科学的自然認識を普遍言語として確立する知的作業であった。もちろん一七世紀には、宇宙の秩序の確実な認識こそ、神の栄光を確認する営みだという言葉が、多くの科学者や科学技術学習者から聞かれた。しかしそれは、もはや神が自然認識の確実性を保証するのではなく、自我と自然認識および経験的実験が、神の秩序の確かさを保証することを意味していたのである。

価値観の相克分裂の不安のなかで、科学的確実性に普遍言語を求めたことは、画期的な営みであり、その意味を過小評価してはならないだろう。しかし、こうして科学的確実性が、それ自身を根拠にして成り立つようになるにつれて、本来、それと不可分であった、究極価値への畏れと関心を忘れ去るという条件が、科学に内在することになった。ウェーバー流にいえば「精神なき専門人」にあたる、目的価値を忘れて手段としての認識の確実性追求に専念する「科学者」や「技術者」の合理性のたどり着く終着点、それが核兵器に現われた倒錯現象であった。

こうした倒錯した合理性を示すのは、核兵器だけでなく、核戦略、そのなかでも最も合理化されたとされる相互抑止戦略である。子どもが反倫理的行動をすれば親の制裁を受け、市民が強盗をすれば法によって処罰されることが予測できる。この場合、親や法が抑止効果をもつのだから、抑止一般に問題があるわけではない。相互核抑止の問題点は、次の二つである。一つは、親や法とは違って、Aの側で規範違反をしなくても、Bが核攻撃をかけてくる可能性がゼロとは言えないという不信と恐怖をAがいだかざるをえないこと、もう一つは、もしBの先制核攻撃が現実となった場合、Aは致命的な破壊を受けて生存そのものが抹殺されるという恐怖を、いだかざるをえないことである。仮に、核報復をしてBに致命傷に近い破壊を加えたとしても、Ａの死滅に変わりはない。Ｂの側も同じであり、ＡＢ間の相互抑止は、基本的に不信と恐怖の関係の循環である。

それが核軍備増強競争の悪循環を生み出し、極度に緊張した核対決のなかでＡが恐怖の先制攻撃を行うといった、最悪事態の発生を避けるためには、Ｂの核戦力が攻撃目的に使われる可能性がゼロであると信じるのに十分な情報がＡに与えられることが不可欠である。そうすればＡは、ＢがＡの攻撃を抑止するだけの目的で核戦力を保有していると確信できるはずである。しかし、Ｂの核戦力は、Ａを先制攻撃すればＡに致命的打撃を与える能力だから、Ｂが抑止のためと主張するＢの核戦力保有そのものが、それは抑止ではなく、攻撃目的の戦力ではないかという、不信と恐怖をＡがいだくのに足る情報源となる。つまり、Ａが合理的な得失計算をするならＡの側から核攻撃をするはずがないという関係をつくるために、ＢがＡの側に事実上送る情報と、それが生み出す不信と恐怖とが、かえってＡには、非合理的な先制攻撃が合理的だとしか考えられなくなるような事態を生じる危険をはらむ。ここには、恐怖が合理的判断を呼び起こすと独断する、倒錯した合理主義の非合理性がある。

というのは、Ａが不信と恐怖の悪循環に陥らないようにする最も合理的な方法は、Ｂは攻撃行動をとらないとＡが信じるのに十分な情報をＡに与えること、つまり、Ｂの核戦力は対Ａ攻撃には到底不十分であるとＡが「合理的」に判断できるように、Ｂの側で削減の姿勢を示すことである。Ａについても同じである。それは、相手を抹殺できる戦力をＡＢが確実に保有する相互核抑止とは異質である。不信と恐怖が合理的反応を引き出し、恐怖が共存を可能にすると計算する倒錯した合理主義、それは「相互確証破壊(mutual assured destruction)」、つまり相互に確実性をもつ破壊力による抑止を、「ＭＡＤ」という略称で呼んだというアイロニーが、よく物語っている。そして、不完全情報が不可避である現実の人間の世界では、相互核抑止が決して合理的選択でないことは、これを最も合理的な核戦略として打ち出したマクナマラ国防長官自身が、六二年のキューバ・ミサイル危機をめぐって痛切に体験したところであり、それ以後、彼は熱心な核抑止戦略批判者に変わっていくのである。

このように軍事的合理性が政治的非合理性に帰着するという倒錯は、軍事的手段を政治目的達成の合理的手段とするはずの、近代国家の合理性への挑戦でもある。

2　暴力手段と国家の矛盾

近代主権国家の最大の存在理由および最大の機能は、諸侯や諸民族などのもとに分散している暴力手段を統合し、それによって国内平和を達成することだった。平和というより、それ自体が暴力による「平定(pacification)」だったが、それにより、国家内には共通の「軍隊」「法」「通貨」「市場」などが成立するという意味で秩序がもたらされた。そこに形成される「国民」は、国家維持のコストを負担しなければならないが、それは何よりも国家による保護の受益者となるためであり、そうした保護機能が、国家権力の正統性を国民が認める最大の根拠となった。国内での安全維持と、対外的な安全保障である。

これを国家の側から見れば、「暴力手段の正統な行使の権限を独占する」のが国家だという、ウェーバー流の定義になる。しかし言うまでもなく、国家による暴力手段の行使が、常に正統であるわけではない。対内的には、国家の暴力は、抑圧という形で続いてきた。だが、長期的に見れば、立憲制の定着や民主化の発展にともなって、国内での国家の暴力は、抑制される傾向を強めてきた。ところが、国家の対外的暴力の行使としての戦争を見ると、逆である。クリミア戦争、第一次大戦、第二次大戦と、一九世紀後半以来の長期的なトレンドとして、破壊と殺戮の規模は飛躍的に増大し、死傷者は激増し、とくに非戦闘員の死傷者の増加率が飛躍的に上昇した。国家の保護を期待した国民は、戦闘員、非戦闘員の区別なく、死の危険に直面しなければならなくなったのである。また総力戦の準臨戦態勢の制度化としてのナチズムやスターリニズムの下では、おびただしい数の人びとが、収容所で消えていった。

これらは前述したように、総力戦態勢の下での国家による科学技術と産業の総動員と、国民の国家意識の総動員とを目指す体制の産物だったが、ついには、科学技術と産業の総動員が、国家の枠を超え、国民はもとより人類を死の危機に直面させることになった。「核時代」である。つまり、国家を超える破壊力をもつ暴力手段を国家が保有・行使することになり、国家は暴力手段の「正統な行使を独占」することで自滅するといった、倒錯した条件が生まれたのである。

こうした破局を回避するために、さまざまな政治勢力が展開した行動の力学の成果として、冷戦の終結がもたらされた。その結果、国家を超える破壊力を国家が行使する、超大国間核戦争の危険は減少した。そして、国家が主体となる核戦争遂行の公算が減少するのにともなって、とくに旧ソ連(ロシア)では、国家が主体となる核兵器管理の能力が減退した。核兵器や核技術の闇市場への流出である。国家を超える、いわば超国家の暴力手段としての核兵器が、こんどは、国家の管理を逸脱する、脱国家の暴力手段に化するという問題を提起することになった。それは、国家間の核拡散だけでなく、テロリズムのような、社会への核拡散にもつながる危険をもつ。しかも、この脱国家的な核拡散は、ロシアのように、国家の核管理能力の低下から生じるだけではない。国家の核管理能力が相当に高い西側国家であっても、大学生でも核兵器を造れるといった例に見られる、社会の核開発能力が高まるところでは、やはり脱国家的核拡散が起こりうるのである。

冷戦の終結とともに、米ソを頂点とするイデオロギー国家間の紛争が背景に退き、アイデンティティを基軸とする紛争が前面に出てきたといわれる。一口にアイデンティティと言っても、歴史のしがらみに規定された「民族」のそれと、現代社会での個人のそれとは、相互に関連する場合があるとしても、別な性格と考えるべきだろう。そして後者は、しばしば「理由なき」暴力の形をとる。それはもちろん「理由がない」のではなく、近代合理性に基づく管理社会の枠を逸脱し、その枠を切り崩し、空洞化するという意味であろう。もしこうした傾向が強まっていくとしたら、国家暴力(state violence)の拡散以上に、社会暴力(social violence)の拡散が、二一世紀のトレンドとなるかもしれない。それは、銃類のほか核、レーザー、化学物質、新型細菌、遺伝子操作、コンピューターなど、さまざまな近代科学の産物を暴力手段として使うことを試みるだろうが、こうした社会的テロリズムは、それ自体、近代合理性の倒錯の現われであり、またそうした倒錯への反逆なのである。世界に衝撃を与えた、日本でのサリン事件は、その一例である。

3　自然切除としての科学技術・産業

近代の科学技術の二つの流れとして上に述べたことを想起してみると、一つには、数学的に記述できる自然が実在であるという、デカルト的な合理性があった。これは、複雑で有機的な自然そのものが実在なのではなく、数学的「分析」に合致する自然が実在だとする点で、自然を数学的枠組みで切り取り、切り刻むという思考だと言えるだろう。これは、もう一つの流れでは、さらに明瞭である。つまり、ベーコン流の「実験」による確実性の追求とは、自然そのものではなく、検証したい問題に関係する限りでの自然を切除する作業であることは明らかである。佐々木力の要約をかりて言えば、「自然が隠伏している性質を、人為的に自然を『拷問』することによって導き出そうとする」作業である。同様に、「開発」もまた、人間の利便に役立つ限りでの自然を切除・変形する作業である。

この二つの流れが、理論と実験として、近代の科学技術を目ざましく発展させる原動力となって世界の人びとの生活を大きく変え、さまざまの利点をもたらしたことは、十分評価しなければならない。しかし他面、そうであればこそ、自然を切除し破壊することを通じて自然を理解しコントロールするという合理性は、実は倒錯した合理性ではないのかという疑問が、今日では、人びとの日常生活のエコロジーのレヴェルで広く意識されるようになった。

科学技術が、その合理性の倒錯を自覚しないために、倒錯の帰結を長く意識しないできたことを、よく表わすのが廃棄物であろう。切除され、破壊され、「拷問」にかけられた自然の残骸は、変形・変質して、自然にはなかった廃棄物として放出される。オゾン層を破壊するフロンガス、ダイオキシン、「環境ホルモン」と呼ばれるものなどを含む、無数の人工的化学物質がそうであり、とくに誰にも長期的な影響が見えないままで、二一世紀には世界的に激増すると予想される原子力発電の廃棄物がそれである。酸性雨や「地球温暖化」も、廃棄物問題である。

だが、科学技術の倒錯した合理性は、「自然」だけではなく、人間そのものに向けられている。つまり、公言するか否かは別として、生命科学、とくに遺伝子工学は、生命をつくること、ひいては人間をつくることを目標とする軌道を走っている。クローン人間の「製造」を禁止する動きが現在は支配的だが、それを妨げる科学的な理由はない。その上、自分のクローンをもつ「権利」を主張する個人にたいして、近代の「自我」の正当化の論理、個人の「自由」の立場からは、その権利を否定することは難しい。また、それに並行して、現在は脳死、尊厳死、安楽死、末期自殺などの形で、複雑な倫理問題を提起している「死」もまた、科学的で「合理的」な、人命のエンジニアリングの対象となることだろう。

多分、人類が始まって以来、神話や宗教、タブーや畏れ(awe)の領域の核心をなしてきた「生命と死」、つまり、人間にとって創造の最も根源である人間の「誕生」、また、人間にとって最も厳粛な平等の終末時間としての「死」、それらはもはや、人間を超えたいかなる「超越的」な意味をも剥奪され、科学的合理性によって「物象化」されていくだろう。人間の人間による根源的な物象化、それも近代合理性の倒錯にほかならない。

五　反核の思想——再考

以上に、「核」問題が、単に二〇世紀の中葉に起こった問題ではなく、近代の科学技術と、近代の権力構造とに深く根ざし、この二つの力学の歴史的展開の基礎に内在していた近代合理性の倒錯の、極限的形態であることを述べてきた。

このことは、近代の科学技術・産業と主権国家が、当時の歴史的文脈で果たしてきた役割、とくに目ざましい経済発展と国民的文化創造の面で果たしてきた役割の重要性を、軽視するものではない。問題は、まさにそうした創造的な発展の原動力に、破壊的・自滅的な力学が内在している点にある。その極限が、核兵器体系である。

では、こうした倒錯した合理性とその破壊性に対抗し、それを制御し、それを超えるような思想の源泉は、どこに求められるのだろうか。

ここで、ただちに気づくのは、まさに「核時代」という前例のない時代そのものが、「反核の思想と運動」という、史上に前例のない市民の思想と運動を生み出したという事実である。もちろん、人道的・宗教的な根拠や、経済的合理性などの理由からする反戦・平和の思想や運動は、近代の歴史にも、少数派あるいはディセンターの精神を継いで、脈々と続いていた。しかし、文字通り人類の絶滅という物理的可能性の夢魔に抗して、核兵器体系の絶対的否定としての「核廃絶」を目指す反核の思想と運動は、核時代に特有のものである。個別の非核戦争や民族解放戦争での暴力行使を認めるか否かをめぐる意見の違いを超えて、「反核パシフィズム」という核非暴力主義が人びとの支持を得、また「ヒロシマ・ナガサキ」が「ユーロシマ(Euroshima)」という象徴に化して内面化され、国境や地域を超えて広範な人びとを行動に駆り立てるという現象は、前例のないものだった。ことに、八〇年代のヨーロッパでの反核市民運動が、冷戦終結に大きく貢献したことは、当時END(ヨーロッパ核軍縮運動)で活躍したメアリ・カルドアが、本書(『核と人間I　核と対決する二〇世紀』)の論文で記しているとおりである。

だが、今われわれが取り組まなければならないのは、この反核の思想が、「ポスト冷戦」および「ポスト核兵器」の性格を強めつつある二〇世紀末から二一世紀を視野に入れた場合、「未来のヴィジョン」として、どのような意味をもちうるのか、という課題であろう。

そこで、こうした視野に立って、反核の思想の意味を、再考してみよう。

1　核兵器「物神化」と「核廃絶」

世界がきびしい核対決の下にあった冷戦期には、「反核の思想」や「核廃絶」の訴えは、生存と平和を希求する多くの人びとの心に、無条件に浸透するものがあった。

しかし、「核兵器の絶対的否定イコール平和」という発想には、じつは核兵器を「絶対兵器・究極兵器」と考える戦略思想と、表裏をなす面があったのである。核兵器が廃絶されても、平和が来るとは限らないのは、核兵器と核抑止がいかに強化されても、平和が維持される保証がないのと似ている。つまり、核廃絶を絶対化する発想は、核兵器を物神化する発想の裏返しになるおそれがないとは言えない。そして、核兵器の物神化は、生産と破壊の科学技術を極限化することに対応しているのだから、核廃絶を絶対化する発想は、この極限化さえ除去すれば問題は終わるという考えにつながりかねない。

と言って、もちろん、核廃絶が不必要であるとか、無意味であるとかということでは全くない。核軍縮や核廃絶が、きわめて大きな意味をもつ変革であることは言うまでもない。しかし、その場合にも、兵器が減ること自体よりは、兵器を減らす行動が生み出す、対立から協力への国際的・国内的政治構造の変化、またそれに結びついた政治指導者や市民の意識と行動の変化が、もっと重要なのだ。核軍縮や核廃絶は、あくまでも平和の手段であって、核兵器だけを切り離して実体化することは、平和の実現に必ずしもつながらないことに留意する必要がある。だとすれば、「反核の思想」とは、何を意味するのか。その意味をより深めて再考しなければならないだろう。

この論文の議論の文脈に置き換えていえば、核兵器だけをとり上げるのでなく、核兵器を含む大量破壊・殺戮兵器がなぜ生まれてきたのか、それは、より根源的な、どのような問題の表出であるのかを明らかにすることが、核時代を超え、さらにポスト核兵器時代を超えるために不可欠だということであろう。つまり、「反核の思想」を、核兵器廃絶だけの思想としてではなく、核時代を生み出した近代そのものにたいする根源的な批判を通じて、核兵器を超える思想としてその意味を深めること、それがいま必要なのである。では、そうした核兵器時代を超える条件を、どこに見出すことができるだろうか。

私は、それは近代を非歴史的に否定して「ポストモダン」に走ることではなく、近代のどこに近代の問題性を内から克服する条件があるのか、近代のどこに反核の思想の根そのものがあるのかを、近代の歴史の中に探り、その文脈の中に現代のわれわれを位置づけることだと考える。紙幅の制約もあるので、その点を、以下に簡潔に述べておきたい。

2　反核——近代的自律性の自己変革

さきに、近代合理性の倒錯ということを指摘した。では科学技術、主権国家などのこの倒錯は、何に根ざしているのか。この点を突きつめていくと、そこに、近代をそれ以前の時代と明確に区別し、近代の多くの優れた成果を生み出した、「自律性」の確立が見えてくると言ってよいだろう。

つまり、近代の最も基本的な特質は、次の四つのレヴェルでの自律性の追求と承認にあると言うことができる。

その第一は、科学・技術の自律性であり、その基底に思想・信条の自律性があり、自我の正当化がある。この自律性は、科学技術・産業の発展の面で多大の成果を生み出したが、その反面で、目的価値の喪失、手段の自己目的化に陥る条件を内在させていたことは、前述した。ここに、反核の思想が取り組むべき問題の一つがある。

この問題を克服するためには、一見矛盾する、二つの自己変革が必要である。一つは、脱科学技術主義、脱大量生産・大量消費主義を通じて、人間的目的価値の第一義性(primacy)を回復・確立することである。チェルノブイリが一回で終わるという保証は、どこにもないのだ。もう一つは、近代の科学技術・実験思想に内在する、「自然を拷問する」ような人間中心・自我中心のコスモロジーを、生命の共生を基礎とするエコロジカルなコスモロジーへと変革することである。それは、生と死の物象化を克服することでもある。そしてこれらは、近代を貫く「人間の解放」という思想を、さらに自ら深めて再構築するという意味で、近代の自己批判と自己変革にほかならない。

第二は、近代の主権国家の自律性であり、それはのちに民族自決権と呼ばれる自律性によって、さらに強化された。主権国家が、国内的な秩序（そしてその反射的効果の限度で国際的な秩序）の形成に、重要な役割を果たしたことは否定できない。しかし、その自律性とは「国民」という名の人間すべての自律性ではなく、階級、人種、エスニシティ、性などによる差別を内包している。したがって、国家の自律性とは誰の自律性であり、誰が自律性の枠から排除されているかが問われなければならず、そこに、単なる秩序ではない「支配秩序」としての主権国家の根本的な問題性があるのだ。そして、その支配の極限として、核支配体制がある。

だとすれば、反核の思想は、脱支配体制の構想を課題として深めていかなければならない。それは、前にもふれたように、国家という支配権力構造、ナショナリズムという排他的イデオロギー、主権国家と結びついた軍事的寡頭支配、大国中心の国際秩序の四つを包括する支配体制と対決し、それを切り崩していく思想と運動であろう。換言すれば、それは脱国家、脱ナショナリズム、脱軍事、脱覇権の世界を、脱核兵器・脱ポスト核兵器の基礎として構築するという課題にほかならない。なお、ここで使う「脱」という言葉は、あるシステムを外から否定するのではなく、内から切り崩したり、空洞化したり、批判的に再構築することを指している。したがって、それは人間の内面的自己変革と切り離すことはできないのである。

第三は、近代に特有の市場の自律性である。市場の自律性とは、何よりも国家からの自律性を意味していた。そして、王権や国教から自立し、また重商主義から自立した資本主義的私利追求に、科学技術の自律的発展を促進するという面があったことは前述した。しかし、市場と国家の関係は、それほど一義的ではなく、複雑である。

というのは、市場が基本的に競争に立脚していればいるほど、その競争が露骨な弱肉強食の抗争になるのを防ぐためは、「夜警国家」であるにせよ、警察機能をもつ国家の存在と、それによる秩序維持に依存せざるをえないからである。また近代の市場経済は、基本的に「国民経済(national economy)」を単位とし、通貨発行の権限は国家主権に帰属する。したがって、資本間の国際競争は、しばしば国家間の競争から抗争へと変化し、とくに総力戦的体制下の「計画経済」では、資本間の競争は、国家間の戦争にまで結びついた。たしかに今日のグローバル化した大資本は、国家からの自律性を強めている。しかし、グローバル・キャピタルの競争が露骨な弱肉強食に走ることは、とくに金融の無政府化によって、かえって市場経済そのものの秩序崩壊の危険を生み出しており、国家や国際レジームによる一定のルール設定を通じての秩序維持が、弱者の視点からだけではなく、資本の立場からも必要とされている。

ここには、市場原理である競争の二つの問題点が現われている。一つは、競争は予定調和に導かず、優勝劣敗、格差増大によって社会的亀裂、挫折と絶望の浸潤、原理主義、テロリズムなどを生み出す。もう一つは、その競争が国家の抗争と結びつくときには、国際的な緊張やその軍事化に導くということである。だとすれば、市場の自律性のもつ問題性を克服するためには、私利の正当化を「公共」の観点から規制する、脱市場経済の思想が必要となることは不可避である。ここに、未来を視野に入れた反核の思想の、もう一つの課題があると言うべきだろう。

3　市民社会の自律性

以上に見たように、近代を特質づける科学技術の自律性、主権国家の自律性、市場経済の自律性のいずれもが、それぞれに大きな成果をあげながら、まさにその過程を通じて、その問題性を顕在化し、それに応じて、脱科学技術、脱主権国家、脱市場経済の思想の必要性が緊迫度を高めてきた。その必要性を極限的な形で予示したのが、核問題だったのである。

では、脱科学技術、脱主権国家、脱市場経済とは、誰の視点であり、それを実現する変革の担い手は、誰か。

私は、その担い手の視点を、単なる近代の否定ではなく、近代の歴史そのものの中に見出すことができると考える。換言すれば、近代の歴史を見て明らかなことは、近代の科学技術の「自律性」、主権国家の「自律性」、市場経済の「自律性」は、そのどれもが歯止めのない「競争」の力学に巻き込まれてきたという点で共通しているという事実である。だが、「自律性」は必然的に「競争」に結びつくのだろうか。「競争」の論理とは異なった「自律性」の思想はないのだろうか。

ここでただちに気付くことは、近代にはもう一つの自律性の思想があるということである。それは、自立と連帯に立脚する、市民社会の自律性という思想である。ここで言う「市民社会」については、私はすでに拙著(一九九七年)で述べたので、ここでは要旨だけを記すのにとどめたい。

「市民社会」とは、人間が尊厳と平等な権利とを相互に承認し合うような社会関係がつくる公共空間を指す。これは、無時間的な空間ではなく、不断に歴史的に形成され、形成しなおされる過程である。したがって、これは、書斎で学者が下す定義ではなく、歴史的にたたかいとられてきた定義である。初めは、前に述べたように、重商主義国家からの解放と自立を目指して、一八世紀の後半、初期産業革命の時代にスコットランドで打ち出された思想だった。だが「ブルジョワ市民社会」に近いこの観念は、一九世紀後半に顕著になったブルジョワ的市民像の分裂と混迷のなかで、ヴィジョンとしての力を失い、政治・社会思想の主流からは、ほぼ忘れ去られていった。

この観念が再定義されて復活したのは、冷戦末期の東欧での、強権的な国家社会主義体制にたいする民主化のたたかいを中心としてであった。近代市民社会を新たな歴史的文脈のなかで再解釈し、前例のない変革を模索しつつたたかいとる「市民革命」に、創造的な意味づけをしたのが「市民社会」というヴィジョンだった。それを概念化すると、上述のようになる。それは、根源的な民主化の思想であったから、東欧とは違った歴史的文脈にある西欧でも、西欧民主主義自体の批判的再定義の思想や運動と連動することにもなった。

そこに共通に見られるのは、近代の「合理的な」自我と競争の正当化だけではなく、人間の差異と連帯、尊厳と平等の自律的正当化を指向する、絶えざる自己変革だと言ってよいだろう。つまり、競争の力学の基底にある、自我と競争の正当化の追求が、どのような破局をもたらしているか、その破局を克服するためには、市民が人間的なアイデンティティと平等な権利に基づく、連帯と生命の共生とを目指して自己と社会を変革していくこと以外にないのではないかという、目的価値確立を指向する人間の自己探求の思想、それが、いまわれわれが必要としているものであろう。もちろんそれは、競争の全面否定ではなく、その倒錯の否定である。そして、このように不断に再定義されていく市民社会の思想とパワーを基盤にして、科学技術、主権国家、市場経済が再構築されるかどうか、そこに、二一世紀の人類の未来がかかっていると言っても過言ではないだろう。またそれが、反核の思想が、現代と未来に意味をもつためになされなければならない、歴史的な再定義であろう。

4　「市民国家」連合のヴィジョン

上にあげた四つの自律性のなかで、最も強力な自律性を発揮して世界の変動の原動力になってきたのは、この論文のはじめにも述べたように、科学技術と市場産業経済である。これが、近代の変化と成果とともに、近代合理性の倒錯を生み出す最大の力だった。そしてこの二つは、今日の世界で、最も強力なグローバル化の推進力にもなっている。だとすれば、この倒錯を克服し、科学技術と市場経済を規制しコントロールする役割は、国家と市民社会が負わなければならない。

しかし国家について言えば、前述のように、主権国家自身が、競争や軍事化を通じて、科学技術と市場経済との合理性の倒錯を、促進し悪化させる機能を、近代の歴史で果たしてきた面があることは否めない。だとすれば、この倒錯を克服するためには、「主権国家」そのものの変革が必要であることは明らかである。とくに、今日、科学技術と市場経済が、この倒錯をグローバル化する強力な推進力となっている以上、これをコントロールするためには、まず国家がその主権を抑制して国家間の協力を強化し、国際的な共同コントロールの体制を確立することが不可欠である。核兵器体系に端的に示された、現代の科学技術と産業経済との結合とそのグローバルな浸透と拡散は、いかに強力な主権国家であっても、もはや一国でコントロールすることは不可能なのである。

しかし、国家間の協力は、必然的に、この倒錯の克服に寄与するとは限らない。例えば、核保有国が、核軍縮の過程で、保有国の権益を維持するために「協力」し、核軍縮をある限度で止める可能性もあるだろう。通貨・金融の過剰な投機性を国家間の「協力」で規制し、グローバル・キャピタルの安定成長をはかることは、先進国資本の利益にはなっても、南北間の格差、また南北それぞれの内部の格差の克服にはつながらないだろう。地球環境破壊の責任を追及する途上国の矛先をそらすために先進国が「協力」し、また国内格差を隠蔽するために途上国の政権が「協力」して先進国非難をするのも、開発の倒錯を克服することには結びつかない。国家間の「協力」が誰のためのものであり、誰がそれから排除されるかという問題を、ここでも避けることはできないのである。

国家間の「協力」が、人間の尊厳と平等という目的価値の実現に結びつくためには、まず、それぞれの国家で、市民の権利と利益とを目指してたたかう市民社会のパワーが強力であり、その意味で、市民社会による国家権力の民主的コントロールが活性化していなければならない。つまり、近代の倒錯を克服するパワーの究極的なルーツは、市民社会以外にはないのである。

だが、合理性の倒錯の推進力となる科学技術や市場経済が、今日ではグローバルに浸透力を発揮しているとすれば、これに対抗する市民社会も、単に一国の枠内で民主化を活性化するだけではなく、市民社会そのものが、国境を超えて「民際化(transnationalize)」されなければならないし、現にそうした行動が国境を超えたネットワークを急速に強めつつあることは、周知のとおりである。つまり、近代の倒錯を克服するパワーが根ざすのは、今日では、もはや一国単位の市民社会ではなく、トランスナショナルな市民社会である。

このトランスナショナルな市民社会は、二つの機能をもつ。一つは、科学技術や市場経済がどのような目的価値に合致すれば正当といえるかを判断する際の、基本的視点を提示する評価機能である。近代の倒錯を倒錯として認識する人間的な感受性、それはトランスナショナルな市民社会の視点なのだ。

もう一つは、判断や評価の基準を提示するだけでなく、さまざまの市民組織NGOの活動を通じて、国家や国際組織の行動に影響を与えるという改革機能である。この下からのインパクトが不可欠であることは明らかだが、しかし、それは必要条件ではあるが十分条件ではない。というのは、そうした下からの市民の影響力には、制度的な限界があることも事実だからである。つまり、現代の世界では、科学技術や市場経済に、市民社会の視点からするコントロールを有効に加えるには、やはり、国際的な規範やルールを——最終的には強制力を背景にして——執行(enforce)することが必要であり、そのためには、国家とその国際協力のメカニズムを利用しなければならない。市民社会は、制度的に保障された直接の執行力をもたないのである。

要約して言えば、近代の倒錯を克服する思想と行動は、二つの条件をみたす必要がある。一つは、国境を超えた市民社会が、それぞれの国家への活力ある民主的コントロールを行使する、そういう「市民国家(civic state)」へと、従来の閉鎖的な「主権国家」や「国民国家」や「民族国家」を変革していくことである。したがって、ここでいう「civic state」とは、一国の枠内で市民社会によるコントロールが機能していることだけを意味するのではない。すでにトランスナショナルなネットワークとしての行動を強めつつある市民社会の視点を基盤にしており、それがそれぞれの国家を通じて、トランスナショナルな市民の権利と利益を表出し、またそれが国家を国家間(インターナショナル)の協力へと方向づける、そういう体制を指しているのである。二一世紀の国家は、こうした構造の「市民国家」へと変わっていくだろう。

もう一つは、こうした「市民国家」とは、国家のレヴェルで、もはや一国単位ではなく、国際協力から、さらに「市民国家の連合」へと進む可能性を指向している、ということである。つまりASEANなどのような国家レヴェルの association から、欧州連合(EU)のような「市民国家」に基づいた union に進む可能性である。事実、ここでいう「市民国家の連合」あるいは「トランスナショナルな市民国家」は、もはや単なるユートピアではなく、欧州連合という形で、すでに相当に実現していると言ってよいだろう。

それは、グローバルではないが、地域を単位とする「連合」の形成である。そのことは、単にこれまでの国家よりサイズの大きい巨大国家が生まれるということではない。ここで重要なのは、国家を超える「連合」が形成される過程は、同時に、ローカルな、また社会的(ソーシアル)な――つまり疎外された社会層や社会集団の――イニシアティヴが活力を強める過程と、不可分だという事実である。これは、新しい「国家の連合」が、あくまでも市民社会を基底にすえていることの当然の帰結である。こうして、「市民国家の連合」は、水平的、垂直的に、国家とは違った枠組みで、市民が多層的なアイデンティティを形成していく、その総体を指すのであって、単なる主権国家や国民国家の量的な拡大とは、構造的に異なっている。

もちろん「市民国家」は、それ自身の中に矛盾と緊張をはらんでいる。というのは、市民社会は人間の対等な社会関係を指すが、国家は、本来的に人間の非対等な支配の契機を内包している。また、トランスナショナルな市民社会は、国境を超えて開かれているが、国家は、本来的に、内と外、自国民と外国人などを区別ないし差別する。したがって市民社会と国家とは、一方で、時にきびしい対立に転化するような緊張関係を常にはらみ、しかし他方で、例えば欧米民主主義国やEUでの政府とNGOの間に見られるような分業と協力の関係に立ち、この二面を通じて「市民国家」を構成する。この二面性自体が緊張を生むが、こうした緊張こそ、二一世紀の「市民国家」に健康な活力とダイナミズムを不断に喚起していくに違いない。

市民社会は、こうした緊張をはらんだ「市民国家」を通じて、科学技術と市場経済に現われた近代の倒錯との、きびしい緊張を内包し、たたかいを続けることであろう。そして、近代の歴史と倒錯が持続する限り、市民社会に通底する反核の思想と運動もまた、自己の再定義と再構築を重ねながら、ねばり強く持続するに違いない。近代の倒錯が続く限り、「核時代」は終わったとは言えないからである。

参考文献

Butterfield, Herbert : *The Origins of Modern Science, 1300–1800* (London : Bell & Sons, 1957). (渡辺正雄訳『近代科学の誕生』講談社学術文庫、一九七八年)

Grodzins, Morton and Eugene Rabinowitch (eds.) : *The Atomic Age* (New York : Basic Books, 1963). (岸田純之助・高榎堯訳『核の時代』みすず書房、一九六五年)

Hill, Christopher : *Intellectual Origins of the English Revolution* (Oxford : Oxford University Press, 1965). (福田良子訳『イギリス革命の先駆者たち』岩波書店、一九七二年)

Hirschman, Albert O.: *The Passions and the Interests* (Princeton : Princeton University Press, 1977). (佐々木毅・旦祐介訳『情念の政治経済学』法政大学出版、一九八五年)

Hobsbawm, E. J.: *The Age of Empire, 1875–1914* (London : Weidenfeld & Nicolson, 1987). (野口建彦他訳『帝国の時代』I II、みすず書房、一九九三、九八年)

Holloway, David : *Stalin and the Bomb* (New Haven : Yale University Press, 1994). (川上洸訳『スターリ

ンと原爆』大月書店、一九九七年）

Kuhn, Thomas S.: *The Structure of Scientific Revolutions* (Chicago: University of Chicago Press, 1970).（中山茂訳『科学革命の構造』みすず書房、一九七一年）

Lifton, Robert Jay and Greg Mitchell: *Hiroshima in America: Fifty Years of Denial* (New York: Putnam's Sons, 1995).（大塚隆訳『アメリカの中のヒロシマ』上下、岩波書店、一九九五年）

McNeill, William H.: *The Pursuit of Power: Technology, Armed Force, and Society since A. D. 1000* (Chicago: University of Chicago Press, 1982).

Merton, Robert K.: *Social Theory and Social Structure*, revised and enlarged edition (Glencoe: Free Press, 1957), Ch. XVIII, XIX.（森東吾他訳『社会理論と社会構造』みすず書房、一九六一年）

坂本義和『相対化の時代』岩波新書、一九九七年

Sakamoto, Yoshikazu, "An Alternative to Global Marketization", *Alternatives*, vol. 24, no. 2, 1999.（「世界市場化への対抗構想」『世界』一九九八年九月号に加筆）

佐々木力『科学革命の歴史構造』講談社学術文庫、一九九五年

Schell, Jonathan: *The Gift of Time* (New York: Henry Holt, 1998).（川上洸訳『核のボタンに手をかけた男たち』大月書店、一九九八年）

Toulmin, Stephen: *Cosmopolis: The Hidden Agenda of Modernity* (New York: Free Press, 1990).

（坂本義和編『核と人間I　核と対決する二〇世紀』岩波書店、一九九九年）

解題

石田 淳

第5巻は、軍拡の政治構造を明らかにしつつ、軍縮の政治的条件を探る諸論文を中心に構成されている。第I部「課題の構図」の「政治としての軍縮」(一九八七年)が整理するように、坂本義和の軍縮論にはふたつの柱があり、そのひとつが、軍備競争の当事国の「行動」を分析するものであり、もうひとつが、グローバルな軍拡の政治「構造」を分析するものである。

とはいえ、坂本の軍縮論がはじめから二つの視点を備えていたわけではない。時系列的にたどるならば、一九六〇年代の坂本は分析の主眼を前者の「行動」においていた(たとえば、「権力政治を超える道」『世界』一九六六年九月。同論文は後に発表された「政治としての軍縮」に包摂される点が多いため、著作集への収録を見送ったが、坂本の軍縮論の時系列的な展開をたどるうえで、この論文が刊行された一九六六年の時点においては、米ソの軍備競争に分析対象が限定されていたことに着目しておきたい)。この時期の坂本は、軍縮論を展開するにあたって彼の軍縮推進の立場からすれば意外と思われかねないほど、その立場とは相容れない「現実主義者」の権力政治論を丹念に確かめた上で、その論理に内在する矛盾なり、ディレンマなり、逆説なりを抉り出すことに徹していた。そこで、冷戦期の軍備競争の当事国であった米ソ両超大国の行動を、坂本がどのように分析していたかを概観しておこう。

主権国家の間で相互に軍備を削減することは、それを相互に増強すること以上に関係各国にとって好ましい。このように軍縮こそが「共通の利益」であるという認識が当事国間で共有されているからこそ軍縮努力は生まれる。冷戦期における米ソ間の軍備競争にしても、軍縮あるいは軍備管理の交渉と表裏一体のものであった。それにもかかわらず、軍縮の実現が難しいのはなぜか。多くの国際政治学者は、この問題を解く鍵は国家体系の分権的性格にあると考えた。すなわち、国家間の共通の利益を実現するために軍縮に合意しても、個々の国家にはその合意を遵守するインセンティヴはなく、それのみならず、世界政府が合意の遵守を強制してその履行を確保するわけでもないから、国家間の合意には必ずしも拘束力が伴わない。その結果、互いに軍縮のコミットメントを信頼することができずに軍備競争が発生するというものである。坂本の軍縮論も、軍縮努力と軍備競争という二つの相反するベクトルが共存する「囚人のディレンマ」状況を十分に意識したものであったことは言うまでもない。

たしかに「囚人のディレンマ」であれば、軍備競争もやむをえないかもしれない。しかしながら、いわゆる「囚人のディレンマ」はゲーム論でいうところの「完備情報」のゲームであって、関係各国は互いに相手の選好を正確に把握しているという前提の下に各国は行動を選択するとされる。それでは二国間で軍備競争が発生するのは、「囚人のディレンマ」状況において想定されるように、当事国がいずれも軍縮の合意を遵守する意思を全く持たないからであろうか。そうであるとは限らない。むしろ、二国の間で、「自国の側では軍縮合意を遵守する意思を持っているものの、相手国は必ずしも遵守しないのではないか」という不信を克服できずに軍備競争が生まれることがある。では、このような状況の下で信頼を醸成して軍縮を実現することは可能だろうか。

ここで坂本は、軍備競争の当事国間の相互作用を分析する「(軍縮の)一方的イニシアティヴ論」を展開して、軍備競争の慣行を安易に追認する思想的・政策的な立場を批判した(この議論については、「政治としての軍縮」に詳しいが、「何が軍縮を妨げたのか」においても言及されている)。キューバ危機(一九六二年一〇月)以降の米ソ間の緊張緩和過程のように、軍備競争の一方の当事者(A)が、自国の安全を損なわない程度の軍縮を一方的イニシアティヴという形で実行するならば、この行動が相手国(B)のAに対する不信を和らげ、Bはその変化した認識に基づいて、軍縮という行動を通じてAのイニシアティヴに応答する可能性が開けるだろうという議論がそれである。この議論によれば、たとえば、ソ連によるキューバからのミサイルの撤去という一方的イニシアティヴに対して、アメリカによるトルコからのミサイルの撤去という応答行動がとられ、それが米ソ間のホットライン協定(一九六三年六月)に結実したとされる。また、同年の部分的核実験停止条約にしても、アメリカによる大気圏内の核実験停止という一方的イニシアティヴに対して、ソ連による応答行動がとられたことが一因となったとされるのである。

このあたりには、国際政治の「平和的変革(peaceful change)」の構想を「現実主義者」にとっても論理的に受容できる形で提示しようとする強い意図が感じられる。坂本は、「諸国民というものは狼であるかもしれないし、狼でないかもしれないが、しかし狼でないという側に賭けるという行為を誰かがまずはじめない限り、みんなが狼になってしまう」と比喩的にまとめている。言い換えれば、羊の皮をかぶった羊は、同じように羊の皮をかぶった相手が実は狼であるかもしれないという不信から、やむをえず不本意ながら自分も狼のように振る舞うしか手がないし、それが現実的かと言えば、そうではなく、行動を通じて互いに信頼を醸成することによって羊として(平和)共存することもできるというのである。

この「一方的イニシアティヴ論」については、心理学者のC・オズグッドのGRIT(Graduated and Reciprocated Initiative for Tension Reduction)論が参照されているが、思考様式としては、近年のリアリストの経済学的な信頼醸成論を一世代以上、先取りしたものとしても読めることはたいへん興味深い。

この文脈で、坂本はさらに一般化して、ある状況認識(たとえば、国際政治は不信の体系であるという認識)を想定しつつ個々の国家が行動を選択することの結果として、行動の前提として想定された状況が実現することになるという国際政治観を提示している。今日の国際政治学者ならば、コンストラクティヴィスト以前のコンストラクティヴィズム(社会的に構築されたものとして規範を理解して、行動を通じて規範が再生産されたり、変容したりすることを強調する立場)とでも形容するのだろうか。この国際政治観は、「現実が……大きく変化しているにもかかわらず、いまなお伝統的な主権国家イメージにもとづいて外交や安全保障を扱うという行動を政府や国民がとることが少なくないが、実はそのこと自体が、伝統的な国家システムを残存させているという側面がある」という冷戦終結後の指摘に至るまで、坂本に一貫したものである(「相対化の時代」一九九七年、第6巻所収)。

坂本の軍縮論は、その第一の柱である軍備競争の分析から、一九七〇年代には第二の柱である軍拡構造の分析(第II部「軍縮の政治学」)へとその関心を広げることになった。冷戦型の米ソ間の軍拡から、デタント型のグローバルな軍拡へと分析の重点がシフトしている訳だが、このシフトは、「もし国家間の政治的不信が軍備競争の主要な動因であるのなら、なぜデタントは軍備競争の終焉につながらないのか」(「世界軍縮の政治構想」、初出は「世界軍縮への道程」『世界』一九七五年八月)という経験的な疑問に動機づけられたものであることは間違いない。

だが、それだけではない。力点の変化の副因をなすものとして、国際関係論の分析枠組みの有効性に対する懐疑があったことも確認しておきたい。すなわち、一国の軍備を、基本的に二国間の国際的かつ対称的な対立の所産として捉える枠組みである。以下に説明するとおり、この時期の坂本は、途上国も含むグローバルな規模において、国内体制と国際政治が交錯する文脈の中で、軍備がいとなむ対称(水平)的あるいは非対称(垂直)的な政治的機能を解明することに取り組むようになっていった。このような分析課題の再設定は、やや先回りするならば、非対称的な関係での非軍事化なくしては対称的な関係での軍縮は期待できないという洞察に支えられていたのである。

時期としては少しさかのぼるが、六〇年代の末に、平和研究の優先的課題として「軍縮」の必要性と実現可能性を論じていた坂本は、あるアフリカの学者から思いもかけない指摘を受けている。ディスアーマメント(disarmament)という概念は、第三世界の文脈では、植民地主義の時代における原住民の「武装解除」を連想させる。なぜならば、大国が軍備を維持したまま、(核不拡散体制などを通じて)途上国の軍備を制限しようというのは、「刀狩り」と同じことだからである。この指摘は、坂本には強い衝撃であったという。軍縮、特に核軍縮こそ、平和の実現のために何よりも優先すべき課題であって、この点については、米ソ両超大国とその同盟国に限定されることなく、普遍的な合意が当然成立するだろうとの坂本の確信が、ここで大きく揺らいだ。それまでの核軍縮論は、たしかに現実主義への対抗理論ではあったものの、依然として、現実主義と同様に視野が狭いものであることを痛切に感じることとなったのである(「平和の研究――国際政治の現実と一学徒の自省」一九七四年、第6巻所収)。

では、視野を広げるとして、デタント型の軍拡をどのように捉えればよいだろうか。一九七〇年代に、米ソ間の水平的・対称的な関係においては政治的不信が軽減され緊張緩和が進んだにもかかわらず、軍拡が依然として続行するという逆説的な現象が観察されていた。第II部「軍縮の政治学」(『新版　軍縮の政治学』(一九八八年)所収の諸論文は、一九八八年の「地球不戦時代を創るとき」を除いて、一九七八年から一九八〇年にかけて発表されたものである)は、まず世界の軍備体系を、対称的な(競合)関係と非対称的な

(支配)関係がグローバルな規模で互いに補強しあうものとして描きだす。全体として軍備体系は五つのレヴェルから構成されるという。そこには対称的な関係として米ソ間の軍備競争(第二のレヴェル)に加えて、第三世界の国家間の軍備競争(第四のレヴェル)がある。それのみならず、非対称的な関係として、米ソ両超大国の国内に軍産複合体(第一のレヴェル)、先進国と第三世界の間に軍備移転網(第三のレヴェル)、そして第三世界の国内における強権的抑圧政権(第五のレヴェル)があるとされる(「軍拡の政治構造」)。そして、このような軍備体系論に基づいて、デタント型軍拡は、第一、第三、第五の非対称的な関係の所産であると分析している(「何が軍縮を妨げたのか」)。

坂本によれば、非対称的な関係において軍備が果たす役割とは、国際的な追い上げと国内的な追い上げが同時進行《シンクロナイズ》する中で既得権益を擁護しようとするものであって、それこそが軍事化状況を作り出すのである。この分析を踏まえて、「表面的には昔ながらの『パワー・ポリティクス』と見える現象の基底に、世界のさまざまなレヴェルでの変革の勢力と、歴史的な保守ないし反動の勢力との闘争状況があり、それが軍事化状況をつくっている」と捉える視点を提供する(「危機の世界史的構造」)。

軍備競争の問題は政治的文脈で捉える必要がある(たとえば、本巻の「まえがき」)というのが坂本の持論である。これを、国家間の政治過程と、国内における政治体制(あるいは運動)とは不可分であることを強調していると解釈すれば、実はこれこそこの著作集を貫く基本姿勢のひとつであるといえるだろう。抑止論の文脈では、先制攻撃を仕掛けて反撃されるよりは、現状の方が好ましいと判断して先制攻撃を思いとどまる「正常」な選好の持ち主が相手でなければ抑止は成立しない。他方、たとえ先制攻撃が黙認されるとしても、現状の方が好ましいと判断して先制攻撃を思いとどまる選好の持ち主が相手であれば、抑止は必要ですらないことは言うまでもない。このように対外的な抑止政策の成否を左右するのが政権の選好であるとして、ではその選好が何に依存するかといえば、国内における政治体制の性格にほかならない（「『力の均衡』の虚構――ひとつの『現実主義』批判」一九六五年、第2巻所収）。要するに抑止の成否は、兵器の破壊力という軍事技術的条件によって自動的に決定されるものではない。

既に述べたとおり、軍備の体系は、互いに補強しあう関係を形作りながらグローバルに展開するものであったが、「互いに補強しあう関係」にあることが軍縮を妨げる。言うまでもなく、軍備にかかわる個別国家の政治決定に誰もが国境を超えて参加できるわけではない。それを象徴する事実こそ、冷戦期において全人類の生殺与奪の権限をもった米ソのリーダーを選出する権利が、人類の一部にしか与えられていなかったというものだろう（「軍事化の落とし穴」一九八一年）。このような政治構造を与件として軍縮を構想するには、あるレヴェルにおける非軍事化のイニシアティヴが、他のレヴェルにおける軍事化のトレンドによって相殺されることがあってはならない。この点について坂本が強調するのは、「軍事化への対抗要因」もまたレヴェルを超えて連繫し、互いに補強しあう関係を形作ることである。

たとえば、平和運動と軍縮交渉との相乗効果に着目しながら坂本は次のように述べる。平和運動の存在は、一方で自国政府に対して軍縮を求める圧力として重要であると同時に、他方で軍縮交渉の相手国に自国政府の（軍縮の）意図を伝達する上でも重要であると。なぜならば、相手国において平和運動が存在し、それが政府によって許容されているということが、政府間の不信を克服して軍縮への道を開くからである。同様の論理は、デタント期における国際査察の必要性の減少と国内査察の可能性の増大との相乗効果についての指摘からもうかがわれる（「世界軍縮の政治構想」）。

この議論の延長線上に、一九八五年以降のゴルバチョフによる核軍縮の一方的イニシアティヴとペレストロイカとの並行についての評価があることは明らかである（「地球不戦時代を創るとき」）。すなわち、核軍縮が民主化を進め、民主化が核軍縮を進めるという両者の不可分の関係が示されているのである(「二一世紀へのヒロシマの役割」一九九〇年)。このような国家間の軍縮交渉の進展と国内体制の民主化との「結節点」(「世界軍縮の政治構想」)に、坂本は「軍事化への対抗要因」の連繫を見出している。

第Ⅲ部「歴史と展望」は、あらためて戦争と軍事技術の起源に焦点を合わせる。「文明と戦争」(一九八一年)では、文明は歴史的に戦争の目的・手段・主体を合理化する機能を営む半面、それを否定する(すなわち、平和を構想する)機能を営んできたことにあらためて注意を喚起する。平和構想については、ウォルツ(Kenneth N. Waltz)による戦争起源論の類型にも似て、国際、国内、個人の三つのレヴェルを区別して、国際機構強化論、国内体制変革論、そして人間意識変革論という形で三類型を性格づけている。坂本は、この文脈においてもまた、第一次世界大戦後の世界において、三つのレヴェルが「同時に連動しつつ作動し始め(た)」と指摘し、その後の世界政治の基本的な構造的特徴をここに見出している。

「近代としての核時代」(一九九九年)は、近代の科学技術と産業とが核兵器に行き着く歴史を振り返ると同時に、近代の国際権力構造が核軍備体系を作り出した内在的条件を解き明かす。そのうえで、核時代が近代合理性の倒錯の極限であるならば、反核の思想は近代そのものに対して批判の目を向けざるをえないとする。とはいえ、求められているのは近代の否定ではない。むしろ坂本は、近代の所産である市民社会がトランスナショナルにネットワークを強めることが、近代の倒錯の克服に寄与しうるというヴィジョンを提示しているのである。

冷戦の終結によって、冷戦期型の核対決(核兵器体系の対峙状況)はほぼ終了した(「核廃絶への二つの道」一九九五年)が、核兵器は依然存在している。核の脅威は、国境を超えて共滅の意識をよび起こすと同時に、共存の「想像力」を生んだ。本巻に収められている各論文は、以上、解題を試みたように、それぞれが発表された時代における特定の軍縮の課題に答える形で、共存の政治的可能性を探るものである。同時に、これらの論文は全体として、「どうすれば強制ではなく、合意を通じて軍縮を達成することができるのだろうか」という時代を超える問いを今日の読者と共有するものでもある。この問いに立ち向かって歩みだしてみるならば、至る所に、長い時間の経過にもかかわらず鮮明に坂本の足跡が残されていることに気づかない者はあるまい。

■岩波オンデマンドブックス■

坂本義和集 5
核対決と軍縮

2004年11月26日 第1刷発行
2015年 8月11日 オンデマンド版発行

著 者 坂本義和《さかもとよしかず》

発行者 岡本 厚

発行所 株式会社 岩波書店
〒101-8002 東京都千代田区一ツ橋 2-5-5
電話案内 03-5210-4000
http://www.iwanami.co.jp/

印刷／製本・法令印刷

ISBN 978-4-00-730248-0 Printed in Japan